高职高专"十三五"规划教材·电子商务专业

网上开店与创业

（第二版）

蓝荣东　主　编
陈　薇　王月珠　副主编

微信扫描
获取课件等资源

南京大学出版社

内 容 简 介

本书是高等职业院校电子商务专业的一门综合性实训课程的实用教材，同时也是其他财经管理类专业选修课程的教材。书中内容包括网上开店的基本知识、开店前的准备工作、店铺建立、店铺维护、支付配送手段、店铺推广、如何把商品卖到国外以及成功者的经验等，还通过实例介绍了开设网上商店的每一个细节，并且重点介绍了网店经营过程中的技巧，具有较强的可操作性和实用性。

本书基于项目化工作任务的教学模式，以循序渐进方式进行编写，以网上开店与创业的过程为导向，层层推进，强调网上开店的实际操作步骤，紧贴网上开店的各个职业岗位角色技能，内容丰富、简明扼要、通俗易懂，具有很强的操作性。

本书既可以作为高职高专电子商务专业学生的教材，也可以作为网上开店创业者的入门参考读物。

图书在版编目(CIP)数据

网上开店与创业 / 蓝荣东主编. -- 2 版. -- 南京：南京大学出版社, 2019.1
 ISBN 978-7-305-21451-6

Ⅰ. ①网… Ⅱ. ①蓝… Ⅲ. ①电子商务－商业经营－高等职业教育－教材 Ⅳ. ①F713.36

中国版本图书馆 CIP 数据核字(2019)第 011158 号

出版发行	南京大学出版社
社　　址	南京市汉口路 22 号　　邮编　210093
出 版 人	金鑫荣
书　　名	网上开店与创业（第二版）
主　　编	蓝荣东
策划编辑	胡伟卷
责任编辑	胡伟卷　蔡文彬　　编辑热线　010-88252319
印　　刷	宜兴市盛世文化印刷有限公司
开　　本	787×1092　1/16　印张　11.75　字数　293 千
版　　次	2019 年 1 月第 2 版　2019 年 1 月第 1 次印刷
ISBN	978-7-305-21451-6
定　　价	32.00 元

网　　址：http://www.njupco.com
官方微博：http://weibo.com/njupco.
微信服务号：njuyuexue
销售咨询热线：(025) 83594756

* 版权所有，侵权必究

* 凡购买南大版图书，如有印装质量问题，请与所购图书销售部门联系调换

前言

随着互联网的高速发展,网上购物已经逐渐深入人心,并影响了人们的生活方式;以往人们口中的逛街变成了逛淘宝、逛京东、逛美丽说;以往人们心中只记得端午、中秋、国庆,现在却多了"双11";以往人们想买国外商品,必须出国,现在却有跨境电商,等等。这所有的一切都证明了一点:网上购物时代已经来临!那么网上购物还能带给我们什么呢?网上开店与创业,也成为当今时代的"热词",越来越多的人借助第三方平台(如淘宝网)在网上开店并获得了一定的成功,很多中小企业也纷纷使用这种快捷、便利的销售方式,从中获得一定的商业生存空间。再加上政府部门近年来大力鼓励中小企业普及电子商务的应用,本书就是在这样的背景下应运而生。

网上开店与创业,是高等职业院校电子商务专业的一门综合性实训课程,同时也是其他财经管理类专业的一门极其重要的选修课程。学生可以从专业卖家的角度,通过体验申请、经营、售后等一系列网上开店活动,了解和掌握网店运营的全过程,熟悉网上交易的基本流程及网上销售的每一个环节,有效地将所学的理论知识应用到实际商务活动中。通过在"做"中"学",可以最大限度地唤起学生的学习欲望和学习兴趣,整体提高学生电子商务方面的综合应用技能,增强其自主创新意识和创业激情。

本书是在第一版的基础上,结合互联网发展以及作者多年的互联网创业教学心得和指导学生网上创业的实践经历整理而成。本书基于模块化工作任务的教学模式进行编写,以网上开店与创业的过程为导向,层层推进,强调网上开店的实际操作步骤,紧贴网上开店的各个职业岗位角色技能,内容丰富、简明扼要、通俗易懂,具有很强的操作性,既可以作为高职高专电子商务专业学生的教材,也可以作为网上开店创业者的入门参考读物。

本书有以下几个特色。

1. 以职业发展需求为导向。 本书图文并茂、贴合实际、内容丰富,以社会需求为导向,以网上创业工作岗位职责需求为核心,根据具体的实际工作流程来贯穿知识体系,实践性强。

2. 以模块化工作任务为主线。 本书以网上开店创业项目为主线,内容以知识体系、操作流程和实际应用为主。每个知识点通过实际运作中出现的问题加以表述,分析解决这些问题所需的知识体系,对如何选择做出较为客观的评判,并围绕这些知识点来编写流程中所涉及的工作任务,最后对知识点的应用举出若干个实际案例加以巩固分析。

3. 以工作任务进展为顺序。 本书以网上开店的任务进展为顺序,从最初的准备活动开始,以选择平台和商品为起点,接新手入行、日常运营和高手进阶,再到后期组建团队、客户服务、争议处理等的顺序,层层推进,描述了网上开店与创业的全过程。

本书由厦门华天涉外职业技术学院财经学院电子商务教研室蓝荣东担任主编,陈薇、王月珠担任副主编,陈丽媛和肖碧云参与编写。此外,名鞋库网络科技有限公司对本书网上开店运营与管理流程进行了全程指导和技术支持。

  本书在编写过程中,参考了大量同类教材和专家学者的研究成果,在此表示衷心的感谢!由于编者水平有限,加之时间仓促,以及电子商务的飞速发展,书中难免存在疏漏,恳请读者批评指正。

编 者
2019 年 1 月

目 录

项目一　网上开店创业的准备工作／1

　　任务一　网上开店创业前的思想准备／1
　　任务二　网上店铺的开设模式选择／3

项目二　了解网上开店平台与产品／7

　　任务一　了解电子商务的创新模式／7
　　任务二　选择淘宝网创业平台／11
　　任务三　寻找适合网店销售的商品／16

项目三　网上开店新手入行／23

　　任务一　网上开店的准备工作／23
　　任务二　注册开店／27
　　任务三　网店装修／32

项目四　网上店铺日常运营／38

　　任务一　网店日常运营管理／38
　　任务二　网店客服与管理／63
　　任务三　物流配送／78
　　任务四　网店争议处理／88

项目五　网上店铺高手进阶／118

　　任务一　美工技法／118
　　任务二　营销推广／123
　　任务三　渠道拓展／126

项目六　网店数据运营／130

　　任务一　生意参谋／130
　　任务二　引流数据／134
　　任务三　核心数据／139

项目七　网上开店实战分析／144

　　任务一　开店前期策略／144
　　任务二　开店中期策略／147
　　任务三　开店后期策略／149

项目八　跨境电子商务／153

　　任务一　了解跨境电商／153
　　任务二　开启跨境之门／156
　　任务三　全球速卖通／159

项目九　打造精英团队／175

　　任务一　如何打造电子商务销售团队／175
　　任务二　电子商务团队创业建设／178

参考文献／181

项目一 网上开店创业的准备工作

知识提要

本项目是网上开店创业的准备活动。从思想意识上做足准备,然后着手以市场需求为切入点选择适合自己创业的商品,一切从实际出发。了解网上开店的含义,选择开店的经营模式,初步确立一套适合自己的网上开店经营的基本流程。

任务一 网上开店创业前的思想准备

每年的3月份,是高校应届毕业生们选择未来发展方向的关键时期,就业、继续深造、出国,还是自主创业?不管干什么,都要做出选择。最近几年,就业形势日趋严峻,越来越多的人尝试着走上创业之路。现今极为热门的网上开店创业,让众多的应届毕业生和创业者看到了新的商机,纷纷投入到以电子商务为主的互联网经济浪潮中。随着网民人数的不断增加、市场份额的不断扩大、新兴商业模式的不断涌现,吸引了数以百万计的创业者和投资者,对于起点较低而又想开创自己事业的人来说,网上开店创业堪称这个时代最佳的创业途径。

如图1.1所示是2011—2017年度中国网上零售交易规模发展情况。从图中可以看出,2017年度,全国网上零售额7.18万亿元,同比增长32.2%。其中,实物商品网上零售额5.48万亿元,同比增长28.0%,占社会消费品零售总额的比重为15.0%;在实物商品网上零售额中,吃、穿和用类商品分别增长28.6%、20.3%和30.8%。另据中国互联网络信息中心的数据,截至2017年12月,我国网络购物用户规模达5.33亿人,较2016年增长14.3%,占网民总数的69.1%;手机网络购物用户规模达到5.06亿人,同比增长14.7%,使用比例从63.4%增至67.2%。

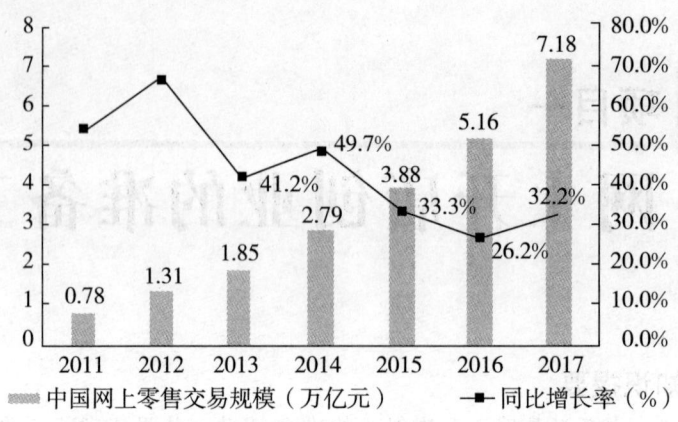

图 1.1　2011—2017 年度中国网上零售交易规模

电子商务发展到现在,已经趋于成熟,孕育出了一套属于该领域的商业规则,如果创业者想在网上开店的创业浪潮中分一杯羹,或者干脆想在这个行业开创属于自己的事业,那么掌握一些经验和技巧还是必要的。

一、选择商品,寻找市场结合点

电子商务的实质是减少生产厂家到终端客户体验的中间环节。网上开店创业是进入电子商务行业门槛相对较低的从业方式,其主旨仍然是销售。既然是销售,就不单是简单的网店卖用户买,必须要有系统的认知,必须了解市场行情。例如,自己的朋友是品牌化妆品的代理商,从他那儿能得到价格方面的优惠政策,但当前这类化妆品的市场竞争很激烈,作为一个资金缺乏的新手想要参与,方方面面的投入将会很大。这时意识到前期创业的资金投入是相当关键的,一旦资金周转不便,甚至断链,那后果将不堪设想。

简单来说,网上开店创业需找到市场缺口和自身优势的结合点,即找到适合自己创业的产品。"缺口"不好找,退而求其次,寻找竞争难度相对小、创业资源可以简单满足消费者需求的产品。一旦确认了产品,接下来就需要认真、谨慎地分析潜在客户。这些潜在客户在乎什么?对产品有哪些挑剔的方面?不注重什么?除了分析客户的购买行为等,还要考察主要和次要竞争对手,分析竞争对手们在网络开店平台中的"爆款"都有哪些产品,采用了什么营销手段?客户对产品的态度等。把这些问题了解清楚,自己的销售工作就会轻松许多。而且在选择产品的过程中,也是对开店创业之路的摸索。

相当多的人在创业之初不知道该如何操作,是否需要具备很多专业的营销知识,其实没那么复杂。例如,可列出三家主要竞争对手和次要竞争对手,按销量排序,把店内排序前几名的商品挑选出来,产品要和主营类目挂钩,价格也是所有产品价格中的均价;之后,把客户对产品的评价按好坏描述归纳整理,挑选对产品有实质性的评论,按照主次竞争对手一家一家地依次记录清楚。这就是营销运营的第一步——信息的采集,可以作为产品采购方面的重要参考。

二、树立根基，细分市场切入点

每一位创业者，在创业初期都是满怀激情的，都想快点把市场做大做强，启动资金一旦到位，就开始全面撒网：网站、网店等多个平台同时入驻，目标做到全网销售、覆盖各个代理渠道。但是很快会发现，原本具有优势的资源被这般折腾一下，陷入了举步维艰的境地。还是那句话，前期的投入要谨慎再谨慎。最好的方式是初期只开一个网店，当经营有起色、资金周转正常之后，再扩大经营规模。

这是一个稳步扎根，然后再开枝散叶的过程，根基打扎实了，再从实际出发，细分市场。例如，针对女装市场，如果店铺里既想卖学生装，又想卖职业装，既想卖民族风，又想卖欧美风，想着方方面面照顾到了，总有一款顾客会喜欢。其实这是非常错误的想法，只有当店铺成长到了如"韩都衣舍""名鞋库"等规模时，才可以使自己的产品触及多种风格，用子品牌或是子公司的方式经营，但开店初期这样操作不妥。创业初期的任务是夯实基础，找到自己的定位，满足基础客户的需求，并让客户习惯并产生依赖感，才具备参与竞争的资本。

三、注重市场，一切从实际出发

确定要经营的产品之后就要进行采购了，在征求其他人的意见时，往往一个人有一个人的说法，这时如果投票表决的话，貌似很合理，从众如流，但这个观念实际上是错误的。不是行业内的人，永远不知道这个行业圈子里的事儿。多走出去看看市场上的相关产品和行业展会，跟这个行业圈子里的人实际接触，多沟通，这样做才能得出可行的解决之道。

网上开店创业有着巨大的市场潜力，但也和所有传统行业一样存在着巨大的风险和竞争，要进入该领域创业必须要做好充足的准备工作。

任务二　网上店铺的开设模式选择

网上开店创业是一个新兴的产业，具体来说就是经营者在互联网上注册一个虚拟的网上商店（简称"网店"），将待售商品的信息发布到网上，对商品感兴趣的浏览者通过网上或网下的支付方式向经营者付款，经营者通过快递邮寄的方式，将商品递送给购买者。

网上商店，又称"网上店铺""虚拟商店"，是电子零售业的典型组织形式，是建立在互联网上的商场，其实质是将传统商务模式中的商店或超市以图文展示的方式搬到了网上，产品的制造商可以运营这种电子商务模式，中间商和个人也可以运营这种电子商务模式。

网上店铺的优势很多。第一，价格比传统的商业模式要低；第二，可选的品种更多；第三，对于某些商品来说，如书籍和音像制品，从网上搜索和选择更为便利；第四，送货上门，方便客户。

一、功能模块

1. 后台常见功能模块

① 商品管理。包括后台商品库存管理、上货、出货、编辑管理、商品分类管理和商品品牌管理等。

② 订单管理。在线订单程序,使消费者能够通过在线的方式,直接生成订单。

③ 商品促销。一般的购物系统多有商品促销功能,通过该功能,能够极大地促进消费者的购买积极性。

④ 支付方式。即通过网上钱包、电子支付等进行货款支付。国内主流支付方式包括支付宝、财富通、网银在线等。还有部分网上商城支持货到付款,如京东商城、苏宁易购、一号店、唯品会等。

⑤ 配送方式。有的购物系统中集成了物流配送方式,从而方便消费者对物流方式进行在线选择,如选择EMS、顺丰速运等。

⑥ 会员模块。在购物系统中,集成会员注册是吸引会员进行二次购买和提升转换率最好的方式。

2. 前台界面功能

① 模板风格自定义。即通过系统内置的模板引擎,可以方便地在后台进行可视化编辑,设计出符合自身需求的风格界面。

② 商品多图展示。随着电子商务的发展,商品图片成为吸引消费者的第一要素,多图展示即在前台提供多张图片的展示,从而提升消费者的购物欲望。

③ 自定义广告模块。通过内置在系统中的广告模块,网站管理员能够顺利地在前端界面添加各种广告图片。

④ 商品展示。通过前端界面,以标准或者其他个性化的方式向用户展示商品信息,完成购物系统内信息流的传递。

⑤ 购物车。用户可将想要购买的商品添加到购物车,在付款之前,随时增删商品。

二、开设模式

目前网上开店主要有2种开设模式。

1. 在专业的大型网站上注册会员,开设个人网店

像淘宝、易购、一拍、拍拍等许多大型专业网站都向个人提供网上开店服务,只须支付少量的费用(网店模板租金、商品登录费、网上广告费、商品交易费等),就可以拥有个人的网店。

这种方式的网上开店相当于在一些大的商场里租用一个店铺或柜台,借助大商场的影响力与人气做生意。目前的网上开店基本都是采用这种方式,推荐创业者采用这种方式作为自己的创业起点。

2. 自立门户型的网上开店

经营者自己亲自动手或者委托他人进行网店的设计,网店的经营与大型的购物类网站

没关系,完全依靠经营者个人的宣传吸引浏览者。

自立门户型的网店建设方式有两种:一种方式是完全根据商品销售的需要进行个性化设计,需要进行注册域名、租用空间、网页设计、程序开发等一系列工作,极富个性化,费用较高;另一种方式是向一些网络公司购买自助式网站模块,操作简单,费用较低,但是缺乏个性化。

自立门户型的网上开店建设费用较高,相当于开发一个网站平台,同时还需要投入足够的时间与金钱进行网站宣传。优点是网店内容不需要像第一种模式那样受到固定格式的限制,也不必交纳商品交易费等相关费用。这类网店相当于街边的商店,如何吸引浏览者进入,完全依靠经营者自己的推广能力。

三、经营方式

如果正在考虑网上开店,那么首先应该根据个人的实际情况,选择一种适合自己的经营方式。通常网上开店的经营方式主要有以下3种。

① 网上开店与网下开店相结合的经营方式。此种网店因为有网下实体店的支持,在商品的价位、销售的技巧方面都更胜一筹,也容易取得消费者的认可与信任。

② 全职经营网店。经营者将全部的精力都投入到网站的经营上,将网上开店作为自己的全部工作,将网店的收入作为个人收入的主要来源。

③ 兼职经营网店。经营者将经营网店作为自己的副业。例如,许多在校大学生利用课余时间经营网店,也有一些在职人员利用工作之余开设网店,增加收入来源。

四、网上开店的基本流程

确定好了开设模式和经营方式后,接下来就要了解网上开店的基本流程。现以在淘宝网上开店为例,介绍开店流程。

① 网店定位。需要想好自己要开一家什么样的店。在这点上,开网店与传统的店铺没有区别,寻找好的市场切入点,使自己的商品有竞争力才是成功的基石。

② 选择开店平台。选择一个提供个人开设店铺的平台网站,注册成用户。大多数网站会要求用户用真实姓名和身份证等有效证件进行注册。在选择网站的时候,人气旺和是否收费,以及收费情况等都是要考虑的因素。现在很多平台提供免费开店服务,这一点可以为创业者节省一部分资金。

③ 向网站申请开设店铺。为自己的店铺起个响亮的名字,买家在列表中点击哪个店铺,常常取决于名字是否吸引人。有的网店需要提供个人资料,应该真实填写,以增加信任度。其次要准确填写自己店铺所提供的商品分类。例如,出售女士凉鞋,应该归类在"鞋靴、女鞋、凉鞋"一类,以便让目标用户可以准确地找到店铺。

④ 进货。可以从自己熟悉的渠道和平台进货,控制成本和低价进货是关键。

⑤ 登录商品。需要把每件商品的名称、产地、性质、外观、数量、交易方式、交易时限等信息填写完整,最好配上商品的图片。信息应尽量提供全面,突出商品优点。为了增加吸引

力,图片的质量应尽量好一些。如果客户需要特殊方式快递,最好声明邮费负责方。

制定商品的价格十分重要。通常网站会提供竞拍、一口价等选项由卖家设置。假设卖家要出售一双进价 200 元的运动鞋,打算卖到 300 元。如果是个传统的店主,只要先标出 300 元的价格,当卖不动时,再一点点降低价格即可。但是网上竞价不同,卖家先要设置一个起拍价,买家在此价格基础上出价。起拍价越低越能引起买家的兴趣,有的卖家设置 1 元起拍,就是为了吸引买家的注意力。但是起拍价太低会有最后成交价于成本价的风险,所以卖家最好同时设置底价,例如定 205 元为底价,以保证商品不会低于成本价被买走。起拍价太低的另一个缺点是可能暗示网店愿意以很低的价格出售该商品,从而使竞拍在很低的价位上徘徊。如果卖家觉得等待竞拍完毕时间太长,可以设置一口价,一旦有买家愿意出这个价格,商品立刻成交。这种方式的缺点是如果几个买家都对该商品感兴趣,也不可能抬高价钱。卖家应根据具体情况使用不同的定价方式。

⑥ 营销推广。为了提升自己店铺的人气,在开店初期,应适当地进行营销推广。例如,购买网站流量大的页面上的"热门商品推荐"的位置,将商品分类列表上的商品名称加粗,增加图片以吸引眼球。也可以采用与其他店铺和网站交换链接的方式推广。

⑦ 售中服务。顾客在决定是否购买之前,很可能会向卖家提出许多问题,卖家应及时并耐心地回复。但是需要注意,很多网站为了防止卖家私下交易以逃避交易费用,不建议买卖双方在网上提供任何个人的联系方式,如邮箱地址、电话号码等,否则将会面临交易风险。

⑧ 交易成交后,网站会通知双方根据约定的方式进行交易,可以选择见面交易,也可以通过汇款、快递的方式交易。

⑨ 评价或投诉。信用是网上交易中很重要的因素,为了共同建设信用环境,如果交易双方满意,最好给予对方好评(或 5 分评价),并且通过良好的服务争取回头客。如果交易失败,遭遇对方投诉,应尽快处理,以免给自己的信用留下污点。

⑩ 售后服务。完善周到的售后服务是生意保持长久的非常重要的因素。卖家应与客户保持联系,做好客户管理工作。

项目二 了解网上开店平台与产品

知识提要

本项目旨在让创业者选择一个极具竞争力的网上开店平台和产品。通过分析目前电子商务的创新模式,介绍网上开店平台,从中选择淘宝网作为创业平台。通过淘宝网的商业规则,如何在众多的类目中选择最佳产品销售是要解决的首要问题。分析调查市场需求,确定网上开店创业的方向,逐一记下,并整理成方案,为开展网上创业的工作方向奠定基础。

任务一 了解电子商务的创新模式

电子商务行业目前存在的最大问题是流量成本高昂,毛利低下,同质化严重,造成客户忠诚度低,重复购买率(复购率)低。本质上来讲,电子商务应该符合经济学的基本规律:有可控的客户获取成本,有合理的毛利和客单价,有较好的品牌忠诚度和客户重复购买率。以下通过5种当前较为活跃的电子商务创新模式来分析如何成功地进行电子商务创业,如何有效解决高流量成本、低毛利和低复购率这3个问题。

一、微博电子商务

微博和微信平台的兴起颠覆了人们对传统的认知。很多创业初期受资金限制的企业发现获取用户并不一定要做个网站或App,利用微博和微信平台可以有效获得品牌的传播。

微博在品牌推广的潜力难以想象!利用微博开花店,RoseOnly的营销策略简单但不失精妙:通过李小璐等娱乐明星微博转发推荐,获得女性和年轻粉丝的青睐和多重转发;在创投界、IT界,通过宣传其公司理念"一生只送一个人",迅速获得主流IT媒体的力捧。开业短短一周内,RoseOnly就获得了10万粉丝。

通过RoseOnly可以分析微博电子商务模式的优势:通过包装进口花,以花艺的方式提升了整体网络花卉业的档次,获得了较高的毛利和客单价。另外,通过微博进行炒作和传播,获得了海量粉丝和注意力,其本质就是获取了低价流量和忠诚粉丝的口碑传播。这解决了传统电子商务中流量获取成本高,客单价和毛利低的两大问题。

而其劣势在于:鲜花品类门槛较低,从业者甚多,如何克服花店行业从业者分散,客户品牌黏性不够高这一问题,还面临很大挑战。另外,微博毕竟只是一个第三方平台,不可控性较高,用户的沉淀率不够。长远来讲,如果业务要做大,还是要有独立的网站建立独立的品牌知名度为好。

 提示

> 利用微博效应获得便宜流量和忠实粉丝,并通过情感营销获得品牌溢价。除此之外,利用微博进行本地化小而美的电子商务服务,对更多的创业者有更广泛的启示

二、工业品电子商务

工业品电子商务典型的模式如科通芯城,利用深圳作为电子元器件产业中心的地位,通过互联网搭造一个全新的 IC 元器件采购方式平台。该平台上拥有众多国际知名品牌供应商,3 000 条优质产品线,50 万种产品型号,移动手持、消费电子、通信网络等九大应用板块,完成了"一站式"IC 元器件的采购。简单而言,一边是电子元器件的买家(中小企业主),另一边是卖家(国际知名品牌供应商),对接在一起,成就了科通芯城的工业品电子商务模式。

科通芯城的价值在于开通了一条品牌 IC 元器件企业和下游中小制造企业的连接通路,把过去 20 年线下分销集成的渠道资源,放到了线上前台,为中小企业提供丰富的正品品牌产品。科通芯城不但满足了下游客户的需求,同时也为上游品牌企业拓宽了客户渠道。科通芯城的模式并不是简单搭建一个上下游平台,而是自采自销,从原厂采购,直接面向中小企业用户销售,从收入模式来讲,属于销售模式,以赚取利润差价为主。广泛的下游客户,可以从科通芯城的集采模式中获得比小买家小批量采购低得多的价格。在电子消费日新月异的今天,消费者需要厂家更快速地进行创新,甚至通过社会化媒体平台进行 C2B 的先有订单,再有制造,这都需要供应链领域对小批量的高质量元器件需求有更快速的反应。科通芯城就应运而生了。

科通芯城的自营电子商务模式有如下优点。

① 单笔金额一般在两万元到五万元,是一般 B2C 商城的 50~100 倍(解决一般电子商务客单价低的问题)。

② 用户稳定率达到 90%(由于中小企业集中,不存在流量购买问题)。

③ 订单主要是来自生产性采购,一般企业的生产性采购会保持在每年 4 到 10 次(解决电子商务复购率低的问题)。

可以看到,针对垂直领域,专有客户的工业品电子商务,可以有效解决消费领域电子商务的高客户获取价格、复购率低、客单价毛利率低的 3 大问题。

科通芯城的工业品电子商务模式对资金和专业能力的要求都很高,门槛较高,不适合太小的初创团队。但是对于拥有一定行业资源的企业来讲,切入到供应链层面的电子商务,仍然是有着极强的商业机会。

科通芯城的成功能给大家带来很多有益的启示:锁定客户(无流量购买之忧,并有高复购率),自己采购(可控制产品质量),高客单价(零售变批发)。

三、微信电子商务

微信电子商务模式有很多优势,第一,最直接的就是相当于节省了短信群发费。有营业额过千万的淘宝网商家算过,一年仅短信群发费,用微信就可以省掉十几万元。第二,微信的传播虽然不如微博,但信息依旧可能被分享到朋友圈或者群对话。第三,由于强制提醒推送,微信用户对推送商品链接的阅读率、打开率和购买率都比较高。

但这种模式也存在诸多劣势,微信注定更适合是一个客户关系管理(CRM)平台,和微博的"45度斜视"不同的是,微信用户的潜意识里会有双向沟通的需要。杜蕾斯每天可以从其微信粉丝收到2万条各类的语音和文字留言,为此,杜蕾斯建立了专门的十人团队来处理信息。财大气粗的杜蕾斯可以这么做,对于普通的创业公司是无法承担处理价值不高的微信信息成本的。微信电子商务要尽可能集中在高客单价和高毛利的领域,才能有更好的获利机会。

微信是一个精准信息平台,注定了信息越精准,电子商务的成单率就越高。随着智能手机的普及,微信的低门槛帮助更多做小生意的人更好地创业。例如,学校门口的大妈利用微信卖煎饼;水果摊老板不需要店面,只需要仓库,利用微信卖水果。当客户细分和精准到一个度上以后,微信广告就不是广告,而是信息。而发展客户也不需要像电子商务那样大海捞针式地买用户,而是重点发展忠诚客户。微信不仅在改变电子商务的格局,也在改变服务业的格局。上海的一位律师通过管理其几千个微信粉丝,获得了比其他律师多了好几倍的业务。

四、社区电子商务

社区电子商务,如拼多多、小红书等就是典型的案例。下面介绍小红书的成功案例。

小红书是一个生活方式分享社区,创始人为毛文超和瞿芳。截至2018年4月15日,全球有超过9 600万年轻用户在小红书APP上分享吃穿玩乐买的生活方式。在小红书社区,用户通过文字、图片、视频笔记的分享,记录了这个时代年轻人的正能量和美好生活。小红书通过机器学习对海量信息和人进行精准、高效匹配。小红书旗下设有社区电商平台——小红书商城。2017年12月24日,小红书商城获评《人民日报》代表中国消费科技产业的"中国品牌奖"。

和其他电商平台不同,小红书是从社区起家的。一开始,用户注重于在社区里分享海外购物经验,到后来,除了美妆、个护,小红书上出现了关于运动、旅游、家居、旅行、酒店、餐馆的信息分享,触及了消费经验和生活方式的方方面面。如今,社区已经成为小红书的壁垒,也是其他平台无法复制的地方。

2016年初,小红书将人工运营内容改成了机器分发的形式。通过大数据和人工智能,将社区中的内容精准匹配给对它感兴趣的用户,从而提升用户体验。

小红书商城的独特性如下。

① 口碑营销。没有任何方法比真实用户口碑更能提高转化率,就如用户在淘宝上买东

西前一定会去看用户评论一样。小红书有一个真实用户口碑分享的社区,整个社区就是一个巨大的用户口碑库。

② 结构化数据下的选品。小红书的社区中积累了大量的消费类口碑,就好像几千万用户在这个平台上发现、分享全世界的好东西,此外,用户的浏览、点赞和收藏等行为,会产生大量底层数据。通过这些数据,小红书可以精准地分析出用户的需求,保证采购的商品是深受用户推崇的。

小红书启动电商模式的 5 个月时间里,销售额已达到 2 亿多元人民币;截至 2017 年 5 月,小红书营收近 100 亿元。2017 年 6 月 6 日小红书周年庆当天,开卖 2 小时后,销售额达到 1 亿元;当天小红书在苹果 APP Store 购物类下载排名第一;2016 年小红书参加"66"大促销的商品数量是 1 万件,2017 年增长到了 15 万件。

2018 年 3 月,小红书正式上线自有品牌有光 REDelight,主推卧室、厨房及出行场景的相关用品,品类在 50 个左右。通过流程再造,直连工厂和消费者,同时严控品质,给消费者提供质优价廉的商品。

小红书从诞生伊始,就根植于用户信任。因为,不论是从正品、送货速度、还是外包装上,缔造用户信任、创造良好的用户体验是其一贯坚持的战略。

在小红书上,来自用户的数千万条真实消费体验,汇成全球最大的消费类口碑库,也让小红书成了品牌方看重的"智库"。欧莱雅首席用户官 Stephan Wilmet 说:"在小红书,我们能够直接聆听消费者真实的声音。真实的口碑,是连接品牌和消费者最坚实的纽带。"

小红书成为了连接中国消费者和优秀品牌的纽带。通过小红书,中国消费者了解到了国外的好品牌。比如,Tatcha 在美国口碑很好,在中国却默默无闻,用户在社区分享消费体验后,它渐渐受到中国消费者的关注和青睐。现在,小红书成为 Tatcha 在中国的唯一合作方。

小红书也致力于推动中国的品牌走向世界。目前,小红书上已经聚集了一批优秀的国产品牌。借助于小红书社区的口碑模式,这些品牌不必将大量的资源投入到广告营销中,而是可以专注于设计和品质。小红书创始人瞿芳说:"我们相信,只要将最好的设计、最优的品质与消费者对接,一个具有市场潜力的中国品牌就会冉冉升起。"

五、达人电子商务

乐蜂网是达人电子商务的一个成功代表。作为著名电视主持人,李静主持多档节目,并推出了乐蜂网,除了代理大牌外,还推出了自己的静佳品牌。乐蜂获得红杉的巨额投资后,主打达人经济的王牌。在众多垂直电子商务沉迷于价格战的今天,乐蜂网走出一条区别于其他 B2C 电子商务的运营之路,即利用达人在粉丝群体中的影响力,开发周边产品,带动粉丝消费,造星并且最大限度挖掘明星达人背后的经济效应。

Ayawawa 杨冰阳是天涯和猫扑红人,在天涯时代,曾被评选为天涯十大美女,在猫扑时代,以一句聪明的女人没我漂亮,漂亮的女人没我聪明而走红。之后她又开始转型,并成为了女性的恋爱专家,撰写了《别把男人不当动物》,教女人如何识别不靠谱男人的花招,找到靠谱能托付终身的好男人。杨冰阳精准地把握到了市场契机,通过博客、电视和出版迅速成为这个领域的"教主"。微博兴起以后，杨冰阳利用微博的力量更快速扩大自己在这个领域的影响力，几年时间获得了 67 万名粉丝。杨冰阳很快在淘宝网上开了化妆品网店"娃娃美颜课"，通过代理一线品牌，并通过微博上对美容和爱情方面的答疑和辅导，把粉丝导入自己的店铺。由于她的粉丝很多都是具有购买力的中产"白骨精"和"白富美"，因此她的店铺的平均客单价自然要高过普通的淘宝网店铺。经过一段时间的经营之后，她的店铺又开始卖空气净化器等更高客单价的其他家庭关联产品。

这种利用名人效应做生意的模式优势是显而易见的。因为店主是名人，大家对网店会有信任感，会相信网店推荐的产品，当然也愿意多照顾网店的生意。这解决了电子商务行业中的流量成本高的问题。实际上来讲，网店只面对忠实客户做生意，是没有流量成本的。另外因为对网店的信任，所以即使商品价格比其他网店要略高，也是可以接受的。

达人模式的劣势在于可扩展性不易。达人模式的成功建立在达人和潜在的粉丝进行深度持续的交流上。达人本身也需要持续经营和其产品相关的形象和内容，才能有效地建立一批忠诚的粉丝群体。

达人经济的要素是深刻理解到自己的潜力，并成为某领域专家的决心和动力。当网店成为某个特定群体的名人/意见领袖时，自然就可以开展达人经济。做达人一定要专注和细分。只要拥有专业影响力，做电子商务自然就水到渠成。

任务二　选择淘宝网创业平台

淘宝在很大程度上已经成为中国网购的代名词，而且也是中国电子商务的代名词。淘宝的体量，占到了中国网购市场的 80% 以上，淘宝网是名副其实的网购第一流量入口，每天都有三千多万人逛淘宝网，平均每个人的页面浏览量在 10 左右，也就是说平均每天页面浏览量在三亿以上。

选择淘宝网，从用户的角度分析，可将一个用户从接触网站到购买到商品，完成一次购买周期流程中所涉及的体验分为 4 个方面：信任体验、网站体验、物流体验和商品体验。下面，从这 4 个方面出发，分析淘宝网的用户体验。

一、淘宝网的信任体验

电子商务网站的信任可以定义为消费者在存在风险的互联网市场环境中对在线供应商的能力、服务和诚实的信心。传递、构建交易双方信任的几个重要维度如下。

1. 信息功能维度

互联网的一个最大优点就是便于信息的低成本传播。淘宝网作为国内最大的网络零售商圈，打造了内容丰富、种类繁多、分类明确的购物信息平台，截至 2015 年 1 月 28 日，淘宝网天猫店铺总数有 137 734 家。其中，旗舰店有 83 071 家，专卖店有 15 423 家，专营店有 39 240 家。淘宝网创造集中的折扣、团购、秒杀信息渠道，还为消费者提供经验分享，推荐淘宝社区、淘江湖、淘帮派。淘宝网强大的信息功能，都在验证其"没有淘不到的宝贝，没有卖不出的产品"的豪言壮语。

2. 互动功能维度

快捷直接的沟通工具：淘宝网有专门的即时通信工具，在用户可能会咨询卖家的页面都会有阿里旺旺的图标，用户可以很方便地与卖家进行沟通。

免费咨询通道：淘宝网有淘小二为用户提供24小时的在线咨询服务。

客服服务热线：单击首页下方的"联系我们"按钮，可以很方便地查找到针对各个用户群体的热线电话。

3. 能力维度

商品：从汽车、电脑到服饰、家居用品，分类齐全，更是设置网络游戏装备交易区。

物流：淘宝网实行推荐物流，与物流企业合作，为广大的卖家和买家提供可选择的物流服务，物流企业直接在网站后台接受和处理客户的物流需求订单。

支付：网购最重要的因素之一就是支付的安全性，淘宝网有专门的支付工具——支付宝，支付宝通过实名认证制、支付盾、信用评价体系、付款发货方式等在一定程度上保证了用户的支付安全，形成了品牌优势。

4. 诚信维度

淘宝网的品牌知名度和品牌转化率都很高，已有接近9成的网民知道淘宝网，其中又有9成的网民使用淘宝网。

二、淘宝网的网站体验

站在用户的角度，通过从进入淘宝网到购物结束的一整套流程分析淘宝网的网站体验。

1. 购物入口

淘宝网针对不同的用户群体特征，根据群体需求不同设计了多种购物入口，针对性极强，购物入口的设计满足以用户为中心的设计原则。

① 我要买。针对购物目标清晰的用户群体，这类用户清楚自己的需求类别，且一般都具有丰富的网购经验，明确自己要购买的商品种类，知道哪家店铺或超市的哪个区域可以买到想要的商品或服务。

② 站内搜索。针对需求并不是非常清晰，但能够进行关键字描述的购物群体，搜索上给出了关键字组合提示，进一步引导用户对自己的需求明晰化。

③ 宝贝类目。针对的是那种有模糊需求的消费者，通过清晰的商品分类吸引消费者，进一步查看详细的商品列表，起到间接提高用户转化率的目的。

④ 热卖单品。针对的是没有明确的购物目的，但受当前潮流、别人的购买行为影响的消费者。

2. 浏览/检索

① 主题目录。主题目录是淘宝网为消费者提供的分层次排列的主题类索引，一个大类的主题还会被划分为若干子类或子目录。它能让用户通过主题浏览Web站点列表，检索相关信息。

② 搜索引擎。从淘宝网搜索排名的规则，可以看出淘宝网以用户为中心的设计原则。

- 诚信相关性:有的时候,卖家为使发布的商品更引人注目,或使买家更多地搜索到所发布的商品,采取品牌名称堆叠、产品名称堆叠或使用与本商品无关的字眼,扰乱淘宝网正常秩序,使用户搜索到不符合条件的商品。淘宝网为避免商家这种行为影响用户的淘宝体验,对这种关键字乱用的行为进行了打击,采取搜索降权或者搜索屏蔽的措施,保障了用户权益。
- 搜索相关性:只有标题里含有搜索词的宝贝才被展示,其他都被过滤,也可以把这叫做关键词相关性。关键词的范围很广,用户可输入品牌名称、行业类别、产品名称、产品功能、产品属性、产品型号等,进而查找到所需的信息。搜索相关性的原则,为用户剔除了无关信息,快速查找到有价值的产品信息。
- 类目相关性:在某个关键词展示的宝贝里,经过关键词过滤,也就是依据"搜索相关性"把标题里含有关键词的宝贝检索出来,之后把淘宝展示的前台分类下的宝贝优先排在前面。
- 客户评价相关性:客户觉得好的,认可的,就优先推荐。例如,人气排名中的30天成交量、转化率、回头客等指标,就是反映客户评价的认可度;还有就是淘宝一直探讨的卖家服务。这些都是客户的一种评价、一种认可。买家认可程度越高,相关度就越大,排名就越好。评价相关性的搜索原则,为用户提供了消费的借鉴。

3. 浏览商品/对比价格

① 商品的显示方式。淘宝网为用户提供了大图和列表两种显示方式,满足用户使用符合自身喜好的选择权益。另外,浏览的界面(包括风格、视觉元素)符合一致性原则,图片与文字大小适中,因此视觉效果与信息量互相平衡,即使图片与文字非常多,但是重点突出,色彩、大小、位置布局合理。

② 排序功能。一般而言,用户在网上购买商品,最关注的无非是3个因素:价格、卖家信用、他人的购买经历,所以在淘宝网的商品浏览界面,提供了多种按照价格、信用、销量的排序,以及默认排序功能。因为几乎所有的用户只关注高信用、高销量,所以只提供信用、销量从高到低的排序,而价格提供从低到高和从高到低两种排序。这样,就为用户对比商品价格、了解商品质量、了解卖家信誉提供了可行性条件。并且,将价格突出显示,起到主次突出的作用。

4. 询价/询货

淘宝网有专门的即时通信工具——阿里旺旺,作为买家与卖家沟通的桥梁。在与商品相关的每个页面,都可以很醒目地看到阿里旺旺的标志,用户可方便地就商品的价格、质量、物流等问题,即时与商家进行沟通。

5. 放入购物车

对比实体店的购物车和淘宝立即购买的功能,淘宝购物车的设计给用户带来的好处,有以下几点。

① 放入购物车中的商品不是真正的"拍下商品",如果买家不是立即购买商品,也可以用来收藏商品方便下次购买。

② 买家在购物车里可以找刚才拍下的商品,并且可以很方便地修改数量或者改变主意不选购该商品。

③ 从多家店铺购买后加入购物车的商品,在购物车内会自动分类到来自的商铺,买家可以选择此次准备付款的商品,没有选择的不会被拍下,商品还会保存在购物车中直到宝贝过期或买家删除该宝贝。

④ 将多家店铺的商品加入购物车,可以方便消费者对不同的商品进行比较,选取最合适、最满意的商品。

⑤ 因放入购物车无须及时购买,通过理性地比较后,觉得商品不合适而放弃购买,则避免了冲动消费的可能。

6. 支付/体验

淘宝网有自身专门的支付工具——支付宝,支付宝通过实名认证制、支付盾、信用评价体系、付款发货方式等在一定程度上保证了用户的支付安全,同时,支付宝涵盖了大部分的包括国有商业银行、全国性股份制商业银行、区域性银行及其他资金机构在内的银行合作机构,极大地满足用户的支付需求。

7. 离开网站

用户在交易结束之后,可以对店铺和商品进行评价,淘宝网有一套专门的评价体系,可供其他用户对店铺和商品作参考。

8. 网站体验总结

① 易于浏览。淘宝网的页面设计符合界面设计的基本原则:整个网站的风格保持了一致性;页面主次突出,便于浏览。

② 操作方便。网站浏览操作方便,每个流程的每个步骤,都明显标识可以点击的地方。操作前,操作可识别、结果可预知;操作时,操作有反馈;操作后,操作可撤销。

③ 页面简洁。淘宝网的商品内容非常丰富,但是具有条理性,多而不乱,没有设置悬浮的窗口,整个页面看起来比较舒服。

④ 服务清晰。淘宝网的服务和功能按钮,一般均置于页面顶部或页面第一屏的其他显眼位置,服务项目清晰明了。

⑤ 内容丰富。淘宝网特别注意保持信息的及时更新,不断丰富网站内容,资讯、展会、产品、企业等信息,增加了用户对网站的黏性和依赖性。

⑥ 网站稳定。网站服务器不稳定,被挂马,被黑客篡改数据,网站带有恶意软件,域名过期等问题都会影响用户体验。根据长期使用购物网站的买家的经验来分析,淘宝网相对其他的购物网站,网站性能更为稳定。

⑦ 注重细节。淘宝网在功能和服务日趋丰富之后,开始注重细节的体现。例如,注册流程提示信息,用户操作提示,按钮位置、访问出错提示,帮助中心设置,用户提交意见设置等都在日趋优化。

三、淘宝网的物流体验

目前淘宝网实行的物流方式是推荐物流,淘宝采用与物流企业合作,为广大的卖家和买家提供可选择的物流服务,物流企业直接在网站后台接受和处理客户的物流需求订单。

淘宝网采用推荐物流的模式给用户体验带来的优势如下。

① 加强了对物流环节的控制。物流公司在进入淘宝的推荐物流之前,要与淘宝签订相关协议,约定服务价格、内容和方式,以及非常优惠的赔付条款,并规定由淘宝网监控和督促物流公司对于投诉和索赔的处理。这样淘宝就能够作为第四方监管,督促物流公司履行赔偿义务。如果物流公司不能及时赔付,淘宝网还可以先行赔付给用户,以保证用户的利益。

② 物流服务水平的提高和规范化。由于淘宝的涉入和监督,加上推荐物流公司之间的相互竞争,物流的服务标准正在规范化。

③ 物流信息的即时性提高了物流运行的速度和顾客满意度。采用推荐物流公司,当卖家处理订单,点击发货后,物流公司能够即时收到淘宝网传递的物流订单,并且在线处理订单。物流公司在处理订单配送的同时,又把各种物流信息反馈到淘宝网上,顾客就可以在淘宝网上查看其订单产品的相关物流信息。

淘宝网采用推荐物流的模式给用户体验带来的劣势如下。

① 推荐的物流公司多,淘宝网对其实际的物流操作事务几乎管理不到。例如,对于顾客订单的错送、误送,导致订单的延期而给顾客造成损失的事常有发生。另外快递公司配送员工在完成交易的最后一公里环节中,经常发生送货人员与买家冲突的事件。

② 推荐物流公司规模小,服务水平也不高。淘宝的物流商主要分为两类,一类是中国邮政,另外一类是物流快递公司。在交易中大部分顾客选择的都是一般快递,这些物流公司大部分是民营企业,其规模比较小,承担物流的能力也比较弱。随着淘宝递送量的激增,多数快递公司的扩张速度难以与其匹配,进而导致服务品质下降。

③ 物流运营成本高。快递服务,因为是上门取货、送货,同时还要保证时间的快捷性,所以很难实现批量效应,且其回程通常是空驶,这些特征使得快递的成本比较高,在很大程度上抵消了网上购物产品价格低的优势,特别是一些成本比较低的产品。

四、淘宝网的商品体验

网上购物的重点在于"物",因此,用户对淘宝网的体验,最重要的一点就是商品。根据淘宝网官方公布的数据,在淘宝网注册的卖家覆盖全国各大城市的各个行业,淘宝网之所以可以在这么短的时间内急剧增长,在商品方面自有其优势,因此,商品的好坏在很大程度上决定了用户的购物体验。

淘宝网商品体验的优势如下。

① 品种繁多,种类齐全。淘宝的商品数目在近几年内有了明显的增加,从汽车、电脑到服饰、家居用品,分类齐全,更是设置了网络游戏装备交易区。

② 性价比高。用户选择网购的重要原因,除了方便,最重要的就是实惠。淘宝网与其他的 B2C 网站相比,性价比更高。

③ 七天无理由退换货的承诺。淘宝网卖家接受买家七天内无理由退换货,买家无需担心买到的商品不合适,或者买到的东西和实际相差太大。

④ 其他用户购物经验参考。淘宝网有一套完整的信用评价机构,用户购买商品时,可根据其他用户的经验,对商品的质量、属性有一定的了解。

⑤ 方便进行商品的对比。在淘宝网上有多家店铺在卖同一款商品，根据商品描述的关键字，可以查找到同类型的商品，方便买家进行商品、店铺的对比，真正做到货比多家。

淘宝网商品体验的劣势如下。

① 淘宝网可以销售水货与二手商品，但同时也充斥着大量的欺诈、假冒/仿冒商品，所以建议买家购物选择高信誉商家并且提前做足功课。

② 淘宝网对卖家无任何限制条件，无论是谁都可以在淘宝网上注册一家网店，这样就出现了一些名与实不符的商品、假货，卖家哄抬物价等现象，这对淘宝网的长期经营和口碑建立造成了不利的影响。

任务三　寻找适合网店销售的商品

一、网店产品选择方法与步骤

要在网上开店创业，首先要有适合通过网络销售的商品，并非所有适合网上销售的商品都适合个人网店销售。从营销实践的角度出发，以下三大竞争策略助你选好商品。

1. 物以稀为贵

淘宝网店选择商品一定不能选择那些随处都能买到的商品，尽可能找些少见的商品，那样自然会有人花大价钱来买。这里应用的是差异化的竞争策略。

2. 利用地区价格差异来赚钱

许多商品在不同的地区，价格相差很多。例如，电器类商品价格在广东等沿海城市要比内陆便宜许多；而收藏品的价格在古都城市（北京、西安、洛阳）又比沿海地区便宜得多。所以在淘宝网开店的店主要从自己的身边着眼，找找本地盛产而其他地方没有的商品，这样才能卖个好价钱！这里应用的是成本领先策略。

3. 做熟不做生

淘宝网店店主尽量不要涉足不熟悉的产品，如果卖家热爱手工，热爱十字绣，热爱手绘，热爱创造性的事情，不妨在淘宝网上开个相关的 DIY 店铺。特色店铺到哪里都是受欢迎的。因为特色的东西少，所以容易吸引人。例如，店主对摄影非常在行，喜欢数码类产品，不管自己有没有实体店铺，都可以在这方面尝试一下。最重要的是努力成为这个领域的专家。主动回答会员的问题，为会员提供网店售卖商品的相关知识。时间长了，口碑效应好了，大家一想到这方面的购物，就会首先想到这家网店。总之每个人都有自己的特长的。任何时候，学会淋漓尽致地发挥自己的特长很重要，不要拿自己的短处去拼别人的长处。这里应用的是专业化的相对创新策略。

二、适合淘宝开店商品的特点

根据有淘宝开店经验的人士建议，通过对淘宝网店上出售商品的细分发现，适合淘宝开店销售的商品一般具备以下特点。

① 体积较小。主要是方便运输，降低运输的成本。

② 附加值较高。价值低过运费的单件商品是不适合网上销售的。

③ 具备独特性或时尚性。网店销售不错的商品往往都是独具特色或者十分时尚的。

④ 价格较合理。如果网下可以用相同的价格买到，就不会有人在网上购买了。

⑤ 通过网站了解可以激起浏览者的购买欲。如果这件商品必须要亲自见到才可以达到购买所需要的信任，那么就不适合在网上开店销售。

⑥ 网下没有，只有网上才能买到。如外贸定单产品或者直接从国外带回来的产品。

三、淘宝开店商品市场调查分析

出来创业很多人会首选淘宝开网店。在开店之前做一些市场调查，才能确定自己的商品路线。那么开网店的市场调查要做哪些工作呢？

首先，看商品是否适合这个市场，是否符合市场的流行趋势，价格是否能让用户接受，产品是哪个年龄层次能接受的，用户能否接受产品的设计风格。了解用户对商家所销售产品的认知度与需求度，才能为以后销售打下基础。

其次，看地区的消费情况，每个地区的消费情况是不同的，导致需求和消费水平不太一样，商家要做的就是把这些内容进行分类，把消费群体再做分类，整理起来，通过产品来锁定商家需要的消费群体，其作用就是能够更直观地看到目标人群，明确产品是在哪个方向。对需求不同的地区和买家，调查当地的消费水平并进行分析，找到对所销售产品需求比较大的用户群体和地理位置，了解当地的消费属于哪个层次，从中寻找消费比较高的地区。

最后，就要看同行的竞争情况如何，调查同行业的数量，同款产品大概有多少，与竞争对手比较自己的差距有多大，调查成功的店铺，看他们是如何成功的，掌握他们的信息，结合自己的店铺做调整，做出方案，让自己更上一层楼。

选择了一类或是数类产品以后，通过对客户和对手的市场调查再来确定选择是否正确。针对淘宝开店这样的小本创业行为，一些基础的市场调查方法，可供商家参考。

① 可以把开店想法或是样品拿出来，听听亲戚或是周围朋友的意见，因为他们很多人可能就是商家潜在的客户，也可以请教一些行业人士与专家，听听他们的意见。

② 上淘宝网看看别人的网店里有没有这样的产品出售，如果有，那就说明这样的产品有市场，接下来还要看看这类产品有没有竞争优势，如果是同一品牌还要看价格有没有优势，如果是不同的品牌要看品牌的影响度和产品的性价比。如果没有，这个时候就要做线下的调查，如果能形成一定的购买市场，那么在淘宝上开店就具备了人无我有的好东西，这就形成了差异化的竞争，也就形成了商家的核心竞争力。

当然，这些市场调查分析方法无需非常专业的市场营销理论，但也要注意：通过调查还要把网络推广方式结合起来，进行整理和分类，从中找出哪一种营销方式用户接受率较高，哪一种用户比较排斥，哪一种推广方法比较好，找到适合自己的营销方式和网络推广方法。

四、淘宝开店产品策划方案

通过市场调查分析,在开店前应制订一份较为具体的淘宝网开店产品策划方案,样例可以参考如下。

1. 前言

什么地方每天有900万人在"逛街",不是北京的王府井、西单,不是上海的徐家汇,也不是世界上最大的超市沃尔玛,而是淘宝网。随着社会的发展,人们对个性时尚非常敏感,追求前卫。如果穿着一身时尚、个性的服装,可以让自己有一个很好的心情,让自己快乐,现在很多人都会选择符合自己形象的服装来显示自身的个性。

2. 市场调查

① 市场潜量。服装是每一个人的必需品,而且现在上网的人一般都是18~40岁的人,他们为了节约逛商店的时间会选择在网上购物,所以在网上销售服装是一个很好的路径。

② 竞争者。目前市场上的服装种类繁多,竞争激烈。其中品牌服装占有了市场的绝大部分份额,且每种品牌产品均有各自的特点和稳定的销量,所以我们要寻找另一个市场,如在网上销售。

③ 消费者需求的特点。上网的人一般都是一些年轻的人,他们对服装的需求是时尚的、个性的,能普遍接受的价格为200~500元。

3. 收集信息

(1) 信息的主要来源

① 个人来源。通过家庭成员、朋友、同学或同事等个人关系获得信息。

② 商业来源。通过企业的广告、展销会、推销员介绍等途径获得信息。

③ 公共来源。通过社会公共传播得到信息。

④ 经验来源。消费者通过直接使用商品得到信息。

(2) 信息收集过程

① 直接观察法。通过在校园内多次观察,可以发现有90%的学生所穿的服装非常有个性。

② 人员访问法。直接通过学生访问,对他们的需求进行分析。

③ 问卷调查法。把学生对服装的需求做成试卷,发给学生让他们填写,利用这种方法收集信息。

④ 网络查询。

4. 淘宝网店定位与目标

本店主要经营*****(服装以女性)作为主要的销售对象,选择*****(18~25岁的女性)作为客户群。*****(服装)的类型多种多样,在品种、质地、色彩、价格方面都是合理的。本店的风格是以快乐为主,让所有进入本店的顾客都有一个好的心情,店标是写着"快乐坊"3个字的图案。

本店的经营理念:客户的需求,用户的满意。

服务理念:信誉第一,客户至上,优质服务。

目标:月销售额＊＊元,营业额＊＊元。

五、店铺经营

1. 店铺策略

① 网店内的宝贝描述要尽量多放实物图,功能特点要详细,同时要把注意的事项说明,描述的字体大小和颜色要让顾客一目了然。

② 店铺的装修要美观,能吸引人,让买家觉得店家很专业,很有踏实感。

③ 店铺内的公告栏不要空着,应在可用的公告栏内介绍本店产品的特色。

④ 要让旺旺常在线,利用这个便利的工具,方便与买家沟通。当店家不在电脑旁时,请改变为离开状态,并记得放一个自动回复短句。这样的好处是,如果对方收到了自动回复,就知道店主不在,暂时不会继续发消息。

2. 经营策略

(1) 树立品牌

以店名为品牌,可以在网络上邀约一些服装同行,用同一个店名,通过各地加盟店连锁经营,形成品牌效应,增强竞争力。

淘宝网店的装修首先就要起一个吸引人的店名,起名要注意以下几个原则。

① 简洁通俗、朗朗上口。店名一定要简洁明了,通俗易懂且读起来要响亮,如果招牌用字生僻,读起来拗口,就不容易被浏览者熟记。

② 别具一格,独具特色。网店有千千万万,用与众不同的字眼,使自己的小店在名字上就显出一种特别,体现出一种独立的品位和风格,吸引更多浏览者的注意。

③ 与自己经营的商品相关。店名用字要符合自己经营的商品,选择的店名让买家能看出网店的经营范围。如果名字与商品无关,很可能导致浏览者的反感,自然也就更难进一步地交易了。

④ 用字吉祥,给人美感。用一些符合中国人审美观的字样,使店名让人看起来有一种美感,不要剑走偏锋,这样的结果会适得其反。

⑤ 对于网店的装修除了起一个好听的名字外,还要做其他的工作,包括设计一个精美的店铺匾额,即通常我们说的店招。

⑥ 做一张店主肖像。

⑦ 创作一句过眼难忘的广告语。例如,流光魅影,花样年华尽在锦绣——"锦绣喜居"丝绸家居;众里寻他千百度——新月小筑;生活可以如此美丽——嗜屋等。

⑧ 写一段精彩的店铺介绍,或者给自己的商品和留言本加上美丽的色彩。

(2) 做散货,灵活性大

店内集合多种品牌,多种风格,扩大顾客群。

(3) 产品的定价

刚刚开设的店铺,正处于萌芽时期,尚未被顾客所熟知,在供应商那里提少量的货并在定价上可以与其他竞争的店低一些,以先获得较低的利润为主,将主要精力放在提高店铺的知名度及信誉上。

商品的定价主要采取以下方法。

① 成本定价法。成本定价法是一种以成本为中心的定价方法,也是传统的、运用得较普遍的定价方式。具体做法是按照产品成本加一定的利润定价,如生产企业以生产成本为基础,商业零售企业则以进货成本为基础。由于利润一般按成本或售价的一定比例计算,故将一定的期望利润比率(百分比)加在成本上,因此,常被称为成本加成定价法。

至于新产品的利润比,每个行业有着不同的利润分配原则,因此在成本定价时必须按照行业的利润分配规律定价。例如,饮料的批发商在每瓶饮料上可能只赚几分钱,但在保健品领域,利润空间在30%以上,甚至高达100%、200%。

② 市场定价法。市场定价法即根据竞争对手的价格参照进行定价。市场竞争地位分为四大类:市场领导者、市场挑战者、市场跟随者、市场补缺者。市场领导者在竞争中处于强势地位,在同类产品的定价上应走高价路线,略高于市场平均价,并与市场跟随者拉开一个档次;市场挑战者是市场领导者最大的对手和威胁,在定价上采取的是不让步、不服输、咬得紧、不松口的策略,即领导者定多高的价,挑战者会八九不离十地应对着;市场跟随者紧跟在领导者和挑战者背后,以模仿著称,其产品价格通常低于领导者和挑战者一个价格层级,接近于市场平均价,如PC中的二线品牌爱必得、金长城即属于此类;由于市场补缺者提供的产品或服务是市场所稀缺或不足的,具有很强的差异化,专业性很强,目标市场较窄,用户对价格的讨价还价能力较弱,所以在定价上同样可实施高价策略。

③ 心理定价法。心理定价法即根据顾客能够接受的最高价位进行定价,它抛开成本,赚取它所能够赚取的最高利润,即顾客能接受什么价我就定什么价。例如,有一个非常好的产品,按成本定价只有八九十元,商家经过调研后发现,客户所能接受的心理价位在200元以内,于是定价188元,比原来高出100元。新产品推出后,价格并未成为顾客购买的障碍,反而本着好货当然价高的心理,认为这是一款品质相当好的产品。定价中高出的100元实际上成为了厂家的纯利润。

根据顾客的购买心理和行为习惯,在零售价格中,常用到以下策略。

- 尾数定价策略。在确定零售价格时,以零头数结尾,使用户在心理上有一种便宜的感觉,或者价格尾数取吉利数,也可以促进购买。该策略适用非名牌和中低档产品。
- 整数定价策略。与尾数定价策略相反,利用顾客"一分钱一分货"的心理,采用整数定价,该策略适用于高档、名牌产品或者是消费者不太了解的商品。
- 声望定价策略。主要适用于名牌企业、名牌商店和名牌产品,由于声望和信用高,用户也愿意支付较高的价格购买。
- 特价定价策略。这是利用部分顾客追求廉价的心理,商家有意识地将价格定得低一些,达到打开销路或者是扩大销售的目的,如常见的大减价和大拍卖,就属于这种策略。该策略主要适用于竞争较为激烈的产品。

优质低价经营,占领市场。成本降低了,不要贪利润,同等质量的衣服,一定要比周边的服装店更低价,给顾客实惠,就是给自己开辟了发展的道路。

(4) 推广策略

① 利用好网站内其他推广方式,如多参加网站内的公共活动,为网站做贡献,可以得到一些关照,网店自然也可以得到相应的推广。

项目二　了解网上开店平台与产品

② 利用留言簿或论坛宣传自己的网店。注意一般不要采用直接发广告的形式,可以采用签名档,将自己的网店地址与大概的经营范围包括在签名档里,无形中会引起许多阅读者的注意,从而吸引阅读者进入商家的网店,进而成为商家的客户。

③ 广开门路,广交朋友。通过认识朋友,介绍他们关注网店的产品,争取回头客,更争取让老客户介绍新客户。

④ 如果开设的网店是需要支付交易费或登录费的,那么可以开设一个不需要这些费用的网店,对于每一个成交的客户,介绍他们以后通过新的网店浏览并购买产品,降低商品的销售成本。

⑤ 在各种提供搜索引擎注册服务的网站上登录网店的资料,争取获得更多的浏览者进入网店。

⑥ 可以通过媒体进行宣传,提高产品的知名度,突出产品的特色。

⑦ 还可以搞一些促销活动来销售网店的产品。

(5) 淘宝开店的支付方式选择

目前网上开店主要有几种付款方式:网上支付,邮局汇款、银行汇款、货到付款。为了方便顾客付款,卖家应该给出多种选择,不要只接受一种支付方式,因为这样很可能会因为顾客感觉不便而失去成交机会。当然,一般情况下不要接受货到付款的方式,原因很简单,增加了商家的经营风险。

(6) 网上开店的送货方式选择

目前网上开店主要采用的送货方式有以下几种。

① 普通包裹。普通包裹用的是绿色邮单,寄达时间需 7~15 天。

② 快递包裹。与普通包裹类似,只是寄达时间加快许多。

③ EMS 快递。安全可靠,送货上门,寄达时间更快,只是费用较高。

④ 挂号信。适合比较轻巧的物品,20 克内,寄达需 3~5 天,注意物品要多包几层以免积压损伤。

⑤ 其他快递。目前国内快递业发展很快,送货也可以采用一些 EMS 之外的快递公司,与 EMS 相比可以节省 50% 左右的费用。

⑥ 专人送货。如果顾客就在本市,可以考虑直接送货上门。与这种方式相结合可以采用货到付款的方式。

(7) 售前及售后服务

① 售前服务:顾客在决定是否购买的时候,很可能需要很多信息,他们随时会在网上提出,商家应及时并耐心地回复。

② 售后服务:可以给出退换货承诺。

服装自售出之日起 7 日内,只要商品不影响再次销售,可以退换货。

服装退换,商品价格上调时,按商品的原价计价,价格下调时,按现价计价。

下列情况免费修理不退换:服装开线,免费修理;服装起皱,免费熨烫;毛衣小面积起球、脱针、开线免费修补。

六、发现问题、制订整改方案

方案是一个网店经营的起步,它可以帮助商家在以后的经营中按照自己的方案进行管理、操作、经营,也可以一边经营一边修改方案让网店更加成功,吸引更多的顾客。

项目三 网上开店新手入行

知识提要

本项目从网上开店零基础的新手角度进行讲解,从网上开店需要的一般硬件配置要求着手,再对货源的销售条件和要求进行简要阐述。介绍如何在淘宝网上注册账号,解决网上开店过程中会用到的支付方式等问题;接着描述网店装修的一般方法和流程;最后对优秀网店进行评析。对于初学者而言,本项目是一个极其重要的基础环节。

任务一 网上开店的准备工作

网上开店主要分为两种形式,一种是商家自己设立专门的网站作为销售平台,从网站的维护、更新,到宣传、销售都要自己一手包办。另一种是利用其他网站提供的平台来销售商品,如现在比较常见的淘宝、易趣等网站就为人们提供销售的平台。本任务主要介绍第二种形式的网上开店。

一、网上开店的软件准备

在淘宝上开店,卖家要做好打持久战的准备,一定要抱以一颗平常心,不要有一夜暴富的想法。具体来说,在经营网店的过程中,应具备以下良好的心态。

1. **不着急,有耐心**

在网络经济日益发达的今天,网络上大大小小的店铺数不胜数,如果新开的网店没有什么特色,很有可能从一开始就被埋没在"芸芸众店"当中,所以,网店经营者首先要做好店铺开张一段时间内卖不出去一样东西的心理准备。

2. **不急不躁**

当面对自己店铺的宝贝长时间无人问津;明明被拍下的商品,买家却迟迟不肯付款;顾客没完没了的讨价还价,最终也没有成交……这些情况时,网店经营者要能够做到冷静面对,不急不躁,仔细分析其中的原因,加以改进。

3. **虚心向优秀店主学习**

"三人行必有我师"这条金句在开网店中也是非常值得借鉴的,虚心向有经验的店主学习,可以使自己少走很多弯路。

4. 把开网店作为一种乐趣

有很多人在网上开店是出于个人的兴趣爱好,在获得乐趣的同时,还能够赚到钱。

二、网上开店的硬件准备

1. 电脑

开网店的第一要素是需要一台能够上网的电脑,其作用是保证卖家可以经常上网。当网店发展到一定规模后,商品势必会越来越丰富,相关的产品介绍、图片等都会增多,加上电脑还同时承担着我们的娱乐、学习的需要,所以可以考虑增大硬盘存储空间,如增加一块硬盘或是配置移动硬盘等。如果卖家比较擅长自己处理商品图片,那势必会进行一些图形处理工作,可以考虑增配内存和更换性能更好的显卡。另外,由于笔记本电脑轻巧、易于携带,因此作为淘宝卖家,配备一台性能良好的笔记本电脑也是不错的选择,它可以帮助卖家在不同场合胜任店铺管理工作。

2. 数码相机

对于拥有实物商品的卖家来说,最好能够拥有一款专业的数码相机。一般来说,普通的家用数码相机就可以满足商品拍摄需求,想要获取更好的拍摄效果,可以使用专业的单反相机。如果条件允许的话,还可以开辟自己的摄影场所,以及拍摄商品图片需要用到的各种辅助器材等。

3. 打印机

打印机主要有3个应用:打印包裹单、打印优惠卡及自身办公时需要。打印机虽然不是开店初期的必备,但是当网店经营到一定规模时,打印机能够帮助卖家打印大量的包裹单,从而节约时间。

三、网上开店的货源准备

网上开店如何寻找高质量的货源是重中之重。怎样才能找到适合自己创业的货源是所有网上开店的创业者最关心的问题,也是关系到网上创业能否成功的重要因素。

1. 了解客户和市场需求

网上开店的第一步,想好要开一家什么样的店。寻找好的市场使自己的商品有竞争力是成功的基石。如果能将潜在的市场需求转化为实实在在的市场需求,随之而来的就是丰厚的回报。

因此,首先需要选择合适的对象;其次,合理的前期投入和适当的引导;最后,成功地开发潜在需求。一旦这种潜在需求成为一种实实在在的需要的时候,那么消费者就会有强烈的购买欲望。其实这种对于潜在市场的开发在日常生活中非常多,如一些商家开展的免费试用、试吃等活动就是一种发掘潜在市场的营销手段。这些方法在网络营销过程中同样适用,只要运用灵活、把握得当,一定能开发出大的市场。

卖家应对所卖的商品先做相关的市场分析,具体内容如下。

① 整个行业的市场需求状况如何?
② 有哪些类型的顾客?
③ 现在及将来有多少顾客?
④ 这些顾客都分布在什么地方?
⑤ 顾客接受产品有何障碍?顾客的购买(使用)标准是什么?
⑥ 计划采取什么策略使顾客使用、购买产品?
⑦ 市场的定位及产品的价格。
⑧ 销售渠道、销售战略和市场开发计划。

再做一下竞争分析,具体内容如下:
① 主要竞争对手的情况分析;
② 产品在市场上的销售情况;
③ 其未来可能对本项目产品造成的威胁分析;
④ 市场促销策略。

俗话说"知己知彼,百战不殆",卖家必须对市场竞争情况及各自优势认识清楚,透彻分析,并制订明确的竞争策略。

2. 寻找适合网店经营的商品

在网上开店,首先要有适宜通过网络销售的商品。根据业内人士的建议,适合网上开店销售的商品一般具备以下条件。

① 体积较小。主要是方便运输,降低运输的成本。
② 附加值较高。价值低于运费的单件商品是不适合网上销售的。
③ 具备独特性或时尚性。网店销售不错的商品往往都是独具特色或者十分时尚的。
④ 价格较合理。如果网下可以用相同的价格买到,就不会有人在网上购买了。
⑤ 通过网站了解就可以激起浏览者的购买欲。如果这件商品必须要亲自见到才可以达到购买所需要的信任,那么就不适合网上销售。
⑥ 网下没有,只有网上才能买到。如外贸定单产品或者直接从国外带回来的产品。

根据上述条件,目前适宜在网上开店销售的商品主要包括首饰、数码产品、保健品、成人用品、服饰、化妆品、工艺品、体育与旅游用品等。

所以,网上开店要放弃一些不适合网上销售的商品,同时也要注意遵守国家法律法规的规定,不要销售下类商品。

① 法律法规禁止或限制销售的商品,如武器弹药、管制刀具、文物、淫秽品等。
② 假冒伪劣商品。
③ 其他不适合网上销售的商品,如医疗器械、药品、股票和抵押品、偷盗品、走私品或者以其他非法来源获得的商品。
④ 用户不具有所有权或支配权的商品。

3. 寻找物美价廉的进货渠道

营销至关重要的是渠道,所谓进货渠道就是货源。因此,如何进货是网店卖家很关心的问题。下面列出几种常见的进货渠道,以帮助大家找出最适合自己的进货渠道。

(1) 批发市场进货

这是最常见的进货渠道,如果网店是经营服装的,那么店家可以去一些大型的服装批发市场进货，如广州服装批发市场、流花服装批发市场、义乌小商品城等。

优点：更新快，品种多。

缺点：容易断货，品质不易控制，而且在批发市场进货需要有强大的议价能力，才能将批发价压低。所以店家要与批发商建立好关系，尤其是在关于调换货的问题上要与批发商说清楚，以免日后起纠纷。

（2）厂家货源

正规的厂家货源充足，态度较好，如果长期合作，一般都能争取到滞销换款。但是相对来说，直接联系品牌经销商，需要更大的进货量。越是大品牌，它的价格折扣就越高，真正赚的钱，只是在完成销售额后拿到的返利。

如果网店已经发展到一定程度，想走正规化路线，这就是个不错的选择。

优点：货源稳定，渠道正规，商品不易断货。

缺点：更新慢，价格相对较高。

（3）代销式供应商

这是时下网上非常流行的一种供应方式。由供货商提供图片及商品介绍，卖出后供应商可帮助直接发货。例如，阿里巴巴上就有不少店铺提供"一件代发"。

对于新手来说，这种方式是个不错的选择，因为所有的商品资料都是齐全的，关键看店家如何把商品卖出去。

优点：简单省事，鼠标一点，连发货都不用自己管，坐收佣金。风险低，资金投入最省。

缺点：商品不经过自己的手，品质难控制；对商品可能了解不够，与客户沟通较困难，操作不好会得中评或差评；订单较多，服务难免有时就跟不上；这样的供应商一般都有固定的回头客，所以很难和他们谈条件；换货可能成为交易售后的大问题，因为收到的东西有时难免有些瑕疵，尤其是饰品，事先做好充分的沟通与协商就尤为重要。

（4）各种展会、交易会

全国每年各个行业都会召开各种展会，如服装展、农博会，这些展会聚集的大部分都是厂商。因此，当卖家的生意已经有所起色，而苦于货源不够好的时候，参加相关产品的展会，接触真正一手货源，大胆地和厂商真正建立合作，对长期发展壮大很有好处。

优点：成本低，竞争力强，商品质量稳定，售后服务有保障。

缺点：一般不能代销，需要有一定的经营和选货经验，资金投入大，风险较高。

（5）关注外贸产品或OEM产品

目前许多工厂在完成外贸订单之外的剩余产品或者为一些知名品牌的贴牌生产之外会有一些剩余产品处理，价格低廉，通常为正常价格的2~4折，这是一个不错的进货渠道。

（6）买入库存积压或清仓处理产品

因为急于处理，这类商品的价格通常是极低的，如果卖家有足够的砍价能力，可以用一个极低的价格买下，然后转到网上销售，利用网上销售跨地域的优势获得利润。

（7）寻找特别的进货渠道

如果卖家在中国香港或国外有亲戚或朋友，可以由他们帮忙，购入一些国内市场上看不到的商品，或者一些价格较低的商品。如果卖家是在深圳、珠海等地，也可以办一张通行证，直接去中国香港、澳门进货。

项目三　网上开店新手入行

　　在以上进货渠道中,对于小本经营的卖家而言,后三者更适合一些,但是要找到这样的进货渠道难度更大,需要卖家们多下工夫。网上开店,进货是一个很重要的环节,不管是通过何种渠道寻找货源,低廉的价格是关键因素,找到了物美价廉的货源,网上商店就有了成功的基石。

任务二　注册开店

一、在淘宝网上注册

　　1) 打开淘宝首页 http://www.taobao.com,单击页面左上方的"免费注册"按钮。如图3.1所示。

图3.1　淘宝网站首页

　　2) 设置登录名。可以选择手机号码注册或邮箱注册,如图3.2所示。

图3.2　设置登录名

3）填写账户信息。如图3.3所示。

图3.3　填写账户信息

4）注册信息填写完成,注册成功,如图3.4所示。

图3.4　注册成功信息提示

二、申请开店

1）进入淘宝,用账号登录,单击网页右上角的"卖家中心"按钮,显示界面如图3.5所示。

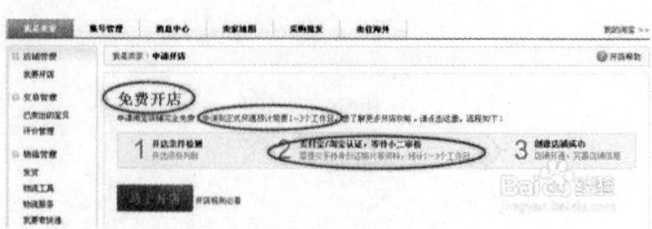

图3.5　卖家中心

2）单击"马上开店"按钮,填写申请开店认证信息,需要支付宝实名认证,绑定支付宝账户。单击"立即认证"按钮,进行淘宝开店认证,如图3.6所示。具体步骤可按淘宝网站的提示进行操作。

图3.6　申请开店认证

3）开店成功之后需要设置店铺的基本信息,如店铺的名称,主营项目等。单击"卖家中心"→"店铺管理"→"店铺基本设置"按钮。

4）输入店铺名称;设置店铺标志,大小为 80×80 像素;输入店铺简介,店铺简介是很重要的一项内容,会加入店铺索引中,如图3.7所示。

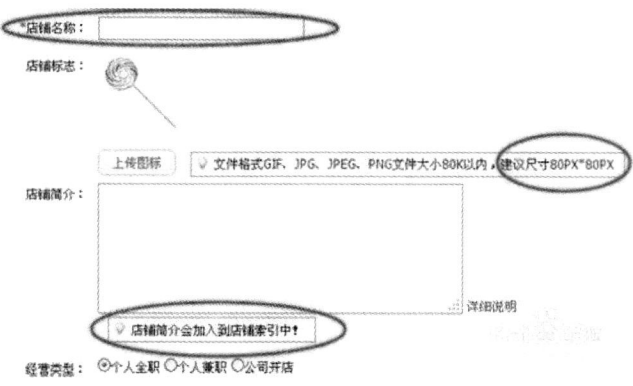

图3.7　设置店铺信息

要注意的是,店铺创建成功后,如果连续6周出售的商品数量为0,该店铺会被释放(即被淘宝删除),店铺名保留时间为一周,如果要重新激活则需要通过发布宝贝来操作。

三、支付宝

1. 什么是支付宝

支付宝网络技术有限公司是提供网上支付服务的互联网企业,由全球领先的电子商务公司——阿里巴巴集团创办。支付宝(www.alipay.com)致力于为中国电子商务提供安全、方便、简单的在线支付解决方案。

支付宝交易服务从2003年10月在淘宝网推出,短短两年时间内迅速成为中国使用最广泛的网上支付工具。用户覆盖了整个C2C、B2C及B2B领域。支付宝以其在电子商务支付领域先进的技术、风险管理与控制等能力赢得银行等合作伙伴的认同。目前已和国内的工商银行、建设银行、农业银行、招商银行等各大银行及VISA国际组织等金融机构建立了战略合作,成为银行在网上支付领域最受信任的合作伙伴。

2. 支付宝注册的好处

买家使用的好处如下:

① 货款先支付在支付宝,收货满意后才付钱给卖家,安全放心;
② 不必跑银行汇款,网上在线支付,方便快捷;
③ 付款成功后,即时到账,卖家可以立刻发货,快速高效;
④ 在线支付,交易手续费全免。

卖家使用的好处如下:

① 不用跑银行查账,支付宝会自动告诉卖家,买家是否已付款,可以立刻发货,省心、省力、省时;
② 账目分明,交易管理帮助卖家清晰地记录每一笔交易的状态,即使有多个买家汇入同样的金额也能区分清楚;
③ 支付宝认证是卖家信誉的保证。

3. 支付宝实名认证

1)从淘宝网首页进入"卖家中心"→"店铺管理"→"我要开店",单击"继续认证"按钮,如图3.8所示。

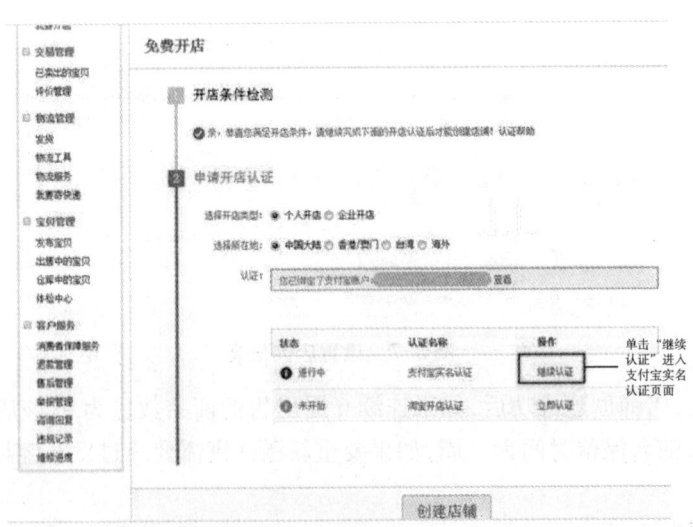

图3.8 "免费开店"界面

2)进入"支付宝实名认证"界面,单击"立即认证"按钮,如图3.9所示。

3)按照界面提示填写相关信息,单击"下一步"按钮,如图3.10所示。

4)进入"打款方式验证银行卡"界面,填写相关信息,按界面提示进行操作,如图3.11所示。

项目三 网上开店新手入行

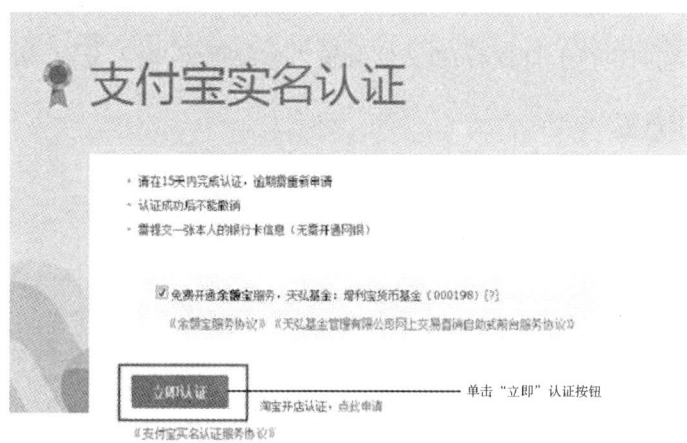

图3.9 "支付宝实名认证"界面

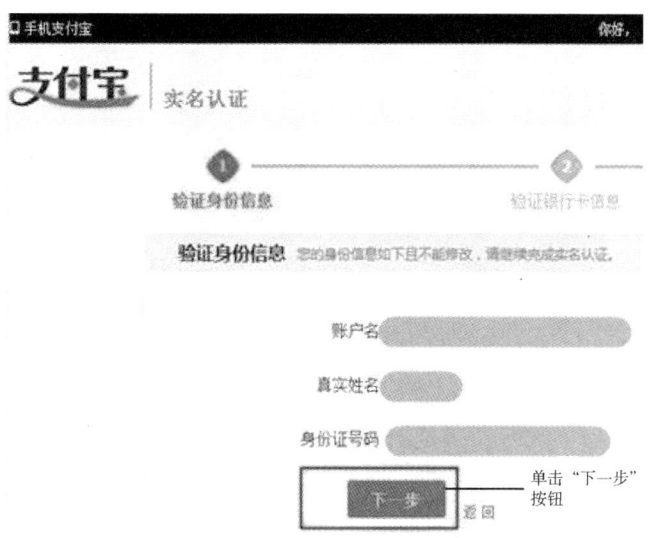

图3.10 填写实名认证信息

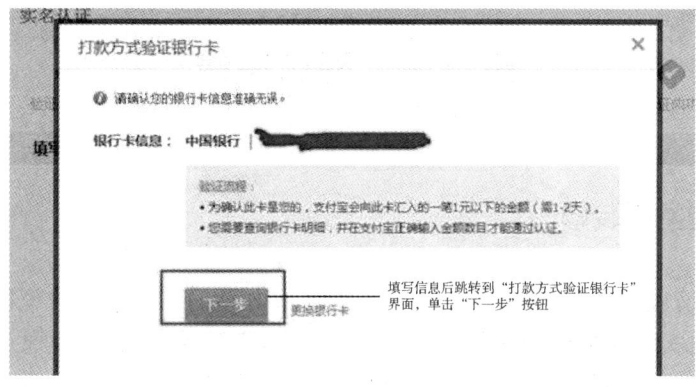

图3.11 "打款方式验证银行卡"界面

5）完成支付宝向银行卡打款后，进入实际输入金额页面，输入金额，如图 3.12 所示。

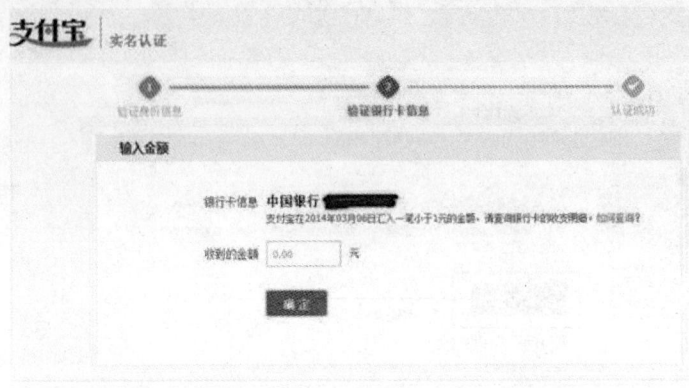

图 3.12　输入金额

6）单击"确定"按钮，系统确认，支付宝实名认证完成，如图 3.13 所示。

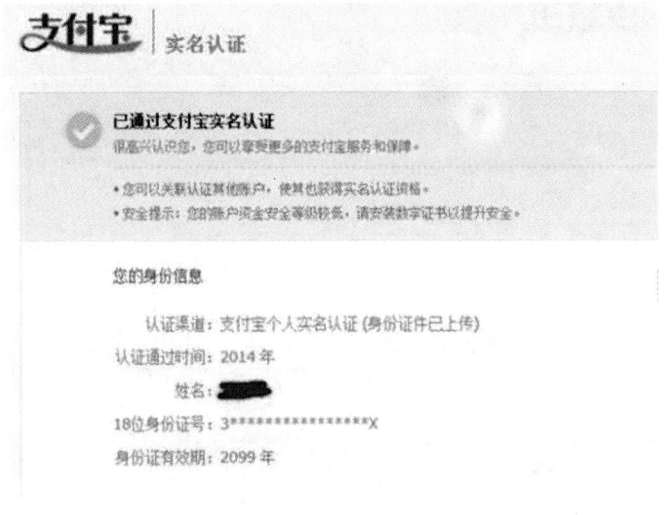

图 3.13　完成认证

任务三　网店装修

一、什么是网店装修

网上开店申请成功之后，卖家可以获得一个属于自己的空间。和传统销售渠道不同的是，买家不能像在实体店买东西一样摸一摸、看一看，甚至试一试，只能通过卖家展示的图片，店铺的装修，以及产品的详情描述来判断是否进行购买。买家通过搜索找到卖家的宝贝，在被宝贝吸引以后，一般不会立即决定购买，而是会再进入店铺看看有没有更多更好的选择,这时候店铺的整体形象就显得尤为重要,让买家能够喜欢逛您的店,多待一会儿,是网店装修的目标。

装修主要包括店标设计、宝贝分类、推荐宝贝、店铺风格等。

二、网店装修的作用

淘宝店铺装修要讲究一些,考虑要全面,要与产品风格呼应,不要太花哨,不能喧宾夺主,但又要让人过目不忘。

进行淘宝店铺装修要注意整体搭配,店铺的美化如同实体店的装修一样,让买家从视觉上和心理上感受到店主的用心,并且能够最大限度地提升店铺的形象,有利于店铺品牌的形成,提高浏览量。美观得体的店铺装修,给顾客带来美感,顾客浏览网页时不易疲劳,自然会细心察看店铺的商品,有利于促进成交。

三、网店装修流程

针对淘宝普通店铺,以下内容主要从店招、店铺介绍、宝贝分类等方面来介绍如何装修美化店铺。淘宝店铺布局如图 3.14 所示。

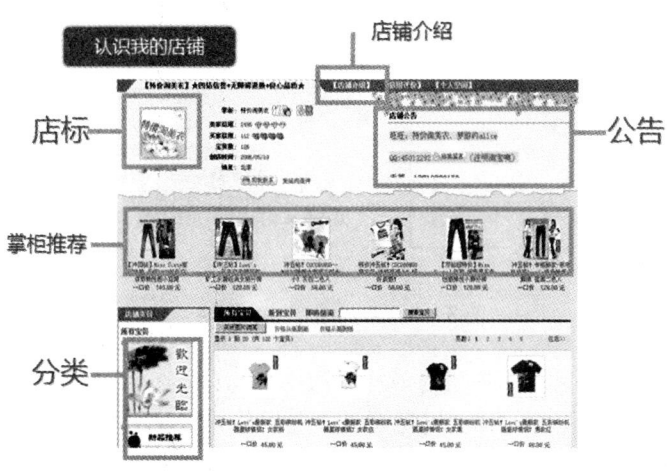

图 3.14　淘宝店铺布局(示例)

1. 基本设置

登录淘宝,单击"卖家中心"→"店铺装修"按钮,在打开的界面中可以修改店铺名、店铺类目、店铺介绍,主营项目要手动输入。

2. 店招设计

店招是一个网店的形象,位于店铺的最顶端,每位顾客进入店铺第一眼就能看到。因此店招是店铺装修的重要环节,精心设计的店招能传达店铺的特点和经营理念。一般来说,动态图比静态图更能吸引人的眼球,当顾客搜索店铺,或者进入店铺的时候,很容易被动态店标吸引。

3. 推荐宝贝

店铺推荐位有 6 个，卖家应好好利用。因为买家进入店铺，最先看到的就是店铺推荐位上的商品，所以一定要拿出店里最漂亮也最实惠的宝贝。对于推荐位不足的情况，卖家也可以购买宝贝模板，模板上提供了更多推荐位。

打开"管理我的店铺"界面，在左侧单击"推荐宝贝"按钮，在打开的界面中选择推荐的宝贝，单击"推荐"按钮即可。

(1) 添加推荐宝贝模块

在网店"自定义内容区"右侧的"可添加模块"中，有"掌柜推荐宝贝""宝贝推广区（自动）""宝贝推广区（手动）"几个按钮，单击"掌柜推荐宝贝"按钮，在左边的"已添加的模块"中出现"掌柜推荐宝贝"模块。"宝贝推广区（自动）"按钮，就会在"已添加的模块"中出现，保存后成为"推广宝贝"模块，模块的名称可以修改。"掌柜推荐宝贝"按钮只能按一次，也就是说，在网店首页的"掌柜推荐宝贝"这一块区域，只能显示一次。其他的推荐模块可以反复点击，多次添加，如图 3.15 所示。网店首页的推荐商品区域能显示不同的推荐商品。

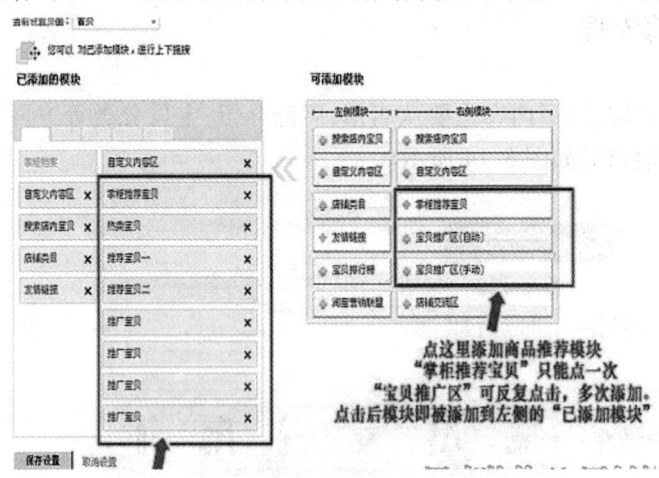

图 3.15　添加推荐宝贝模块

(2) 设置掌柜推荐宝贝

"掌柜推荐宝贝"是个很不错的功能，单击"宝贝管理"→"掌柜推荐宝贝"按钮进行设置，左下方会列出所有商品列表，选中商品，单击"推荐"按钮，已推荐过的就会显示"已推荐"，不能重复推荐同一件商品。推荐的商品会出现在"已推荐宝贝"列表中，如图 3.16 所示。普通店铺只能推荐 6 件，旺铺最多可以推荐 16 件。

如图 3.17 所示是掌柜推荐宝贝在首页的显示效果。

4. 店铺风格

不同的店铺风格适合不同的宝贝，给买家的感觉也不一样，一般选择色彩淡雅、看起来舒适的风格即可。例如，选择某种风格的模板，右侧会显示预览画面，单击"确定"按钮就可以应用这个风格。

5. 友情链接

如图 3.18 所示是"友情链接设置"对话框，在这里可以添加新链接，输入要添加的掌柜会员名。

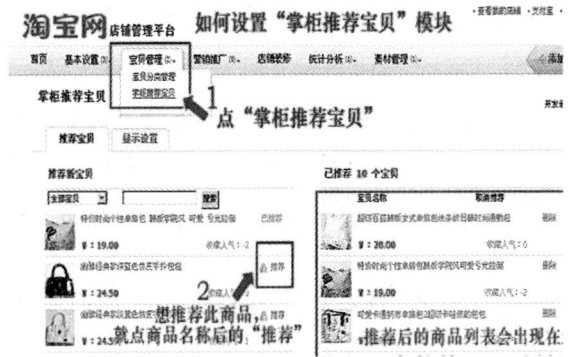

图 3.16　设置掌柜推荐宝贝

图 3.17　掌柜推荐宝贝显示效果

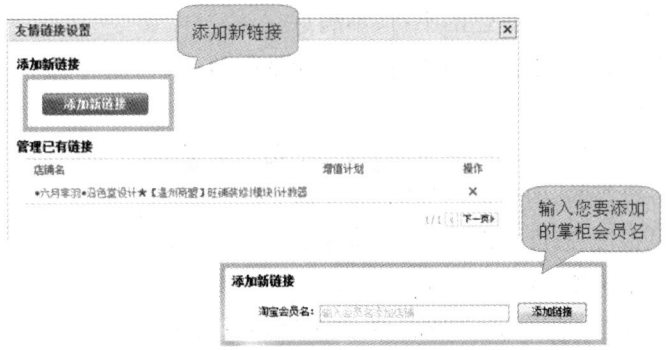

图 3.18　添加友情链接设置对话框

四、网店评价系统

1. 信用评价

淘宝网会员在淘宝个人交易平台使用支付宝服务成功完成每一笔订单后,双方均有权对对方做出评价。买家可以针对订单中买到的每件宝贝进行好、中、差评;卖家可以针对订单中每件卖出的宝贝给买家进行好、中、差评。这些评价统称为信用评价。

好评率的计算公式为:

卖家好评率 = 所有计分的卖家好评数/所有计分的卖家评价总数

买家好评率 = 所有计分的买家好评数/所有计分的买家评价总数

数据经系统四舍五入后显示。计分的中评因会累计到计分的评价总数中,所以会影响好评率。

例如:卖家累积好评数为143个,评价总数为146个,按好评率计算公式则为:143/146×100% = 97.95%,该会员的卖家好评率为97.95%。

2. 店铺评分

店铺评分是会员在淘宝网交易成功后,仅限使用买家身份的淘宝网会员对本次交易的卖家进行评分,有4项评分:宝贝与描述相符、卖家的服务态度、卖家发货的速度、物流公司的服务。每项店铺评分取连续6个月内所有买家给予评分的算术平均值。只有使用支付宝并且交易成功的交易才能进行店铺评分,非支付宝的交易不能评分。

4项指标打分分值分别为:1分——非常不满;2分——不满意;3分——一般;4分——满意;5分——非常满意。

打分参考标准如下。

(1) 宝贝与描述相符

5分:质量非常好,与卖家描述的完全一致,非常满意。

4分:质量不错,与卖家描述的基本一致,还是挺满意的。

3分:质量一般,没有卖家描述的那么好。

2分:部分有破损,与卖家描述的不符,不满意。

1分:差得太离谱,与卖家描述的严重不符,非常不满。

(2) 卖家的服务态度

5分:卖家的服务太棒了,考虑非常周到,完全超出期望值。

4分:卖家服务挺好的,沟通挺顺畅的,总体满意。

3分:卖家回复很慢,态度一般,谈不上沟通顺畅。

2分:卖家有点不耐烦,承诺的服务也兑现不了。

1分:卖家态度很差,还骂人、说脏话,简直不把顾客当回事。

(3) 卖家发货的速度

5分:卖家发货速度非常快,包装非常仔细、严实。

4分:卖家发货挺及时,运费收取很合理。

3分:卖家发货速度一般,提醒后才发货。

2分:卖家发货有点慢,催了几次终于发货了。

1分:再三提醒下,卖家才发货,耽误我的时间,包装也很马虎。

(4) 物流公司的服务

5分:物流公司服务态度很好,运送速度很快。

4分:物流公司态度还好吧,送货速度挺快的。
3分:物流公司服务态度一般,运送速度一般。
2分:物流公司服务态度挺差,运送速度太慢。
1分:物流公司态度非常差,送货慢,外包装有破损。

3. 评价的规则与计分方法

（1）评价积分

评价分为"好评""中评""差评"3类,每种评价对应一个积分。

评价积分的计算方法,具体为:"好评"加1分,"中评"0分,"差评"扣1分。

（2）信用度

对会员的评价积分进行累积,并在淘宝网页上进行评价积分显示。

评价有效期为订单交易成功后的15天内。

（3）计分规则（含匿名评价）

每个自然月中,相同买家和卖家之间的评价计分不得超过6分（以支付宝系统显示的交易创建的时间计算）。超出计分规则范围的评价将不计分。

若14天内（以支付宝系统显示的交易创建的时间计算）相同买家和卖家之间就同一商品,有多笔支付宝交易,则多个好评只计1分,多个差评只记-1分。

（4）店铺评分的条件

在使用支付宝交易成功后,宝贝评价和店铺评分可以分开评价,如先对宝贝进行评价提交后,评价期15天内随时可以再次单击"评价"按钮,对店铺进行评分。

如果买家在交易成功后的15天内未进行店铺评分,则无分值,也无默认分。如果交易进行中,或交易状态为"交易关闭",均无法进行店铺评分。非支付宝交易也无法评分。

（5）如何默认评价

买家在淘宝网个人交易平台交易成功后,可以本着自愿的原则同时完成店铺评分和信用评价。

① 如一方好评而另一方未评,在一方评价的15天以后系统将自动默认给予评价方好评（因系统滞缓会有延后生效显示的情况）。

② 如双方在评价期间内均未作出评价,则双方均不发生评价,无评价积分（以上仅限个人交易平台,买家给予淘宝商城的商家有效店铺评分后,系统会默认给予买家一个好评）。

③ 如一方在评价期间内作出"中评"或"差评",另一方在评价期间内未评的,则系统不会给评价方默认评价。

项目四
网上店铺日常运营

知识提要

本项目是对网上店铺的日常管理和维护的介绍。通过学习网店设置、日常运营基本操作方法、客户服务、物流配送及网店争议处理办法,网店运营也进入了一个相对稳定的阶段。了解网店运营的工具,处理好店铺与顾客之间的沟通环节,进一步开发新客户,获得更多的好评率,使得网上店铺运营能够更为顺畅。该阶段也是网上店铺能否实现盈利的关键。

任务一 网店日常运营管理

网店的日常运营是一件单调乏味却必不可少的工作,从发布商品到接待顾客,从日常管理到账户安全,需要用每一个完美的环节来实现成功的销售和安全的交易。

由于交易平台的每一次系统升级都有可能带来操作流程的改变,因此,这些简单的重复工作,要做到细致入微、精益求精、熟能生巧、与时俱进。否则,可能因为一点点的粗心,新品刚刚发布就变成了违规商品,甚至受到限制发布权限的处罚,如图4.1所示。也可能因为没有与时代同步,对很多新的功能不了解,所以,很快就会感到力不从心,也就难免会落后于别人。

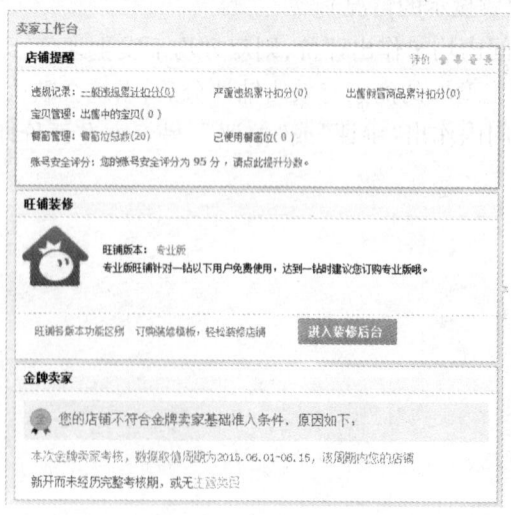

图4.1 卖家工作台

项目四 网上店铺日常运营

通过本任务的学习,使大家对店铺的日常运营管理、简单的工作方法和流程、网络安全常识有一个基本的了解和掌握,一旦运用到将来的实际操作中,能很快适应工作安排,成为一个合格的网店运营人员。

与传统零售方式不同,网络零售的商品陈列是以网页的形式来展示,顾客是通过搜索商品名称→比较商品图片→了解商品介绍这个流程来寻找和选择商品的。因此,商品发布是网店日常运营的主要工作内容之一,也是最重要的工作步骤。

学会商品发布很简单,因为操作流程都是固定的,但是要学好商品发布却很难,因为在这个工作中包含了大量的顾客心理分析和销售技巧。基于对网络零售模式和流程的理解,并且把这些经验运用到实际操作中,是网店运营者必须了解的和掌握的能力,这是决定能否成交的第一个环节,会直接影响到店铺的浏览量和成交率。

一、商品发布

1. 淘宝网发布宝贝的两种方式
(1) 发布一口价商品

1) 进入"宝贝管理"→"发布宝贝"界面,如图 4.2 所示。

图4.2 发布宝贝导航按钮

2) 选择默认显示"一口价"定价销售方式,如图 4.3 所示。

图4.3 "一口价"定价销售方式

3）选择待售商品所属类目后单击"我已阅读以下规则,现在发布宝贝"按钮,如图4.4所示。

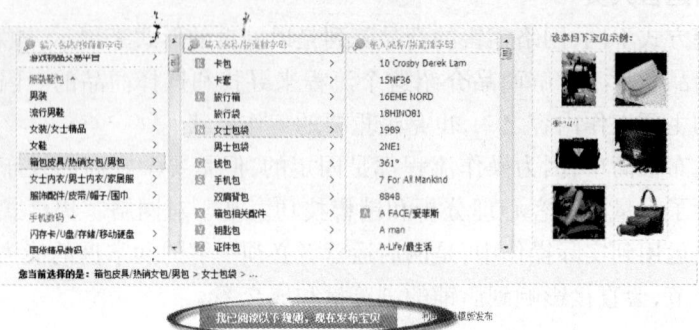

图4.4 一口价商品发布类目

> **注意**
>
> 在商品编辑界面如选择了宝贝的一些属性条件,如服装类的颜色及尺码等,必须填写相对应的数量。

4）一级一级地往下选择待售商品的所属类目,最精准地把商品放到相对应的属性类目中,例如,"运动鞋new",下一级"跑步鞋",再下一级"Nike/耐克",如图4.5所示。

图4.5 选择待售商品的所属类目

5）正确选择和填写商品信息,以便让顾客更快地找到该商品。例如,刚才要发布的商品还要选择运动鞋类型、男女款、鞋底鞋面材料、功能、颜色、尺码等属性选项,上传商品图片、添加商品描述、核定商品价格、确定邮费支付方式和价格、选择该商品在店铺里的所属分类,以及设置商品的上架周期等,如图4.6所示。

6）单击"发布"按钮,完成该商品的发布流程,如图4.7所示。

（2）发布闲置商品

1）进入"宝贝管理"→"发布宝贝"界面。

2）选择"个人闲置"出售方式。

项目四 网上店铺日常运营

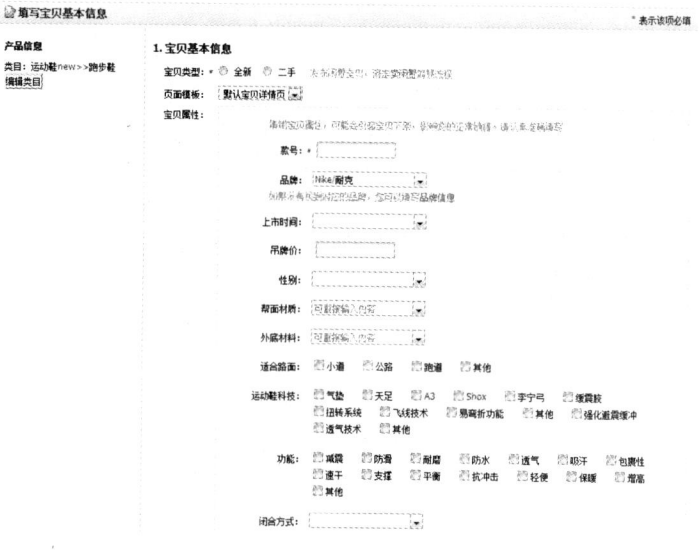

图 4.6 选择和填写商品信息

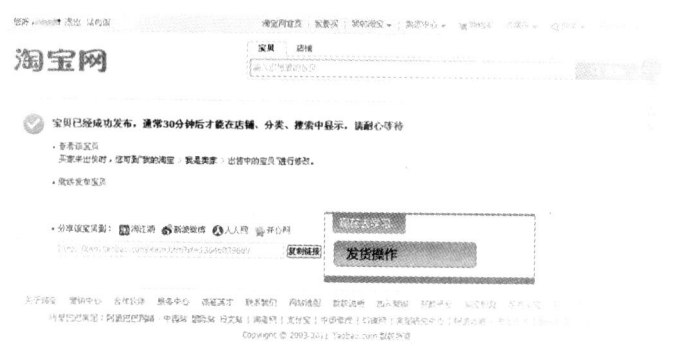

图 4.7 商品发布完成

3）填写商品属性信息，上传宝贝图片（＊号项必填），如图 4.8 所示。然后单击"发布"按钮，商品成功发布，如图 4.9 所示。

图 4.8 填写闲置商品属性信息

> **注意**
>
> 商品发布以后,发布方式不能相互转换,即无法将"一口价"修改成"个人闲置"。

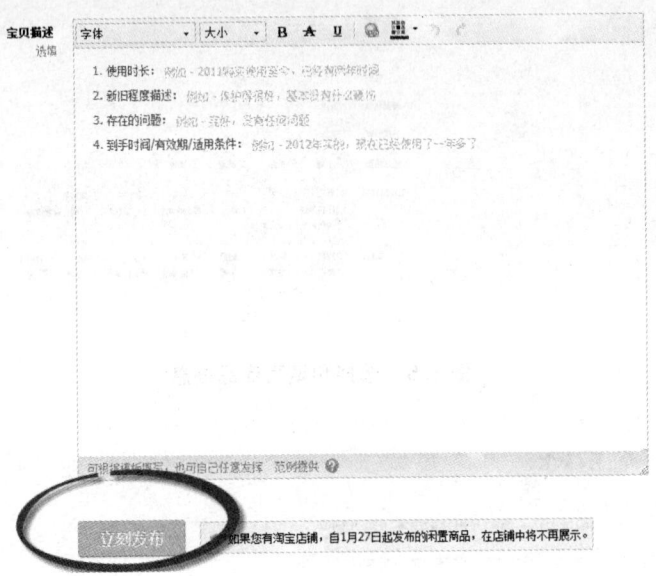

图4.9　个人闲置商品发布

2. 商品名称

消费者购物一般是从搜索商品名称开始,然后看哪家店的价格更吸引人,商品图片更漂亮,对商品的情况介绍得更详细,如图4.10所示。卖家明白了这一个购物顺序,也就清楚商品名称在销售过程中的重要性了。通常情况下,在互联网上寻找相关信息,使用关键字搜索是最快、最省力的方式。在交易平台上海量的商品里面,顾客要想尽快找到自己需要的商品信息,也会使用到各种关键字。

图4.10　商品发布完成后显示的商品信息

(1) 关键字的类型

淘宝网商品名称的容量是 30 个汉字、60 个字节,根据顾客的消费需求和定位的区别,可以将关键字分为以下几种类型,在容量能够满足的前提下,可以尽可能选用更多的关键字。

① 属性关键字。属性关键字是指商品的名称或俗称,商品的类别、规格、功用等介绍商品基本情况的字或者词。由于消费者的语言表达和搜索习惯不同,可能会使用不同的属性关键字搜索。因此,在商品有多种习惯称呼的情况下,可以多设几个属性关键字,符合更多人的搜索需求。例如,马铃薯、土豆指的都是一种商品,可以选择最常用的 1~2 个习惯称呼作为商品的属性关键字。

② 促销关键字。促销关键字是指关于清仓、折扣、甩卖、赠礼等信息的字或者词,这类词往往是最容易吸引和打动消费者的信息。传统零售商场经常用各种打折促销信息来吸引和刺激消费者,网络零售同样可以采用这种方式来招徕顾客,如将"特价""清仓""X 折""大降价"等关键字体现在商品名称中,可以有效地吸引到更多人的关注,提高商品和店铺的浏览量。

③ 品牌关键字。当店铺是品牌持有者或已经获取品牌授权时,就可以使用相关品牌关键字。例如,某品牌 AAA 是淘宝网女装中的知名品牌,当其自身经营时,宝贝标题可以用 AAA 这个品牌关键词。买家对这个品牌进行搜索会同时出现多家店铺,其实就是这些店铺已获得了品牌的授权,利用知名品牌关键字来优化宝贝名称。

增加商品品牌关键字可以给买家提供更精确的搜索信息,增加店铺品牌关键字可以在店主 ID 之外多提供一个具体的、可记忆的、便于查找和有利于口头宣传的店铺形象,对于提高店铺知名度有很现实的意义和显著的效果。

④ 评价关键字。评价关键字的主要作用是对看的人产生一种心理暗示,一般都是正面的、褒义的形容词,如 X 钻信用、皇冠信誉、百分百好评、市场热销等,增加这类关键字不仅能够满足消费者寻找可靠的产品质量、可信的商家的需求,同时,还更容易获得消费者的好感和认同,不知不觉中让消费者做出成交的决定。

(2) 关键字的组合

在商品发布的时候,商品名称可以由两种以上的关键字来进行组合,例如,促销关键字+属性关键字,品牌关键字+属性关键字,评价关键字+属性关键字,促销关键字+品牌关键字+属性关键字,品牌关键字+评价关键字+属性关键字,评价关键字+促销关键字+属性关键字。

尝试的组合可以多种多样,但是,不管这些组合怎样变化,永远不变的是任何时候都不能丢了属性关键字。

例如有件商品,卖家在标题里面加了"快来买吧"这样的字句,只表达了商家盼望交易的急切心态,却没有具体指向任何一件实际的物品。其实,不管商品名称如何设置,属性关键字一定是其中一个重要的组成部分,因为这是消费者在搜索时首先会用到的,在这个基础上增加其他的关键字,可以使商品在搜索时得到更多的入选机会。

通过分析市场、分析商品、分析目标消费群体的搜索习惯来最终确定关键字,找到最合适的一种组合方式。根据上述 6 种关键字组合来进行修改和重组,使商品的名称被搜索到的概率增大,消费者的印象和好感度也会相应地加深。

例如,在下列商品名称中加入相应的关键字后,商品是不是更容易被搜索到,或者更容易打动消费者了呢?

① 加入属性关键字:商品名称为"纯棉斜纹女裤"。
② 再加入促销关键字:商品名称为"七折包邮纯棉斜纹女裤"。
③ 再加入品牌关键字:商品名称为"七折包邮 AAA 纯棉斜纹女裤"。
④ 再加入评价关键字:商品名称为"三钻包快递 AAA 纯棉斜纹女裤七折"。

一件普通商品之所以会热卖跟它的曝光度是息息相关的。淘宝网的热卖单品也在大量地使用这四类关键字,如五钻、狂销 500 双、皇冠热卖、包快递、好评如潮、热款卫衣、疯狂热卖千件、特价、专利、显瘦、买一送三、15 天不满意包退等。

(3) 关键字的位置

一个完美的商品名称,关键字所处的位置是精心设计过的,商家会把最希望顾客看到的信息放在商品名称里最醒目的位置。如果商品侧重的是特价、促销信息的传达,那么,这些促销关键字就应用醒目的符号或者空格来与其他文字分隔,而且位置放在头尾的效果会更好,非常醒目,让顾客很容易就能接收到这个促销信息。

淘宝网定期会筛选出一些近期消费者关注和常用的关键字来作为热门关键字推荐,在商品属性类目里用醒目的颜色标识出来,以吸引消费者的关注,帮助他们更快地找到需要的商品信息。

如图 4.11 所示,是在淘宝网首页分类里面所看到的关键字提示,这些用红色字体表现出来的即近期顾客使用频率较高的关键字,因此叫热门关键字,只要用鼠标单击这些关键字,就能看到淘宝网包含这个关键字的所有商品。

图 4.11 热门关键字

热门关键字不仅是一个消费者搜索的捷径,也是商家提高流量的快车道。如果店内的商品与这些热门关键字有关,则卖家应随时关注并及时修改商品名称,增加相应的热门关键字,为商品争取到更多的露面机会。

3. 商品图片

网络零售的商品陈列是以网页的形式展现的,顾客对商品的第一印象来自于商家上传的照片,因此商品图片对于商家来说至关重要,如何使商品呈现出其商业价值也是衡量商家经营能力和敬业态度的标准之一。

商品图片和产品图片不同,产品图片通常只要求如实拍出产品的原貌,色彩还原准确,清晰、构图合理,但是,商品图片因为需要刺激消费者的购买欲,达到销售的目的,因此,在此基础上还要求画面美观,有视觉冲击力,能看出商品的本来价值,提高商品的性价比,挖掘出

项目四 网上店铺日常运营

顾客潜在的消费需求。

商品图片主要以展示商品特性为主,网络零售的商品图片主要是由简洁明快的背景和清晰的主体构成,这不仅可以清晰明了地展示商品,还能够使得店铺看上去整齐划一,增加了视觉上的舒适感,也容易给消费者留下良好的印象。

哪怕是一件普普通通的手包,只要充分运用布景、构图、灯光、配饰也能拍出符合要求、对消费者有吸引力的商品图片,如图 4.12 所示。一张合格的商品照片基本上需要达到以下几个要求。

① 画面、用光和构图要有视觉上的美感。

② 抓住商品的形、色、质,如实反映商品的本来特征。

图 4.12　拍摄手包主图介绍示例

- 形:即商品的外形特征,重点在于角度的选择和构图处理上,要求不能失真,最好同时附有参照物,便于消费者直观地理解商品的实际尺寸。
- 色:即商品的原来色彩,重点在于色彩的还原一定要真实,而且尽可能和背景有大的反差,白色背景基本上适合除白色以外所有的物体,服装类商品对色彩的要求更高,因此拍摄后要及时核对样片,防止出现色差引起售后纠纷。
- 质:即商品的质量、质地和质感,这是对商品拍摄的深层次要求,也是突出商品价值的绝好手段,体现质感的纹路必须细腻清晰,细节处更是纤毫毕现。所以,体现质感需要使用相机的微距功能,同时还应配合灯光、三脚架来拍摄。

③ 搭配协调的配饰和展示更多的商品细节是一种很好的方式,除了可以顺便推荐相关商品以外,还可以有效地减少消费者的顾虑。商家可以用相机镜头来代替顾客的眼睛观看商品,必要的时候还可以选用视频展示的付费类增值服务,而提供服饰的搭配建议本身也可以作为店铺的一种增值服务来宣传和推出。

④ 细节特写服务定义。卖家店铺出售的宝贝主图在实物拍摄的基础上,再提供商品本身的面料、做工、款式、洗唛、商标等清晰的细节拍摄,达到近距离观察的细腻真实效果,让买家对商品本身的品质有零距离的触摸感。

4. 商品描述

图片给人留下的视觉印象较为深刻,但却不是万能的,一些有关商品的数据和说明等还需要用文字来加以说明,在商品描述里补充名称及图片没能完整表达出来的内容,让消费者在购买之前对商品有更全面和客观的了解。

淘宝网的商品描述容量是 25 000 字节,足以添加更为详细的商品介绍和相关说明,通常一件商品的描述由以下几部分内容组成。

(1) 型号规格

这部分内容一般包括商品的品牌、型号、功能、价格、生产加工工艺、产品优势等商品基本信息。如图 4.13 所示,商品的品牌、型号、功率、功能等信息一目了然,这些都是消费者最想了解的内容,应该放在商品描述的最前面。

图 4.13　家电类商品基本信息描述

除了用文字说明以外,还可以用图文结合的方式来说明产品的功能、技术和设计优势等。用图文结合的方式展现不仅清爽醒目,容易加深顾客的印象,而且页面也更加美观和专业,如图 4.14 所示。

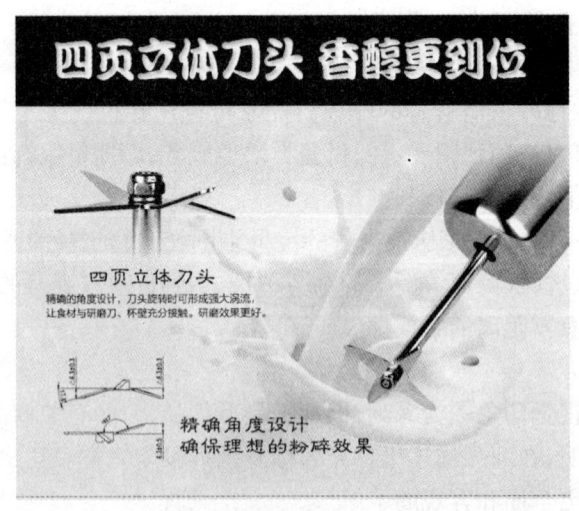

图 4.14　图文结合方式介绍商品

(2) 交易说明

交易说明可以用"买家必读""购物须知"等方式来体现,相当于交易双方的君子协议,今后在交易过程中一旦出现某种状况,双方有一个可以参考的依据,这也是独立于平台规则以外的一种双边协议,顾客一旦拍下即代表对该条款的认可,同时,把合作条件放进交易说明里也是一种有效的纠纷规避方式。

如图4.15所示的商家在售前先对相关信息作了详细的说明,消费者在购买之前就已经对此情况有所了解,一旦出现争议,双方可以在遵照平台规则的基础上,根据上述协议来酌情处理。

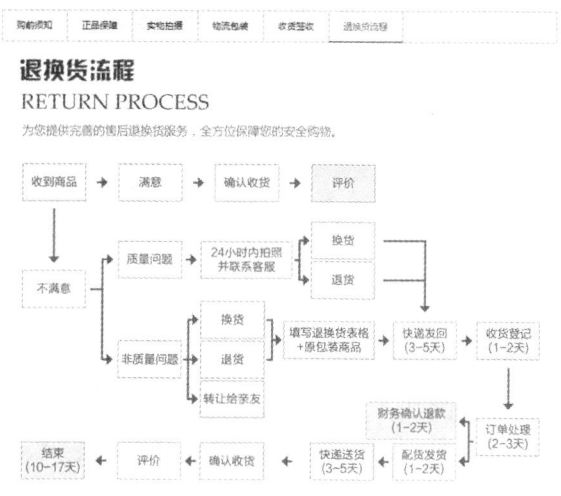

图4.15　家电服务退换货流程介绍示例

(3)配送说明

配送说明是指关于快递的费用和物流配送周期的说明,做到预先告知既是商家的职责,也是优质服务的一种体现。

如图4.16所示,卖家对邮费有很详细的说明,除了到货周期和超重要增加费用以外,还提醒顾客店铺是一周发一次平邮,而且平邮的到货周期也较长,善意地提醒急着收货的顾客最好不要选择这种快递方式,也可以避免将来因物流问题出现的争议和纠纷。

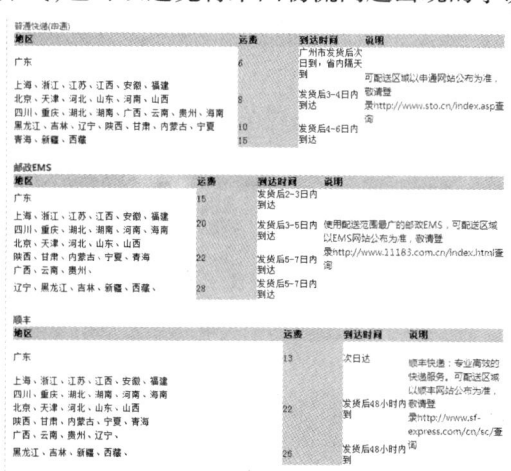

图4.16　配送说明

(4)服务保障

服务保障包括质量承诺、售后维修、会员优惠等信息,如图4.17所示是商家对商品和服务的承诺,不管是商品质量还是物流配送过程,或者是售后维修,只要顾客购买的商品出现了上述的问题,基本上都能够得到解决,这就给顾客很大的安全感,促使他们下决心来购买和尝试。

图 4.17　服务保障介绍示例

(5) 相关信息

一切有利于销售的、有利于体现商家专业性的内容都可以放在商品描述的相关信息内容里。

除了可以在商品描述里插入促销活动介绍、品牌文化等内容以外,专业的商品包装显然也有助于树立商家的专业形象,有利于销售和推广网络品牌。因此,聪明的商家会把这部分表现商品附加值的信息放到商品描述里。

商品多个价格的设置,需要有"宝贝规格"属性的支持。例如,颜色、尺码等信息就是宝贝规格。如果网店商品有颜色或尺码属性,即可以勾选对应的颜色或尺码属性,方可设置不同的价格,如图 4.18 所示。若网店的类目不支持颜色、尺码等套餐属性,可以将网店的商品信息在宝贝描述页面中进行说明。

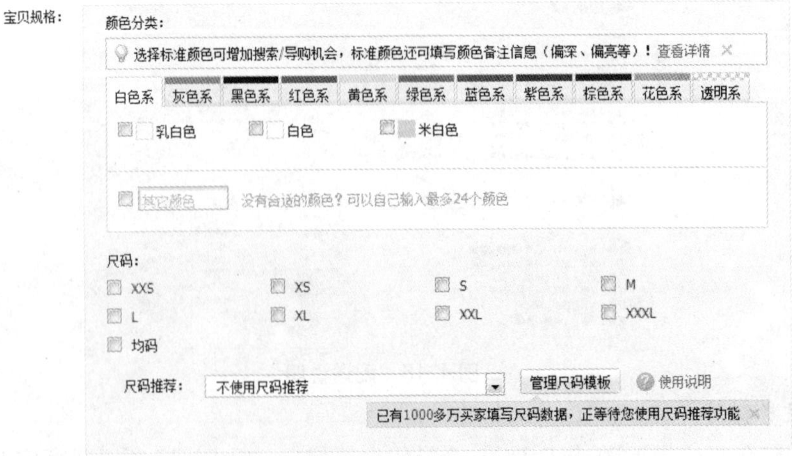

图 4.18　商品不同价格的设置界面

二、店铺设置

一家新店铺开张需要上传店标、起一个响亮好记的店名、公示其主营项目、做相应的美化等,当这些内容都丰富起来以后,店铺才算有了一个雏形。以下内容介绍店铺的基本设置和简单美化方面的操作。

1. 基本设置

店铺的基本设置包含店标、店铺名称、店铺的经营类目、店铺简介和店铺介绍等 11 项内容。

用户登录进入"我的淘宝网"界面,单击左侧"店铺管理"标签,选择"店铺基本设置",进入店铺管理平台。

如图 4.19 所示的是淘宝店铺基本设置的可视化编辑页面,按照系统的提示完成店铺的基本设置。

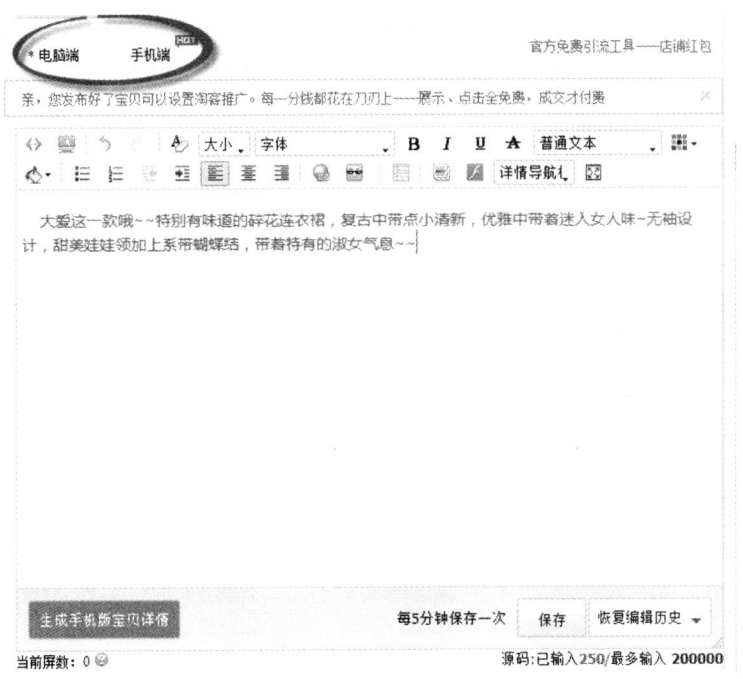

图 4.19　淘宝店铺可视化编辑界面

(1) 上传店标

上传格式为 GIF 或 JPG、JPEG、PNG 的图片文件,文件大小须在 80K 以内,图片的建议尺寸为 80×80 像素。

(2) 店铺名称

在给店铺起名的时候,除了要参照前面讲过的相关规则以外,还要充分利用关键字来提高搜索几率。因为顾客可能会通过搜索店铺这种站内搜索方式或者外部搜索引擎来查找店铺和店主,而店主 ID 一旦注册就不能更改,那么,在店名里面加入相应的关键字,根据经营情况来设计和优化店名,就可以使店铺被更多的人搜索到。

店名的容量是30个字,我们可以使用以下关键字元素来进行组合。

① 店铺类目。根据店铺的主营情况,选择淘宝网的一个属性类目。例如,食品/茶叶/零食/特产、珠宝/钻石/翡翠/黄金、彩妆/香水/护肤/美体等。

② 店铺简介。店铺简介主要说明经营商品、品牌、风格特点等,主题突出,介绍清楚店铺所经营的产品和产品性能、基本的售后服务和一些经商态度。

③ 经营类型。个人全职、个人兼职、公司开店三选一。

④ 联系地址。自己店铺的地址。

⑤ 邮政编码。自己店铺所在区邮政编码。

⑥ 店铺介绍。可以使用可视化编辑工具编辑店铺的介绍。

⑦ 主要货源。线下批发市场、实体店拿货、阿里巴巴批发分销/代销、自己生产、代工生产、自由公司渠道货源、还未确定。针对上面选项选择一个自己店铺的货源情况。

⑧ 是否有实体店。二选一,如有实体店,还需要填写实体店地址。

⑨ 是否有工厂或仓库。二选一,如是,还需要填写实体店工厂和仓库地址。

单击"淘宝店铺"和"手机淘宝店铺"按钮,进入设置界面,显示店铺名称、店铺标志、店铺类目等设置信息。

手机淘宝网是淘宝公司的手机门户网站,拥有网页版本和客户端版本。通过它,可以随时随地在手机上完成商品相关的搜索、浏览、支付购买、查看物流等操作。淘宝网手机版的访问地址为:m.taobao.com;只要在电脑上开设了淘宝店铺,就可以再开一个手机淘宝店铺。

如图4.20所示的是手机淘宝店铺的基本设置。

图4.20 手机淘宝店铺基本设置界面

1) 手机淘宝店招从电脑硬盘里上传格式为GIF或JPG、JPEG、PNG的图片文件,文件大小须在10K以内,图片的建议尺寸为280×50像素;也可以通过单击"在线制作"按钮进入编辑页面制作一个手机店铺店招。

2) 客服电话请输入手机号或固定电话号码,支持400或800电话。

3) 更详细的设置,可以单击"马上去设置"按钮对手机淘宝店铺进行详细设置。

2. 宝贝管理

在店铺管理平台里可以操作的商品管理主要分为两个内容,一个是宝贝分类管理,一个是掌柜推荐。

(1) 宝贝分类管理

淘宝网将商品分为不同的属性类目,商家发布的所有商品都会选择一个相应的类目属性,如服装、箱包等,这主要是为了方便顾客在站内进行分类查找。

如图4.21所示的是宝贝的分类管理。店铺分类分为一级类目和二级类目,这样的设置非常合理,可以方便商家在品牌下面再添加商品属性分类,引导顾客尽快找到他们需要的商品。

图4.21 宝贝的分类管理界面

单击"店铺管理"→"宝贝分类管理"按钮,进入自动分类,可以看到如下4个部分。

① 编辑分类。

1) 进入"宝贝管理"界面,单击左侧"宝贝分类管理"标签,打开"宝贝自动分类"编辑窗口,如图4.22所示。

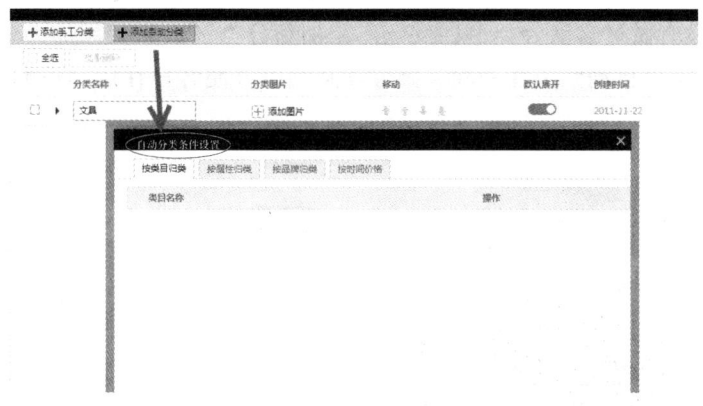

图4.22 "宝贝自动分类"窗口

2) 单击"添加新分类"标签,可以在分类名称栏中输入新分类,输入完毕按回车键确认。

3) 单击分类名称前的小"+"号,可以展开子分类,也可以在此添加新的子分类。

4) 单击"编辑"按钮,在弹出的地址栏中可以输入分类的图片文件地址,这样就可以在分类页面以图片方式显示分类。

5) 还可以通过上下小箭头来调整分类(包括子分类在所在的大分类内)的上下排布顺序,以达到让更重要或者更有吸引力的分类排布在分类页面的上面。

② 宝贝归类。将不同宝贝放置到不同分类可以通过下面几步进行操作。

1）在宝贝列表中，选取对应的宝贝，只需要在宝贝列表的最前面选中，就可以在所属分类栏看到目前所选宝贝所在的分类。一个宝贝可以同时归属不同的分类，如不需要放在所属分类中，只需要单击所属分类右边小"×"标志即可删除。添加分类需要在第三栏"添加所属分类"中选择，每次可以选择一个分类，重复选取不同分类，即可将宝贝添加到不同的分类中，如图4.23所示。

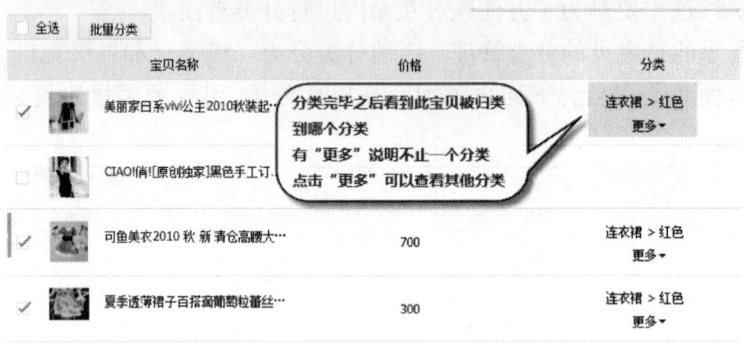

图4.23　宝贝归类

2）也可以通过勾选批量要添加或者移动的宝贝来进行批量处理。
3）每次选择完成后，单击"确定"按钮保存。
③ 自动分类。
1）单击"自动分类"按钮后，可以选择从4个维度对宝贝进行自动分类，如图4.24所示。
2）同上面添加新分类一样的操作方式可以做对应的自动分类。
3）如之前没有做过自动分类，只要单击"添加新分类"按钮，如添加一个时间段，就可以把该时间段内的宝贝自动归类在一起。做分类必须以方便客户在店铺选购宝贝为前提来进行设置。

图4.24　宝贝自动分类

④ 类目促销设置案例。如图4.25所示通过设置类目促销，更方便客户看到此类目促销海报图片，帮助卖家进行类目促销。

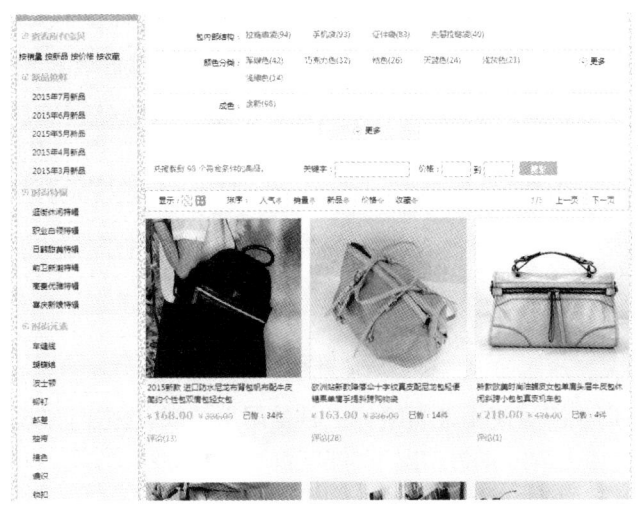

图 4.25　类目促销设置案例

（2）掌柜推荐

在普通店铺中，通过掌柜推荐后，商品除了显示在店铺上部最醒目的区域以外，还会出现在每件商品描述的下面。淘宝网系统允许商家最多选择 16 件商品作为店铺的推荐宝贝，显示数量从 3 大图到 16 小图有 6 种展示方式，显示排序也可以根据结束时间和价格高低的 4 种选择来确定。

三、网店日常管理

网店的日常管理是一种重要的、必需的重复劳动，包括回复各种咨询和留言，上架新品，调整商品价格和说明，以及对交易实行进程上的管理，及时完成交易的评价，处理各种纠纷隐患，并做出相应的危机处理决策。对于圆满完成的交易，还需要定期回访顾客，长期维护与客户之间的关系，提高消费者的忠诚度，使店铺的客户群日趋壮大，并实现长期稳固的发展。

1. 留言管理

淘宝网的留言分为店铺留言、旺旺留言和站内信留言 3 种，买家会选择最便利的方式来与商家联系。当然，也有很多对网购和商品都比较了解，能熟练操作交易流程的买家，会直接购买商品，支付货款，等待商家发货，完全省略掉中间的沟通和咨询环节。但是，绝大部分买家还是会跟商家进行适当的沟通，如了解商品的细节、确定是否有货、询问运费标准和售后服务等。因此，回复各种留言是商家日常管理工作的重要内容之一。

店铺留言是店主与他人进行交流的方式，只要在店铺管理平台上选择显示店铺留言模块，那么买家在此区域的留言一旦被店主回复即可显示出来。

店铺留言的种类很多，留言的人出于不同的目的，通过到店铺留言的方式来向店主传达想要了解的信息，店主看到这些留言信息后，可以根据自己店铺的实际情况来做出回复。

管理留言的入口在店铺首页最下面的店铺留言里，如图 4.26 所示。这些留言并非只能回复一次，只要是店主回复后显示出来的留言，都跟论坛的帖子一样，任何人都可以跟帖发表自己的观点和意见。

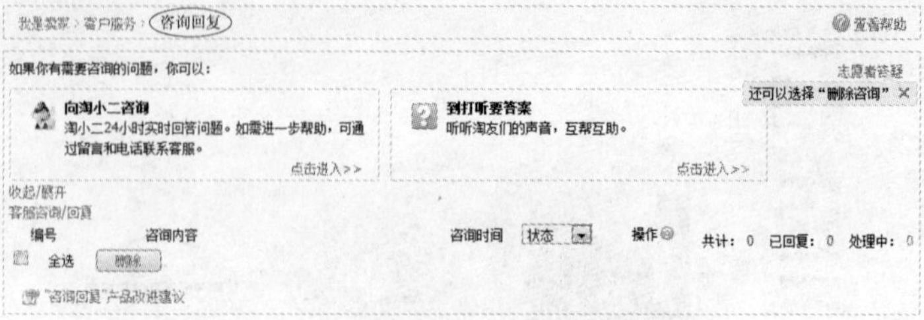

图4.26 店铺留言咨询回复界面

在淘宝网,会员们交流时使用最频繁的工具是阿里旺旺。阿里旺旺分卖家版和买家版,主要是区分不同的使用人群。正常情况下,旺旺都要保持在线,方便客户看中卖家的宝贝需要咨询时,能有人即时回复客户疑问,并促成成交。当旺旺不在线的时候,客户同样可以给旺旺留言,当再次登录旺旺时,自动弹出信息。

2. 商品管理

在网店的日常管理中,除了要定期选择合适的商品进行推荐以外,还可以为不同的商品设置相应的运费模板,使顾客在购买前就了解将会产生的运费价格,也可以根据需要随时对商品名称、图片、描述和价格等进行编辑。因此,商品管理是网店日常运营工作中的一个重要内容,也是一个长期的工作任务。

商家可以在商品管理界面操作"橱窗推荐宝贝",如图4.27所示。淘宝网会根据商家的信用等级和是否加入,以及支付宝交易量等,确定橱窗位的数量。特别提醒和建议商家把推荐商品设置为橱窗推荐,更大程度地提高成交的几率。

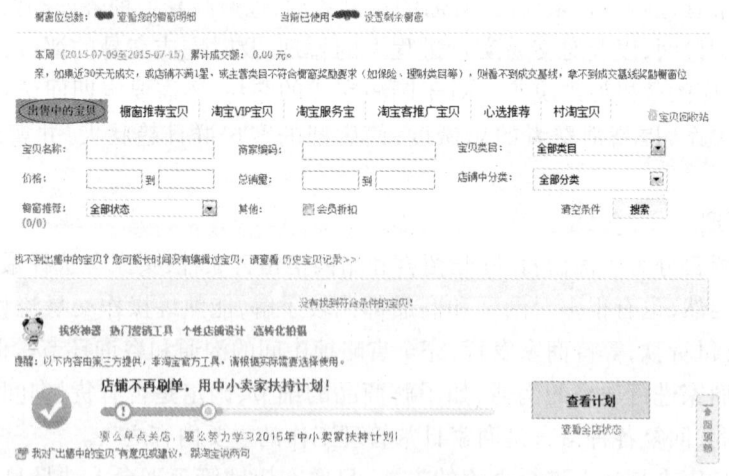

图4.27 商品管理界面

3. 交易管理

交易管理主要指对交易流程的管理,由于交易是由买卖双方来完成的,因此,在不同的环节,卖家除了根据需要做出相应的处理以外,有时还需要对新手买家进行操作上的指导,不能因为操作上的问题导致交易无法继续进行。

在"已卖出的宝贝"里,管理系统根据交易双方的完成情况,显示出不同的交易状态。

(1) 等待买家付款

一旦顾客出价成功,交易状态就会显示出"等待买家付款",此时可能会遇到的情况有两种,卖家需根据具体情况来进行处理。

关闭交易:因为商家缺货或者顾客的个人原因等,使交易无法继续完成,此时需要做关闭交易的操作。如果因流拍的原因导致交易关闭,但该商品还有库存,而网上的待售数量却显示为零,那么就需要修改商品的数量,并重新上架销售。

修改价格:交易双方经过协商,对新的售价达成一致,包括邮费重复计算都需要在买方支付货款前,先行修改成交价格。

在"等待买家付款"的交易状态下,单击"修改价格"按钮进入编辑页面,在"涨价或折扣"一栏填入正数即代表在此价格基础上增加金额,填入负数则代表在此价格基础上减少金额,由此生成新的交易价格,单击"确认"按钮,交易管理界面里之前的价格就会被新的价格所替代。如图 4.28 所示。

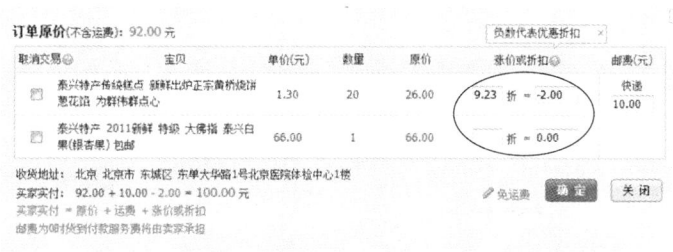

图 4.28 修改价格页面

(2) 修改交易价格

如果此时买家已经进入支付环节,修改功能将暂停使用,需等待 15 分钟以后才可以重新进行编辑,修改为新的交易价格。

(3) 买家已付款

买家付款以后,卖家可以再与买家核实订单内容和收货地址,并把需要备注的信息及时添加到该笔交易的备忘录里,提醒物流部门在发货时要特别注意,以免造成顾客的不满和售后纠纷。

(4) 卖家已发货

发货操作如图 4.29~图 4.34 所示。

图 4.29 已售出(待发货)的商品导航按钮

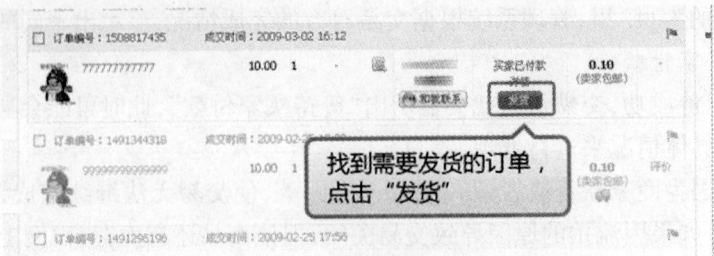

图4.30　发货处理商品导航按钮

图4.31　物流公司管理界面

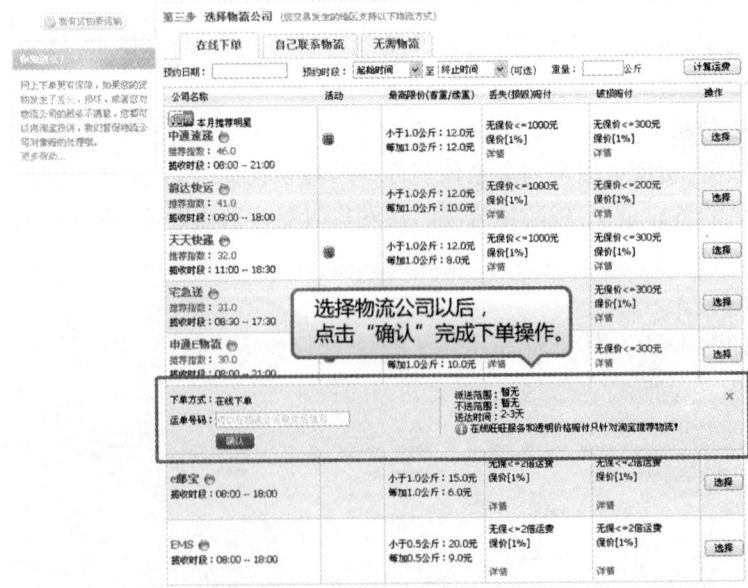

图4.32　发货确认操作页面

项目四　网上店铺日常运营

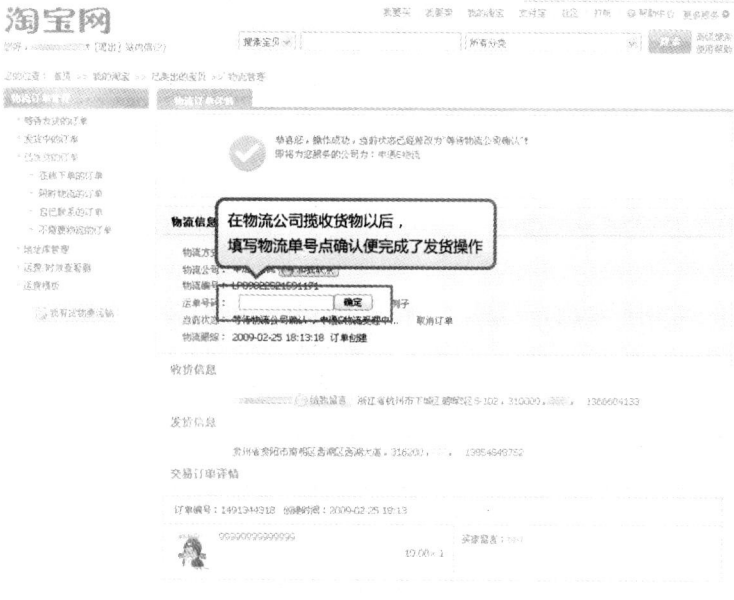

图 4.33　填写物流运单号发货操作界面

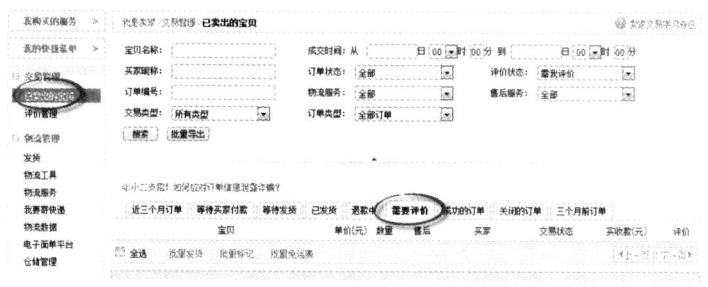

图 4.34　交易成功后待评价操作导航按钮

通过物流公司发货以后，需要选择对应的物流公司，填入该笔交易的发货单号，及时将交易状态修改为"卖家已发货"。

如果此时再将发货信息通过阿里旺旺通知给顾客，会是商家优质服务的又一个细节体现，让消费者觉得安心、放心，也会对商家的服务留下深刻而良好的印象。

（5）交易成功

买家收到商品以后，经核查无误就会确认收货，同意支付宝放款给卖家，查看交易状态为"交易成功"则表示货款已经转到了卖家的支付宝账户里。如果店铺通过网店版软件设置了会员优惠，此时系统会自动发放相应的会员卡给顾客，在线客服则应及时通知顾客今后购买将会享受到什么样的会员优惠，并对他们的信任表示谢意，为下一次销售打下良好的基础。

（6）退款交易

一旦有买家提出退货申请，卖家需根据买家的退货理由来进行处理。例如，在支付了货款以后才发现缺货或者因为个人原因决定取消交易，也有一些顾客是在收到商品以后，以商品质量问题或者型号购买错误等理由申请退货。

买家已付款,但是卖家未发货的退款交易,只要双方协商一致,买家可以在交易生成的 24 小时后提出退款申请。卖家有 5 天的时间来处理退款协议,清楚买家的退款说明和理由后,选择同意买家的退款申请协议并输入支付密码,退款即告完成,该交易关闭,相关款项也同时退还到买家的支付宝账户里。

买家收到了货物,但是由于商品质量问题、实物与网上描述不符,或者其他商品问题和个人原因表示需要退货,那么需要与卖家沟通协商,达成一致后,可以在交易超时前提出退货申请。

申请退货有一个时间期限,一般是平邮 30 天,快递 10 天,虚拟物品 3 天,自动发货商品 1 天。在此期限内,买家如需退货,可以提出全额退款或者部分退款的申请。卖家有 15 天的时间来处理退款协议,如超时未处理,退款协议将生效,交易进入退货流程。

如果卖家不同意退货退款协议,交易状态会变成"卖家不同意协议,等待买家修改",此时系统给买家的超时一般是 15 天,如须再次申请退款可以再次操作。如果双方就退款协议问题反复申请拒绝不能达成一致,"客服介入状态"将变成"需要客服介入",淘宝网客服将在退款申请之日起 30 天内介入帮助双方协商处理。

如果卖家同意退款申请,交易状态将变成"买家已退货,等待卖家确认收到退货",卖家在收到顾客退回的商品后,输入支付密码,退款即告完成,相关款项也同时退还到买家的支付宝账户里。

如果买家退货后因商品损坏等原因致使商品失去二次销售的价值,卖家不同意退款,双方无法协商,"客服介入状态"将变成"需要客服介入",在此情况下,淘宝网客服将在退款申请之日起 30 天内来介入,帮助双方协商处理退货交易。

4. 评价管理

交易流程结束以后还有一个重要的工作就是对该笔交易进行评价,淘宝网的评价规则是一个好评计 1 分,中评不计分,差评扣 1 分。交易平台的信用累积对顾客的消费行为有积极的推动和影响,因此,每一笔成功的交易都要及时给予对方评价。

在"我的淘宝网"→"已卖出的宝贝"界面选中需要评价的交易,按照评价操作提示给对方一个中肯的评价,待对方回评以后,双方的信用评分就会产生相应的变化,如图 4.35 所示。

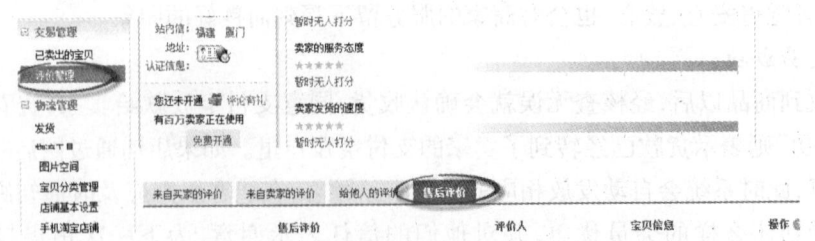

图 4.35 评价完成后反馈导航页面

在日常的评价管理工作中,最主要的是评价解释和修改评价。

(1) 评价解释

进入"我的淘宝网"→"评价管理"界面,单击在有效期之内评价后的"我要解释"按钮,进入解释操作界面,卖家可以根据对买家的评价或者自己对交易的感受来对该评价做出解释。

（2）修改评价

有时候交易双方会因为一些误会和争议给出负面的评价,如果经过沟通和协商达成一致,愿意将中差评修改为好评,则可以不求助于淘宝网客服。

如果卖家需要修改给他人的评价,须进入"我的淘宝网"→"评价管理"界面,选中需要修改的评价,单击"修改评价"按钮,可将中差评改为好评。

如果卖家与买家通过沟通协商,达成修改评价的协议,还可以按照这个操作流程指导买家修改中差评,使店铺保持一个较好的评价记录。

5. **纠纷管理**

一旦有人对店铺提出交易投诉或者侵权、违规的举报,淘宝网系统都会将纠纷处理进程及时通知给双方,卖家需要收集相关证据,及时进行申诉处理。

进入"我的淘宝网"→"客户服务"→"投诉/举报"→"投诉"→"我收到的投诉"界面,单击相应投诉操作下的"查看"按钮,在投诉举报界面依次单击"申诉"→"详细内容"→"发表新看法"按钮,写明申诉原因,申诉时切记要讲重点,直达问题的根本,让处理投诉的淘宝网客服人员能尽快明白事情的原委,并及早做出客观的处理决定。

如有需要,尽可能附上对处理投诉有利的相关图片凭证,如发货单、退款证明等原件、复印件,或是旺旺聊天记录的截图。

6. **客户管理**

卖家应对在店铺产生过购买行为的消费者进行客户管理,将他们的个人信息和消费情况整理成表格,作为客户档案登记在册。通过对客户购买行为的分析,找出商品自身的优势和劣势,分析出热销商品和滞销商品;分析客户群的消费行为,找出主要客户群的特征,分析主要客户群和次要客户群的购买心理,扬长补短,进一步促进店铺的良性发展。

日常运营方面要做的客户管理主要分为建立客户档案和客户管理维护两项工作。

（1）建立客户档案

建立客户档案,随时查询买家的消费记录和会员折扣,从购物清单和购物频率上分析顾客的消费习惯及消费心理,以便及时跟进各种促销宣传,或者是设计推出顾客感兴趣的优惠活动。可以使用如"网店管家"一类的网店管理软件来建立客户档案,也可以自行设计一个Excel表格输入客户资料,需要列明的项目主要有交易日期、顾客ID、真实姓名、电子邮箱、联系电话、收货地址、购买商品、成交金额、购物赠品、会员级别等。

（2）客户管理维护

客户群是商家的重要资源,也是店铺的核心竞争力之一,做好日常的客户管理和维护,可以有效地提高顾客的忠诚度,增加店铺的黏性。如果一个商家没有客户资料,在市场竞争中就等于无水之源,如果没有做好日常客户管理和维护,就等于浪费资源。

① 买家级别设置。卖家可以利用淘宝网的网店版软件来设置买家级别。

买家根据不同的交易金额和交易笔数,享受相应的会员优惠折扣,在交易金额和交易笔数里,只要满足其中一条,就能享受对应的优惠折扣,这也是培养老顾客和增加店铺吸引力的有效方法,如图4.36所示。

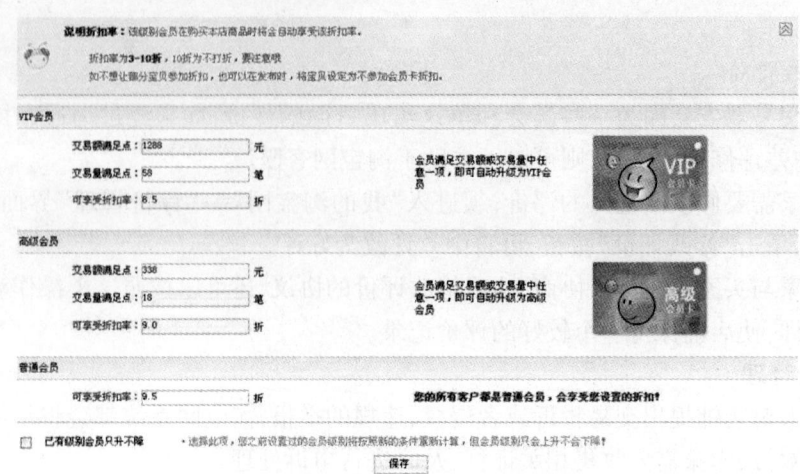

图 4.36　老客户优惠折扣设定界面

② 客户关怀。淘宝网的网店版软件还提供了客户关怀功能。选择要关心的客户类型,例如,当天确认付款的客户、当天过生日的顾客、一个月没有联系的顾客和收到商品 7 天还没确认收货的客户,设置好要对他们说的话,系统在预定时间会通过阿里旺旺给相应的客户发送这些信息。

客户关怀只保存开启当次的发送记录,修改发送内容即默认重新开启,只要在客户关怀的有效期内登录过网店版,系统就会自动帮助商家把客户关怀的有效期延长为最近一次登录的时间再加 7 天。

③ 客户回访。根据查询百度搜索相关信息,可以发现开发一个新客户的成本大约是维护一个老客户成本的 6 倍,可见维护老客户是何等的重要。定期对客户进行回访,意在通过提供超出客户期望的服务来提高客户对商家或产品的美誉度和忠诚度,从而创造出新的销售机会。

商家可以在重大节日前回访客户,向他们传达节日的问候和祝福,特别是对于经营重复消费品的商家来讲,客户回访不仅可以得到客户的认同,还可以创造客户价值。通过这些售后关怀来使商品和企业的服务行为增值,借助老客户的口碑来提升新的销售增长,这是客户开发成本最低也是最有效的方式之一。

四、网络安全常识

网络安全即网络上的信息安全,凡是涉及个人隐私或商业利益的信息在网络上传输时都应受到机密性、完整性和真实性的保护,避免被侵犯。

具有网络安全意识是保证网络安全的重要前提,特别是在网络上从事商业活动时,账户里经常有资金往来,容易被别有用心的人盯上,因此网络安全和网络防骗是首先要解决的问题。

作为一个网店的运营人员,具备一定的网络防骗知识不仅可以防止店铺资产流失,同时也是一种重要的职业技能。

项目四 网上店铺日常运营

1. 交易安全

交易安全分为账户安全和支付安全。一旦账户被盗，不仅店铺的正常经营会受到严重的影响，账户里的资金还可能被他人盗用。因此，在日常的运营管理中，账户安全是一个需要特别关注的方面，防骗防盗也是网店经营中的一个长期行为。

（1）账户安全

设置安全性较强的密码是账户安全的有效保障，淘宝网的账户密码由6～16个字符组成，最好是使用英文字母、数字、标点符号这三种元素来进行自由组合，如英文字母区分大小写，标点符号尽可能用特殊符号，这样组合出来的账户密码就更安全。

密码设置的原则一是要安全，二是要容易记忆，根据实际情况可以定期更改密码，并且做好书面记录，以免因遗忘密码造成无法登录，给工作带来不便。

（2）支付安全

出于对支付安全的考虑，支付宝给每一个账户设置了多重保护。

密码分为登录密码和支付密码，仅有登录密码只能查看账户，知道支付密码才能操作账户资金往来。

申请支付宝数字证书可以使账户资金操作多一重保护，没有安装支付宝数字证书的电脑，即使知道登录密码和支付密码也无法查看账户及操作资金往来。

在此基础上还可以开通手机动态口令，每次需要在支付宝页面输入支付密码的时候，系统会向预先设置和绑定的手机发送一个动态口令，输入了正确的动态口令和支付密码后，支付或者退款行为才能生效。

如果开通了支付宝信使服务，那么账户发生的每一笔交易，支付宝系统都会通过短信将账户资金变化的通知发送给预先绑定的手机。

2. 防骗知识

经常会有人以中奖、购物的名义，使用阿里旺旺或者站内信发送钓鱼网站的网址，这些网址都有一个明显的特点，即与淘宝网的网址有非常高的相似度。

淘宝网的网址为 http://www.taobao.com，而那些钓鱼网站的网址往往会是 http://www.taoba0i.cn 或者 http://www.taob.pvi.cn 等，为了加强网上操作的安全性，淘宝网在阿里旺旺里增加了一个防范措施，用 图标来表示这是淘宝网内的安全链接，可以放心点击，如图4.37所示。用 图标来表示这是淘宝网不能确认其安全性的外部链接，提醒用户点击时要特别地注意和小心。

由于雅虎与阿里巴巴的合作关系，阿里旺旺的安全链接识别系统会将雅虎的站内链接视为安全链接，骗子将钓鱼网站的网址放入雅虎个人空间里，然后将个人空间的链接发给他人，在阿里旺旺上显示是安全链接，但

图4.37 外部链接提示信息

是在雅虎个人空间里却没有什么安全方面的提示，进入链接就是一个仿冒淘宝网的钓鱼网站，一些做生意心切的人很容易被骗。一旦大意进入这样的钓鱼网站，输入账户密码，密码便马上被骗子获知，导致账户被盗。

　　保证交易安全最重要的是一切按照标准流程来操作，不确定的网址链接不要轻易进入；交易状态非"买家已付款"的绝对不能发货；顾客如果要求修改收货地址的话，一定要使用购买商品的 ID 来通知，借口说阿里旺旺不能登录就提示他用站内信，务必要确定对方的真实身份；有人要求换货的话，一定要查实是否在本店有交易记录，因为有些骗子会利用商家生意好、顾客多、记不清来钻空子，假冒顾客要求换货，用损坏的商品来调换店里的全新正品，或者享受免费保修服务等。

3. 识骗能力

　　网上的骗术层出不穷，识别骗子，重在预防，具备一定的识骗能力不仅可以有效地减少安全隐患，避免财物类有形资产和账户、ID 等无形资产的损失，还可以一定程度地提高工作效率。

　　通过以下几个例子，商家可以继续了解网络骗子行骗的手段。

　　骗子冒充顾客，谎称要将他看中的商品图片发给卖家，结果发送的是带病毒或者带木马的文件，以此盗取卖家电脑里的个人信息。因此，不要随便接收陌生人发来的不明文件，避免电脑被木马、病毒所侵袭。如果遇到这样的情况，可以要求对方使用阿里旺旺的截图功能来说明商品款式。

　　采取多次购物、及时付款的方式，成为店里诚实守信的老顾客，与卖家建立信任感，使卖家放松警惕，在一次大宗购物后，谎称有事等着急用，但是目前支付宝账户里的钱不够，要求先付一部分的货款，作为定金，请卖家先发货，余款后续补上。卖家因为其以前的多次"诚信"表现，在没有收到全额货款的情况下就安排了发货，结果导致被骗。

　　注册相似的账号来行骗，例如，使用某商家的 ID 购买商品并用支付宝付款，然后用相似度很高的某某商家的 ID 来通知卖家已经付款，但是提出需要修改收货地址。卖家按新地址发了货。几天以后，购买商品并付款的买家反馈说还没有收到货，因此要投诉卖家收款不发货，并申请退款，这时，卖家才发现更改地址的通知并非同一个 ID 发来的。

　　以大宗购物或者较高的交易金额来诱惑卖家，谎称需要找一个信得过的中介做担保，然后发送假冒的 EMS 担保交易网址，诱使卖家去该钓鱼网站签订担保订单的中介协议，再根据协议里面得到的身份证号码等个人信息，进一步破解卖家的支付宝账户或者银行卡密码，盗取现金。卖家应记住，淘宝网的交易是不可能去其他网站下订单的，遇到这样的情况一定要谨慎，否则下了这样的订单就等于告诉了骗子自己的账号密码。

　　骗子冒充顾客出价购买商品后，马上在阿里旺旺或邮箱中发来一个经 Photoshop 处理过的"买家已付款，等待卖家发货"的付款截图，或者谎称使用银行汇款，发来经 Photoshop 处理过的汇款凭证，催促卖家赶快发货，这时，如果卖家未去核实汇款信息就发货的话，就会钱货两空。

　　骗子也会利用网银的安全措施来欺骗卖家，在与卖家谈好交易以后，谎称自己没有支付宝，要求从银行直接汇款给卖家，在得到卖家的银行账户号码后，骗子马上去银行网站登录该帐号，然后故意乱输密码，直到当日错误密码达到最高次限，已无法查询账户时再通知卖家已经汇款,同时催促卖家当天发货。有时候骗子甚至会采用一些激将法,来达到促使卖家马上发货的目的。

任务二　网店客服与管理

一、网店客服的基本概念与作用

1. 网店客服的基本概念

网店客服指在开设网店的商业活动中,充分利用各种通信工具,并以网络及时通信工具(如旺旺)为主,为客户提供相关服务的人员。

这种服务形式对网络有较高的依赖性,所提供的服务一般包括:客户答疑、促成订单、店铺推广、完成销售、售后服务等。

2. 网店客服的分类

一般小规模的网店,往往一人身兼数职,较有规模的网店往往实行较细的分工,网店客服的分工也达到相当细致的程度,具体如下。

① 通过旺旺、电话解答买家问题的客服。
② 帮助买家更好地挑选商品的导购客服。
③ 处理客户投诉的客服。
④ 负责网店的营销与推广的客服。
⑤ 专业做仓储物流保障的客服。

3. 网店客服的重要作用和意义

网店客服,在网店的推广、产品的销售,以及售后维护方面均起着极其重要的作用。

(1) 塑造店铺形象

对于一个网上店铺,客户看到的商品都是一张张的图片,既看不到商家本人,也看不到产品本身,因此往往会产生距离感和怀疑感。客户通过与客服在网上的交流,可以逐步了解商家的服务和态度及有关商品的信息,客服的一个笑脸(旺旺表情符号)或者一个亲切的问候,都能让客户真实地感觉到他不是在跟冷冰冰的电脑和网络打交道,而是跟一个善解人意的人在沟通,这样会帮助客户卸下初始的戒备,从而在客户心目中逐步树立起良好的店铺形象。

(2) 提高成交率

客户会在购买商品之前针对不太清楚的内容询问商家,或者询问优惠措施等。客服在线能够随时回复客户的疑问,可以让客户及时了解需要的内容,从而立即达成交易。

有的时候,客户不一定对产品本身有什么疑问,仅仅是想确认一下商品是否与事实相符,这个时候一个在线客服的回复就可以打消客户的很多顾虑,促成交易。

同时,对于一个犹豫不决的客户,一个有着专业知识和良好销售技巧的客服,可以帮助买家选择合适的商品,促成客户的购买行为,从而提高成交率。

有时候客户拍下商品,但是并不一定是着急要的,这个时候在线客服可以及时跟进,通过向买家询问汇款方式等督促买家及时付款。

（3）提高客户回头率

当买家在客服的引导下,完成了一次良好的交易后,不仅了解了卖家的服务态度,也对卖家的商品、物流等有了切身的体会。当买家需要再次购买同样商品的时候,就会倾向于选择他所熟悉和了解的卖家,从而提高了客户再次购买的几率。

（4）更好的服务客户

一个有着专业知识和良好沟通技巧的客服,可以给客户提供更多的购物建议,更完善地解答客户的疑问,更快速地对买家售后问题给予反馈,从而更好地服务于客户。只有更好地服务于客户,才能获得更多的机会。

二、对网店客服的基本要求

① 通过聊天软件、电话等与客户沟通,接受客户的询价,为客户导购。

② 基本要求:对电脑有基本的认识,包括熟悉 Windows 系统,会使用 Word 和 Excel,会发送电子邮件,会管理电子文件,熟悉上网搜索并找到需要的资料。熟练掌握一种输入法,打字速度快。反应灵敏,能同时和多人聊天,对客户有耐心。

③ 更高要求:懂得图文编辑、网页制作,能够帮助店主装修、推广网店,甚至参与产品的设计。

三、网店客服应具备的基本素质

一个合格的网店客服,应该具备一些基本的素质,具体如下。

1. 心理素质

① "处变不惊"的应变力。

② 挫折打击的承受能力。

③ 情绪的自我掌控及调节能力。

④ 满负荷情感付出的支持能力。

⑤ 积极进取、永不言败的良好心态。

2. 品格素质

① 忍耐与宽容是优秀网店客服人员的一种美德。

② 热爱企业、热爱岗位。一名优秀的网店客服人员应该对其所从事的客户服务岗位充满热爱,兢兢业业地做好每件事。

③ 要有谦和的态度。谦和的服务态度是能够赢得顾客对服务满意度的重要保证。

④ 不轻易承诺。说了就要做到。

⑤ 谦虚是做好网店客服工作的要素之一。

⑥ 拥有博爱之心,真诚对待每一个人。

⑦ 要勇于承担责任。

⑧ 要有强烈的集体荣誉感。
⑨ 热情主动的服务态度。客服人员应具备对客户热情主动的服务态度,让每位客户感受到店家的服务,在接受店家的同时来接受网店的产品。
⑩ 要有良好的自控力。自控力就是控制好自己的情绪,客服作为一个服务工作,首先自己要有一个好的心态来面对工作和客户,控制好自己的情绪,耐心地解答,有技巧地应对。

3. 技能素质

① 良好的文字语言表达能力。
② 高超的语言沟通技巧和谈判技巧,让客户接受网店的产品并在与客户的讨价还价中取胜。
③ 丰富的专业知识。对于自己所经营的产品具有一定的专业知识,保证第一时间回答顾客对产品的疑问。
④ 丰富的行业知识及经验。
⑤ 熟练的专业技能。
⑥ 思维敏捷,具备对客户心理活动的洞察力。
⑦ 敏锐的观察力和洞察力,清楚地知道客户购买心理的变化。了解了客户的心理,才可以有针对性地对其进行诱导。
⑧ 具备良好的人际关系沟通能力,和买家在销售的整个过程当中保持良好的沟通是保证交易顺利进行的关键,并进一步将新买家吸收为回头客,成为自己的老顾客。
⑨ 具备专业的客户服务电话接听技巧。网店客服不仅要掌握网上及时通信工具,很多时候电话沟通也是必不可少的。
⑩ 良好的倾听能力。

4. 综合素质

① 要有"客户至上"的服务观念。
② 要有独立处理工作的能力。
③ 要有对各种问题的分析解决能力。
④ 要有人际关系的协调能力。

四、营销类网店客服应具备的基本能力

营销类网店客服应具备一些基本能力,例如,文字表达、资料收集、自己动手、代码了解、网页制作、参与交流、思考总结、适应变化、终身学习、深入了解网民、建立品牌、耐心、敏感、细致、踏实坚韧等,具体说明如下。

1. 文字表达能力

把问题说清楚!这是作为营销类网店客服的基本能力。

2. 资料收集能力

收集资料主要有两个方面:一是保存重要的历史资料;二是将某个重要领域的资料整理齐全。如果能在自己工作的相关领域收集大量有价值的资料,那么对于自己卓有成效的工作将是一笔巨大的财富。

3. 自己动手能力

要深入网店营销了解其中的各种问题,自己动手,亲自参与网店营销过程中的各个方面,及时发现问题,并且找到解决的办法。网店营销的学习过程中自己动手的地方越多,对网店营销的理解就会越深刻。

4. 代码了解能力

网店营销与网页制作、数据库应用等常用程序密不可分,网店营销人员不一定是编程高手,但是对于一些与网店营销直接相关的基本代码,应该有一定的了解,尤其是 HTML、ASP、JSP 等。即使不会熟练地用代码编写网页文件,也应了解其基本含义,并且在对网页代码进行分析时可以发现其中的明显错误,这样才能更好地理解和应用网店营销。

5. 网页制作能力

网页制作本身涉及很多问题,如图片处理、程序开发等,网店营销人员对网页设计应有初步的认知,对于网页设计的基本原则和方法应有所了解。这些能力在进行网店策划时尤其重要,因为只有了解网页制作中的一些基本问题,才能知道策划的方案是否合理,以及是否可以实现。

6. 参与交流能力

从本质上来说,网店营销的最主要任务是利用互联网促成营销信息的有效传播,而交流本身是一种有效的信息传播方式,互联网上提供了很多交流的平台,如论坛、博客、专栏文章、邮件列表等都可以直接参与。

7. 思考总结能力

网店营销还没有形成非常完善的理论和方法体系,目前一个很现实的问题是网店营销的理论与实践还没有有效结合起来,已经形成基本理论的方面也并未在实践中发挥应有的指导作用。因此在网店营销实际工作中,很多时候需要依靠自己对实践中发现的问题进行思考和总结。

8. 适应变化能力

适应变化的能力,也可以称为不断学习的能力。由于互联网环境和技术的发展变化很快,一些具体的应用手段会发生很大变化,因此,对网店营销的学习和应用要不断更新。

9. 终身学习能力

没有一个行业比电子商务发展得更快,技术、模式、用户、观念天天在变,要保持终身学习的心态。

10. 深入了解网民能力

中国网民阶层众多,要始终将自己置入广大网民中间去了解最新动态和热点。

11. 建立品牌能力

将来网店的数目会越来越多?要有保持品质、力求特色的能力。

12. 耐心能力

要具备耐心,哪怕是认真校对每一个标点。

13. 敏感、细致能力

"千里之堤,溃于蚁穴"在电子商务中屡见不鲜,要做到敏感、细心、认真对待每一个错误和漏洞。

14. 踏实坚韧能力

网店的成长越来越艰难和漫长,只有踏踏实实、坚韧不拔、脚踏实地才能成功。

五、网店客服应具备的相关知识

1. 商品知识

(1) 商品的专业知识

客服应当对商品的种类、材质、尺寸、用途、注意事项等有一定的了解,还应当了解行业的有关知识。同时对商品的使用方法、洗涤方法、修理方法等也要有一个基础的了解。

(2) 商品的周边知识

某类商品可能适合部分人群。例如,化妆品,不同的肤质在选择化妆品上会有很大的差别;内衣,不同的年龄、不同的生活习惯会有不同的需要;玩具,有些玩具不适合太小的婴儿,有些玩具不适合太大的儿童等。网店客服需要对这些情况有个基本的了解。

此外对同类的其他商品也要有所了解,这样在回复客户关于同类商品的差异的时候,可以有更好的解答。

2. 网站交易规则

(1) 一般交易规则

网店客服应该把自己放在一个商家的角度来了解网店的交易规则,更好地把握自己的交易尺度。有的时候,顾客可能第一次在网上交易,作为客服人员除了要指点顾客去查看网店的交易规则外,在一些细节上还需要一步步地指导顾客如何操作。

此外,网店客服还要学会查看交易详情,了解如何付款、修改价格、关闭交易、申请退款等。

(2) 支付宝等支付网关的流程和规则

了解支付宝及其他网关交易的原则和时间规则,指导客户通过支付网关完成交易,查看交易的状况,更改现在的交易状况等。

3. 物流及付款

(1) 如何付款

客服应该建议顾客尽量采用支付宝等网关付款方式完成交易,如果顾客因为各种原因拒绝使用支付宝交易,客服就需要判断顾客确实是不方便还是有其他的考虑。如果顾客有其他的考虑,应该尽可能打消顾客的顾虑,促成支付宝完成交易;如果顾客确实不方便,客服应该向顾客了解他所熟悉的银行,然后提供卖家的银行账户,并提醒顾客付款后及时通知。

(2) 物流知识

① 了解不同的物流及其运作方式。
- 邮政:平邮(国内普通包裹)、快邮(国内快递包裹)和EMS。
- 快递:快递分为航空快递包裹和汽运快递包裹。
- 货运:货运分汽运和铁路运输等。
- 最好还应了解国际邮包(包括空运、空运水陆路、水路)。

② 了解不同物流的其他重要信息。

- 不同物流方式的价格:如何计价,以及报价的还价空间还有多大等。
- 不同物流方式的速度。
- 不同物流方式的联系方式:在手边准备一份各个物流公司的电话,同时了解如何查询各个物流方式的网点情况。
- 不同物流方式应如何办理查询。
- 不同物流方式的包裹撤回、地址更改、状态查询、保价、问题件退回、代收货款、索赔的处理等。
- 常用网址和信息的掌握:快递公司联系方式、邮政编码、邮费查询、汇款方式、批发方式等。

六、网店客服的基本流程

客服的服务质量决定着网店的销量,客服的工作内容繁复无比,客服需要列出一份完整、清晰的工作流程,以便工作起来更加省时省心。

1. 熟悉产品,了解产品相关信息

对于产品的特征、功能、注意事项等要做到了如指掌,这样才能流利解答客户提出的各种关于产品的信息。

2. 接待客户

一个优秀的客服懂得如何接待好客户,同时还能引导消费者进行附带消费。对于那些讨价还价的客户,首先需要阐明店铺立场:商品的价格都是很低的,不好再还价了。如果客户纠缠在价格这个因素上,看情况决定是否接下这单生意,就算最终给客户优惠了,也要让客户觉得这个优惠来之不易,是店铺对他个人的特殊优惠。

淘宝网客服在接待客户这个环节主要是利用阿里旺旺、QQ 等即时通信工具和客户进行沟通,需要及时回复客户提出的相关咨询。

3. 查看宝贝数量

店铺页面上的库存跟实际库存是有出入的,所以客服需要到网店管家当中查看宝贝的实际库存量,这样才不会出现因缺货导致订单发不了货的情况出现。

4. 客户下单付款,跟客户核对收件信息

很多卖家朋友容易忽视这一点,虽然大部分客户在购买的时候,地址是正确的,但也有一部分客户因收件信息发生变动而忘记修改,所以在客户付款之后,记得跟客户核对一下收件信息,不仅可以降低损失,也可以让客户觉得店家是在很用心地做事情。在核对客户信息的同时,还要提供与店铺合作的快递公司,询问客户喜欢哪家快递公司,按照客户的需求来完成发货事宜。

5. 修改备注

有时候客户订单信息,或者是收件信息有变,店家有义务将变动反馈出来,这样,制单的同事就知道这个订单信息有变动。一般情况下,默认用小红旗来备注,里面写上变动事由,修改人工号和修改时间,变动情况一目了然,后面用网店管家做单的时候也能直接地抓取

出来。

6. 发货通知

货物发出去之后,用短信猫给客户发条信息,告诉包裹已经发出,也可以增加客户对店铺的好感度。对于拍下商品未付款的客户,如果旺旺在线,可以在下午给客户发个信息说明快到截单时间了,如果现在付款的话,今天就可以发货。这叫做"催单",对于客户来说,有些客户可能下单后忘记付款了,店家稍微提醒一下,让他想起这回事,这样做等于网店又多拉了一个客户。对于那些没打算购买,只是一时冲动拍下的客户,可以手动关闭订单,虽然淘宝网系统到时候会自动关闭重复拍下的订单,但关闭之前还是要跟客户联系一下,问清楚购买意向。

7. 货到付款的订单处理

淘宝网开通货到付款功能,对于卖家来说,是一个好事情,但是很多买家并不清楚货到付款的含义,直接选用货到付款,等收到货物的时候,一看价格比网站上贵一些,会认为店铺是在欺骗他,拒收订单。如果只是拒收订单,店家只是需要多支出一些快递费用,但是如果客户在心里认为店家是在欺骗他的话,店家失去的可能就是一群客户了。所以,对于客服来说,看到货到付款的订单,应立即联系买家,告知货到付款的价格稍微要贵一点。如果买家同意货到付款那就可以通知制单的同事打单发货了,否则需要重新下单。

8. 客户评价

交易完成之后,记得给客户写个评价,这是免费给店铺做广告的机会。

9. 中差评处理

当发现有中差评的时候,及时跟客户沟通,看看是什么情况导致的,客户不会无缘无故地给网店中差评,先了解情况,然后再解决问题,晓之以理,动之以情,一般客户都会给店家修改评价的,对于一些用恶意评价来获得不当利益的买家,客服就要注意收集信息,以便为后面的投诉翻案收集证据。

10. 相关软件的学习

如现在人气很高的甩手工具箱,包括店铺复制和宝贝抓取等实用功能,借助辅助工具,提高工作效率。

七、网店客服沟通技巧

网购因为看不到实物,所以给人感觉比较虚幻,为了促成交易,客服必将扮演重要角色,因此客服沟通交谈技巧的运用对促成订单至关重要。

1. 态度方面

(1)树立端正、积极的态度

树立端正、积极的态度对网店客服人员来说尤为重要。尤其是当售出的商品有了问题的时候,不管是顾客的错还是快递公司的问题,都应该及时解决。积极主动与客户进行沟通,尽快了解情况,尽量让顾客觉得他是受尊重、受重视的,并尽快提出解决办法。在除了与顾客之间的金钱交易之外,还应该让顾客感觉到购物的满足和乐趣。

(2)要有足够的耐心与热情

有些顾客喜欢打破砂锅问到底,这个时候需要客服有足够的耐心和热情,细心地回复,从而给顾客一种信任感。绝不可表现出不耐烦,就算对方不买也要说声"欢迎下次光临"。如果网店的服务足够好,这次不成也许还有下次。砍价是买家的天性,在彼此能够接受的范围内可以适当地让一点,如果确实不行也应该婉转地回绝,如说:"真的很抱歉,没能让你满意,我会争取努力改进",或者引导买家换个角度来看这件商品让她感觉货有所值,也可以建议顾客先货比三家。总之要让顾客感觉网店是热情真诚的。

2. 表情方面

微笑是对顾客最好的欢迎,微笑是生命的一种呈现,也是工作成功的象征。所以当迎接顾客时,哪怕只是一声轻轻的问候也要送上一个真诚的微笑。此外,多用些旺旺表情,也能收到很好的效果。无论旺旺的哪一种表情都会将自己的情感信号传达给对方。如"欢迎光临""感谢您的惠顾"等,都应该加送一个微笑。

3. 礼貌方面

俗话说"良言一句三冬暖,恶语伤人六月寒",一句"欢迎光临",一句"谢谢惠顾",短短的几个字,却能够让顾客听起来非常舒服,产生意想不到的效果。

沟通过程中其实最关键的不是店家说的话,而是店家如何说话。例如,"你"和"MM 您"比较,前者正规客气,后者比较亲切。"不行"和"真的不好意思哦","恩"和"好的没问题",都是前者生硬,后者比较有人情味。"不接受见面交易"和"不好意思我平时很忙,可能没有时间和你见面交易,请你理解哦"相信大家都会认为后一种语气更能让人接受。多采用礼貌的态度、谦和的语气,就能顺利地与客户建立起良好的沟通

4. 语言文字方面

(1) 少用"我"字,多使用"我们"或者"咱们"这样的字眼

这样做让顾客感觉店家在全心全意的为他(她)考虑问题。

(2) 常用规范用语

"请"是一个非常重要的礼貌用语。

"欢迎光临""认识您很高兴""希望在这里能找到您满意的 DD"。

"你好""请问""麻烦""请稍等""不好意思""非常抱歉""多谢支持"……

平时要注意修炼自己的内功,同样一件事不同的表达方式就会表达出不同的意思。很多交易中的误会和纠纷就是语言表述不当而引起的。

(3) 在客户服务的语言表达中,应尽量避免使用负面语言

这一点非常关键。客户服务语言中不应有负面语言。什么是负面语言?例如,我不能、我不会、我不愿意、我不可以等,这些都叫负面语言。

① 在客户服务的语言中,没有"我不能"。当店家说"我不能"的时候,客户的注意力就不会集中在网店所能给予的事情上,他会集中在"为什么不能""凭什么不能"上。

换成"看看我们能够帮你做什么",这样就避开了跟客户说不行、不可以。

② 在客户服务的语言中,没有"我不会做"。店家说"我不会做",客户会产生负面感觉,认为店家在抵抗;而我们希望客户的注意力集中在店家讲的话上,而不是注意力的转移。

正确说法:"我们能为你做的是……"。

③ 在客户服务的语言中,没有"这不是我应该做的",客户会认为他不配提出某种要求,从而不再听解释。

正确说法:"我很愿意为你做"。

④ 在客户服务的语言中,没有"我想我做不了"。当店家说"不"时,与客户的沟通会马上处于一种消极气氛中,客户会把注意力集中在店家或店家的公司不能做什么,或者不想做什么。

正确方法:告诉客户网店能做什么,并且非常愿意帮助他们。

⑤ 在客户服务的语言中,没有"但是"。"你穿的这件衣服真好看!但是……",不论店家前面讲得多好,如果后面出现了"但是",就等于将前面对客户所说的话进行否定。

正确方法:不说"但是"这类词。

⑥ 在客户服务的语言中,有一个"因为"。要让客户接受店家的建议,应该告诉他理由,不能满足客户的要求时,要告诉他原因。

5. 旺旺方面

(1) 旺旺沟通的语气和旺旺表情的活用

在旺旺上和顾客对话,应该尽量使用活泼生动的语气,不要让顾客感觉到店家在怠慢他。虽然很多顾客会想:哦,她很忙,所以不理我,但是顾客心理上还是觉得被疏忽了。这个时候如果实在很忙,不妨客气地告诉顾客"对不起,我现在比较忙,我可能会回复得慢一点,请理解",这样,顾客才能理解店家并且体谅店家。尽量使用完整客气的语句来表达,例如,告诉顾客不讲价,应该尽量避免直截了当地说:"不讲价",而是礼貌、客气地表达这个意思"对不起,我们店的商品不讲价"。可以的话,还可以稍微解释一下原因。

如果遇到没有合适语言来回复顾客留言的时候,与其用"呵呵""哈哈"等语气词,不妨使用一下旺旺的表情。一个生动的表情能让顾客直接体会到店家的心情。

(2) 旺旺使用技巧

店家可以通过设置快速回复提前把常用的句子保存起来,这样在忙乱的时候可以快速回复顾客。如欢迎词、不讲价的解释、请稍等等。在日常回复中,发现哪些问题是顾客问得比较多的,也可以把回答内容保存起来,以达到事半功倍的效果。

通过旺旺的状态设置,可以给店铺做宣传,如在状态设置中写一些优惠措施、节假日提醒、推荐商品等。

如果暂时不在座位上,可以设置"自动回复",还可以在自动回复中加上一些自己的话语,都能起到不错的效果。

6. 针对性方面

任何一种沟通技巧,都不是对所有客户一概而论的,针对不同的客户应该采用不同的沟通技巧。

(1) 顾客对商品了解程度不同,沟通方式也有所不同

① 对商品缺乏认识,不了解。这类顾客对商品知识缺乏,对客服依赖性强。对于这样的顾客需要店家像对待朋友一样细心地解答,多从他(她)的角度考虑并给他(她)推荐,告诉他(她)推荐这些商品的原因,店家的解释越细致他(她)就会越信赖店家。

② 对商品有些了解,但是一知半解。这类顾客对商品了解一些,比较主观,易冲动,不太容易信赖。面对这样的顾客,要有理有节耐心地回答,向她表示店家丰富的专业知识,让她认识到自己的不足,从而增加对店家的信赖。

③ 对商品非常了解。这类顾客知识面广,自信心强,问问题往往都能问到点子上。面对这样的顾客,要表示出店家对她专业知识的欣赏,表达出"好不容易遇到同行了",和她(他)探讨专业的知识,给他(她)来自内行的推荐,告诉她"这个才是最好的,你一看就知道了",让她感觉到自己真的被当成了内行的朋友,而且店家尊重他(她)的知识,给他(她)的推荐肯定是最衷心的、最好的。

(2) 对价格要求不同的顾客,沟通方式也有所不同

① 有的顾客很大方,说一不二,看见店家说不砍价就不讨价还价。对待这样的顾客要表达店家的感谢,并且主动告诉她优惠措施,会赠送什么样的小礼物,让顾客感觉物超所值。

② 有的顾客会试探性地问问能不能还价。对待这样的顾客既要坚定地告诉她不能还价,同时也要态度和缓地告诉她这个价格是物有所值的,并且谢谢她的理解和合作。

③ 有的顾客就是要讨价还价,不讲价就不高兴。对于这样的顾客,除了要坚定重申原则外,要有理有节地拒绝她的要求,不要被她的各种威胁和祈求所动摇。适当的时候建议她再看看其他便宜的商品。

(3) 对商品要求不同的顾客,沟通方式也有所不同

① 有的顾客因为买过类似的商品,所以对购买的商品质量有清楚的认识。这样的顾客是很好打交道的。

② 有的顾客将信将疑,会问:图片和商品是一样的吗?对于这样的顾客要耐心给他们解释,在肯定是实物拍摄的同时,要提醒她难免会有色差等,让她有一定的思想准备,不要把商品想象得太过完美。

③ 还有的顾客非常挑剔,在沟通的时候就可以感觉到,她会反复问:有没有瑕疵?有没有色差?有问题怎么办?怎么找店家等。这个时候就要意识到这是一个很完美主义的顾客,除了要实事求是介绍商品外,还要实事求是把一些可能存在的问题介绍给她,告诉她没有产品是十全十美的。如果顾客还坚持要完美的商品,就应该委婉地建议她选择实体店购买需要的商品。

7. 其他方面

(1) 坚守诚信

网络购物虽然方便快捷,但唯一的缺陷就是看不到摸不着。顾客面对网上商品难免会有疑虑和戒心,所以对顾客必须要用一颗诚挚的心,象对待朋友一样对待。包括诚实地解答顾客的疑问,诚实地告诉顾客商品的优缺点,诚实地向顾客推荐适合她的商品。

坚守诚信还表现在一旦答应顾客的要求,就应该切实地履行自己的承诺,哪怕自己吃点亏,也不能出尔反尔。

(2) 凡事留有余地

在与顾客交流中,不要用"肯定、保证、绝对"等字样,这不等于网店售出的产品是次品,也不表示网店对买家不负责任,而是不让顾客有失望的感觉。因为每个人在购买商品的时候都会有一种期望,如果网店保证不了顾客的期望,最后就会变成顾客的失望。例如化妆品,本身每个人的肤质不同,网店敢百分之百保证售出的产品在几天或一个月内一定能达到顾客想象的效果吗?还有售出的商品在路程中,店家能保证快递公司不误期吗?不会丢失吗?不会被损坏吗?为了不让顾客失望,最好不要轻易说保证。如果用,最好用尽量、争取、

努力等词语,效果会更好。多给顾客一点真诚,也给自己留有一点余地。

(3) 处处为顾客着想,用诚心打动顾客

让顾客满意,重要一点体现在真正为顾客着想。处处站在对方的立场,想顾客所想,把自己变成一个买家助手。

(4) 多虚心请教,多倾听顾客声音

当顾客上门的时候店家并不能马上判断出顾客的来意与其所需要的物品,所以需要先问清楚顾客的意图,具体需要的是什么商品,是送人还是自用,是送给什么样的人等。了解清楚了顾客的情况,准确地对其进行定位,才能做到只介绍对的不介绍贵的,以客为尊,满足顾客需求。

当顾客表现出犹豫不决或者不明白的时候,店家也应该先问清楚顾客困惑的内容是什么,是哪个问题不清楚,如果顾客表述不清楚,店家可以把自己的理解告诉顾客,问问是不是理解对了,然后针对顾客的疑惑给予解答。

(5) 做个专业卖家,给顾客准确的推介

不是所有的顾客对网店的产品都是了解和熟悉的。当顾客对网店的产品不了解的时候,在咨询过程中,就需要店家为顾客解答,帮助顾客找到他们所需的产品。不能顾客一问三不知,这样会让顾客没有信任感,谁也不会在这样的店里买产品的。

(6) 坦诚介绍商品的优点与缺点

店家在介绍商品的时候,必须也要针对产品本身的缺点。虽然商品缺点本来是应该尽量避免触及,但如果因此造成事后客户抱怨,反而会失去信用,得到差评也就在所难免了。所以,在卖这类商品时首先要坦诚地让顾客了解到商品的缺点,努力让顾客知道商品的其他优点,先说缺点再说优点,这样会更容易被客户接受。在介绍商品时切莫夸大其词,介绍与事实不符,最后失去信用也失去顾客。其实介绍产品时,就像媒婆一样把产品嫁出去。如果介绍"这个女孩脾气不错,就是脸蛋差了些"和"这个女孩虽然脸蛋差了些,但是脾气好,善良温柔",虽然表达的意思是一样,但听起来感受可就大不相同!所以,介绍自己产品时,如可以强调一下产品虽然是次了些,但是功能俱全;或者说,这件商品拥有其他产品没有的特色等,这样介绍收到的效果是完全不相同的。

(7) 遇到问题多检讨自己少责怪对方

遇到问题的时候,先想想自己有什么做得不到位的地方,诚恳地向顾客检讨自己的不足,不要上来先指责顾客。如有些内容明明写了可是他(她)看不到,这个时候千万不要一味地指责顾客没有好好看商品说明,而是应该反省自己没有及时提醒顾客。

(8) 换位思考、理解顾客的意愿

当我们遇到不理解顾客想法的时候,不妨多问问顾客是怎么想的,然后把自己放在顾客的角度去体会他(她)的心境。

(9) 表达不同意见时尊重对方立场

当顾客表达不同的意见时,要力求体谅和理解顾客,表现出"我理解你现在的心情,目前……"或者"我也是这么想的,不过……"来表达,这样顾客能觉得店家在体会他的想法,能够站在她的角度思考问题,同样,她也会试图站在店家的角度来考虑。

(10) 保持相同的谈话方式

对于不同的顾客,店家应该尽量用和他们相同的谈话方式来交谈。例如,对方是个年轻的妈妈给孩子选商品,店家应该表现出站在母亲的立场,考虑孩子的需要,用比较成熟的语气来表述,这样更能得到顾客的信赖。如果店家自己表现得更像个孩子,顾客会对店家的推荐表示怀疑。

如果网店常常使用网络语言和顾客交流,有时候顾客对网店使用的网络语言不理解,会感觉和网店有交流的障碍,有的人也不太喜欢太年轻态的语言。所以建议店家在和顾客交流的时候,尽量不要使用太多的网络语言。

(11) 经常对顾客表示感谢

当顾客及时完成付款,或者很痛快地达成交易,店家都应该衷心地对顾客表示感谢,谢谢她这么配合我们的工作,谢谢她为我们节约了时间,谢谢她给我们一个愉快的交易过程。

(12) 坚持自己的原则

在销售过程中,店家会经常遇到讨价还价的顾客,这个时候我们应当坚持自己的原则。如果作为商家在定制价格的时候已经决定不再议价,那么就应该向要求议价的顾客明确表示这个原则。如邮费,如果顾客没有符合包邮条件,而给某位顾客包了邮,钱是小事,但后果严重。

① 其他顾客会觉得不公平,使店铺失去纪律性。
② 给顾客留下经营管理不正规的印象,从而小看店铺。
③ 给顾客留下价格产品不成正比的感觉,否则为什么网店还有包邮的利润空间呢?
④ 顾客下次来购物还会要求和这次一样的特殊待遇,或进行更多的议价,这样网店需要投入更多的时间成本来应对。在现在快节奏的社会,时间就是金钱,珍惜顾客的时间也珍惜自己的时间,才是负责的态度。

八、网店客服工作技巧

网店客服除了具备一定的专业知识、周边知识、行业知识以外,还要具备一些工作方面的技巧,具体如下。

1. 促成交易技巧

(1) 利用"怕买不到"的心理

网店可利用这种"怕买不到"的心理,来促成订单。当对方已经有比较明显的购买意向,但还在最后犹豫中的时候。可以用以下说法来促成交易:"这款是我们最畅销的了,经常脱销,现在这批又只剩2个了,估计不要一两天又会没了,喜欢的话别错过了哦",或者说:"今天是优惠价的截止日,请把握良机,明天网店就买不到这种折扣价了。"

(2) 利用顾客希望快点拿到商品的心理

大多数顾客希望在付款后网店越快寄出商品越好,所以在顾客已有购买意向,但还在最后犹豫中的时候,可以对他说:"真的喜欢的话就赶紧拍下吧,快递公司的人再过10分钟就要来了,如果现在支付成功的话,马上就能为您寄出了。"对于可以用网银转帐或在线支付的顾客尤为有效。

(3) 当顾客一再出现购买信号,却又犹豫不决拿不定主意时,可采用"二选其一"的技巧来促成交易

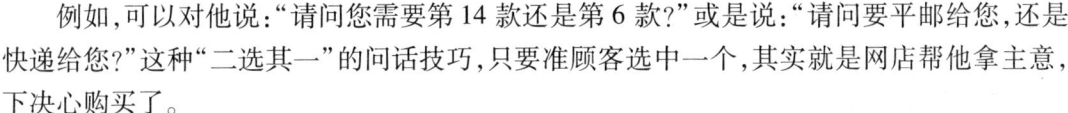

例如,可以对他说:"请问您需要第 14 款还是第 6 款?"或是说:"请问要平邮给您,还是快递给您?"这种"二选其一"的问话技巧,只要准顾客选中一个,其实就是网店帮他拿主意,下决心购买了。

(4) 帮助准顾客挑选,促成交易

许多准顾客即使有意购买,也总要东挑西拣,在产品颜色、规格、式样上不停地犹豫。这时候网店客服就要改变策略,暂时不谈订单的问题,转而热情地帮对方挑选颜色、式样等,一旦上述问题解决,网店的订单也就落实了。

(5) 巧妙反问,促成订单

当顾客问到某种产品,不巧正好没有时,可用反问来促成订单。例如,顾客问:"这款有金色的吗?"这时,网店不应回答没有,而应该反问道:"不好意思我们没有进货,不过我们有黑色、紫色、蓝色的,在这几种颜色里,你比较喜欢哪一种呢?"

(6) 积极推荐,促成交易

当顾客拿不定主意,需要网店推荐的时候,网店可以尽可能多的推荐符合他的要求的款式,在每个链接后附上推荐的理由,而不要找到一个推荐一个。例如,"这款是刚到的新款,目前市面上还很少见""这款是我们最受欢迎的款式之一""这款是我们最畅销的了,经常脱销"等,以此来促成交易。

2. 时间控制技巧

除了回答顾客关于交易上的问题外,可以适当聊天,这样可以促进双方的关系。但需要控制好聊天的时间和度,聊到一定时间后可以以"不好意思我有点事要走开一会"为由结束交谈。

3. 说服客户的技巧

(1) 调节气氛,以退为进

店家首先应该想方设法调节谈话的气氛。如果店家用提问的方式代替命令,并给人以维护自尊和荣誉的机会,气氛就是友好而和谐的,说服也就容易成功。

(2) 争取同情,以弱克强

店家想说服比较强大的对手时,可以采用争取同情的技巧,从而以弱克强,达到目的。

(3) 消除防范,以情感化

一般来说,在店家和要说服的对象较量时,彼此都会产生一种防范心理,要想使说服成功,店家就要注意消除对方的防范心理。消除防范心理的最有效的方法就是反复给予暗示,表示自己是朋友而不是敌人。例如,嘘寒问暖,给予关心,表示愿意帮助等。

(4) 投其所好,以心换心

站在他人的立场上分析问题,能给他人一种为他着想的感觉,这种投其所好的技巧常常具有极强的说服力。要做到这一点,"知己知彼"十分重要,唯先知彼,而后方能从对方立场上考虑问题。

(5) 寻求一致,以短补长

习惯于顽固拒绝他人说服的人,经常都处于"不"的心理状态之中。遇上这样的顾客,如果一开始就提出问题,绝不能打破他"不"的心理。所以,店家得努力寻找与对方一致的地方,先让对方赞同店家远离主题的意见,从而使其对店家的话感兴趣,而后再想办法将对方的注意力引入话题,最终征求对方的同意。

九、对客户的分析

1. 对网店客户需求的认知

客户进店以后,除了对具体某个(或某些)商品的需求以外,还有其他一些常被我们忽视的需求,而且满足客户具体商品以外的那些需求往往并不需要我们付出更多的成本,却在促成商品成交上发挥着巨大的作用。客户需求如下所示。

- 安全及隐私的需求。
- 有序服务的需求。
- 及时服务的需求。
- 被识别或记住的需求。
- 受欢迎的需求。
- 感觉舒适的需求。
- 被理解的需求。
- 被帮助的需求。
- 受重视的需求。
- 被称赞的需求。
- 受尊重的需求。
- 被信任的需求。

2. 网店客户类型分析

了解网店客户的特点,了解网店客户的基本类型,对于提高网店客服的服务质量和服务效率具有极其重大的作用,具体做法如下。

(1) 按客户性格特征分类及应采取的相应对策

① 友善型客户。

特质:性格随和,对自己以外的人和事没有过高的要求,具备理解、宽容、真诚、信任等美德,通常是企业的忠诚客户。

策略:提供最好的服务,不因为对方的宽容和理解而放松对自己的要求。

② 独断型客户。

特质:异常自信,有很强的决断力,感情强烈,不善于理解别人;对自己的任何付出一定要求回报;不能容忍欺骗、被怀疑、怠慢、不被尊重等行为;对自己的想法和要求一定需要被认可,不容易接受意见和建议;通常是投诉较多的客户。

策略:小心应对,尽可能满足其要求,让其有被尊重的感觉。

③ 分析型客户。

特质:情感细腻,容易被伤害,有很强的逻辑思维能力;懂道理,也讲道理。对公正的处理和合理的解释可以接受,但不愿意接受任何不公正的待遇;善于运用法律手段保护自己,但从不轻易威胁对方。

策略:真诚对待,作出合理解释,争取对方的理解。

④ 自我型客户。

特质:以自我为中心,缺乏同情心,从不习惯站在他人的立场上考虑问题;绝对不能容忍自己的利益受到任何伤害;有较强的报复心理;性格敏感多疑;时常"以小人之心度君子之腹"。

策略:学会控制自己的情绪,以礼相待,对自己的过失真诚道歉。

(2) 按消费者购买行为分类及应采取的相应对策

① 交际型。有的客户很喜欢聊天,先和网店聊了很久,聊得愉快了就到网店里购买商品,成交了也成了朋友,至少很熟悉了。

对于这种类型的客户,要热情如火,并把工作的重点放在这种客户上。

② 购买型。有的顾客直接买下网店的商品,很快付款,收到商品后也不和网店联系,直接给网店好评,对网店的热情很冷淡。

对于这种类型的客户,不要浪费太多的精力,如果执着地和他(她)保持联系,他(她)可能会认为是一种骚扰。

③ 礼貌型。本来因为一件拍卖的商品和网店产生了联系,如果网店热情如火,在聊天过程中运用恰当的技巧,她会直接到网店里再购买一些商品,售后热情做好了,她或许因为不好意思还会到网店里来。

对于这种客户,尽量要做到热情,能多热情就做到多热情。

④ 讲价型。讲了还讲,永不知足。

对于这种客户,要咬紧牙关,坚持始终如一,保持网店的微笑服务。

⑤ 拍下不买型。对于这种类型的客户,可以投诉、警告;也可以全当什么都没发生,因各自性格决定采取的方式,不能说哪个好,哪个不好。

(3) 按网店购物者常规类型分类及应采取的相应对策

① 初次上网购物者。

这类购物者在试着领会电子商务的概念,他们的体验可能会从在网上购买小宗的安全种类的物品开始。这类购物者要求界面简单、过程容易。

产品照片对说服这类购买者完成交易有很大帮助。

② 勉强购物者。

这类购物者对安全和隐私问题感到紧张。因为有恐惧感,他们在开始时只想通过网站做购物研究,而非购买。

对这类购物者,只有明确说明安全和隐私保护政策才能够使其消除疑虑,轻松面对网上购物。

③ 便宜货购物者。

这类购物者广泛使用比较购物工具,不玩什么品牌忠诚,只要最低的价格。网站上提供的廉价出售商品,对这类购物者最具吸引力。

④ "手术"购物者。

他们的特点是知道自己作购买决定的标准,然后寻找符合这些标准的信息,当他们很自信地找到了正好合适的产品时就开始购买。

对这类购物者,快速告知其他购物者的体验,对有丰富知识的操作者提供实时客户服务,会吸引这类购物者。

⑤ 狂热购物者。

这类购物者把购物当作一种消遣。他们购物频率高,也最富于冒险精神。

对这类购物者,迎合其好玩的性格十分重要。为了增强娱乐性,网站应为他们多提供观看产品的工具、个人化的产品建议,以及像电子公告板和客户意见反馈页之类的社区服务。

⑥ 动力购物者。

这类购物者因需求而购物,而不是把购物当作消遣。他们有自己的一套高超的购物策略来找到所需要的产品,不愿意把时间浪费在东走西逛上。

任务三　物流配送

网络购物成为了一种购物流行,淘宝网等平台式购物网站力推诚信保障体系,降低了消费者转向网购的心理门槛,推动网络购物应用在网民中的渗透。淘宝网目前已经发展成为亚太地区最大的 C2C 购物网站,日交易规模达 600 万笔。C2C 物流配送是指物流配送企业针对客户的需求,进行一系列分类、编码、整理、配货等理货工作,按照约定的时间和地点将确定的数量和规格要求的商品传递到用户的活动及过程。淘宝网主要业务在于网上零售商品,由于消费者的折扣及方便心理,业务量大的都是体积小的商品,决定了淘宝物流配送是小规模、多频次的格局。

淘宝网购物产业链,主要由淘宝网交易网站平台、物流公司、卖家、买家共同构成。这条产业链中,物流、信息流、商流、资金流实现了完整的电子信息化,只有将货物的实体流动实现好,才能使整个产业链得以实现价值。

淘宝网在为客户提供更安全和高效的网络交易平台的同时,离不开物流的支持。淘宝网与圆通速递、中通速递、韵达快递、中邮 EMS 等公司合作,这些物流公司在服务质量、服务价格等方面参差不齐。由于观念的差异或配送设施的差距,消费者往往会因为第三方物流公司的过错而迁怒于购物网站,例如,因为商品或包装在运输过程中有破损而责怪那些本身信誉很好的购物网站。尽管淘宝网也致力于让客户享受更好的物流服务,但它却很难改变这个现状。

为提高网店的物流配送能力,我们需要熟悉商品从仓储管理、拣货配货、包装到物流配送的基本流程,了解各环节的相关知识,掌握相关技能。

一、商品的包装方法

商品包装是为了使商品在物流过程中不受污染、刮擦、磨损、碎裂等损害,方便货物储运,并予以适当的装饰以促进销售而给商品穿上的外衣。网上开店的经营者在选择商品包装时不但要考虑其美观性和实用性,还要考虑包装的成本。一个好的包装应该具有成本低、防潮、防振、防水、简洁大方等特性。包装商品不仅可以有效避免商品在运送过程中受损,还在无形中包装了自己的店铺。

1. 包装分类

① 内包装。内包装是最贴近商品的一层防护,对物品直接具有保护作用。常见的商品内包装材料有以下几种。OPP 自封袋透明度高,使商品看起来干净、整洁、美观且上档次。卖家可以选择一些印有图案的 OPP 自封袋,包装小物品或赠品,简单又美观。但 OPP 自封袋密封性差、材料脆、容易破损,且不能反复使用,比较适用于文具、小饰品、书籍或小电子产品等的包装。PE 自封袋可以用于邮票、小化妆品、纽扣、螺钉或小食品等需要归纳在一起或经常要取放的商品的包装。PE 自封袋防水性能好、质地柔软、柔韧性好、不易破损且可以反复使用。防静电气泡袋一般用于电子产品包装,由抗静电 PE 材料制成,可以防止产品在生产搬运和运输过程中因碰撞或静电引起的损坏,并可根据顾客的需求定制。

② 中层包装。中层包装是将货品与外包装隔开或为了避免货物之间挤压和撞击而导致毁损的填充材料。如在购买电器时,通常纸箱内部都会用泡沫隔开,泡沫就是最常见的一种中层包装材料。气泡膜是当前普遍使用的一种包装材料,由于中间层充满空气,所以体轻,富有弹性,具有隔音、防振、防磨损的性能,能在运输过程中缓和外力冲击,防止物品破损,是电子产品、化妆品、音像 CD 等包装的首选。

③ 外层包装。物流的商品外层包装不仅要结实耐用,而且要美观大方。常见的外层包装有纸箱、塑料袋或纸袋、编织袋等。纸箱是使用比较普遍的一种包装,其优点是安全性强,可以有效地保护商品,须填充一些报纸或纸屑来对外界冲撞产生缓冲作用,其缺点是大大增加了包裹的重量,运输费用也就相应增加了。

2. 包装方式

(1) 易变形易碎的产品

这一类产品包括瓷器、玻璃饰品、CD、茶具、字画及工艺笔等,包装时要多用些报纸、泡沫塑料或者泡绵、泡沫网,这些东西重量轻,而且可以缓和撞击。另外,一般易碎怕压的东西四周都应用填充物充分地填充,这些填充物也比较容易收集,例如,包水果的小塑料袋,平时购物带回来的方便袋,苹果、梨等外面的泡沫软包装,还有一些买电器带回来的泡沫等。尽量多用聚乙烯的材料而少用纸壳、纸团,因为纸要重一些,而塑料的东西膨胀效果好,自身又轻。

(2) 首饰类产品

首饰产品一般都附送首饰袋或首饰盒,通过以下方法可以让卖家的服务显得更贴心。

① 一定要用纸箱包装。对于首饰来说,3 层的 12 号纸箱就够用了。为了节约成本,卖家可以到网上去购买纸箱,一个 12 号的 5 层纸箱,在邮局可能要卖到 3 元钱,而在网上 0.30 元甚至更便宜都可以买到。

② 一定要以报纸或泡沫等其他填充物填充,以便让首饰盒或首饰袋在纸盒里不晃动。

③ 纸箱四个角一定要用胶带包好。因为邮寄的时候有很多不确定因素,例如,在递送过程中另有一件有液体的商品和你的商品在同一个包装袋里,一旦这个液体商品的包装不严密,出现泄漏,卖家的商品就会被浸泡。

所以,纸箱的四角一定要用宽胶带包好,这样也可以更好地防止撞击。

(3) 衣服皮包鞋子类产品

这类产品在包装时可以用不同种类的纸张单独包好,以防止脏污。如果要用报纸的话,里面还应加一层塑料袋。遇到形状不规则的商品,如皮包等,可预先用胶带封好口,再用纸包住手提带并贴胶带固定,以减少磨损。邮寄衣服时,要先用塑料袋装好,再装入防水防染色的包裹袋中;用布袋邮寄服装时,宜用白色棉布或其他干净整洁的布。

(4) 液体类产品

快递公司对液体类产品有专门的邮寄办法:先用棉花裹好,再用胶带缠好。在包裹时一定要封好割口处,可以用透明胶带使劲绕上几圈,然后再用棉花整个包住,可以包厚一点,最后再包一层塑料袋,这样即使液体漏出来也会被棉花吸收,并有塑料袋做最后的保护,不会流到纸盒外面污染到别人的包裹。至于香水,可以到五金行或是专门的塑料用品商店,买一些透明的气泡纸,在香水盒上多裹几圈,然后用透明胶带纸紧紧封住。但是为了确保安全,最后,应该把裹好的香水放进小纸箱里,同时塞些泡沫塑料或者报纸。

(5) 贵重的精密电子产品

贵重的精密电子产品包括电话、手机及电脑荧屏等。在对这类怕振动的产品进行包装时,可以用泡绵、气泡布、防静电袋等包装材料把物品包装好,并用瓦楞纸在商品边角或者容易磨损的地方加强包装保护,用填充物如报纸海绵或者防振气泡布这类有弹力的材料将纸箱空隙填满,这些填充物可以阻隔及支撑商品,吸收撞击力,避免物品在纸箱中摇晃受损。

(6) 书刊类商品

① 用塑料袋套好,以免理货或者包装的时候弄脏,也能起到防潮的作用。

② 用报纸中夹带的铜版纸做第二层包装,以避免书籍在运输过程中被损坏。

③ 外层用牛皮纸胶带进行包装。

④ 用印刷品方式邮寄。

(7) 打包前的注意事项

① 不要自作主张,把商品的价格标签放入包装箱内。

因为有些顾客购买商品是用来送礼的,这些顾客希望网店直接发货给他的朋友,而他们一般是不愿意让朋友知道这件礼物的价格是多少,是在哪里买的。

② 可在包裹中加上商品说明。对于比较复杂的商品,如果在给买家的包裹中有针对性地写一些提醒资料,例如,不同质地的衣服分别要怎么洗,要注意什么,不穿时应该怎么收纳等,会让顾客感到卖家很人性化、很贴心,从而成为你的老顾客,甚至给你带来很多新顾客。

③ 无论用什么包装寄东西,都应把盒子弄得干干净净,破破烂烂的包装会让人怀疑里面的东西是不是已经压坏了,甚至怀疑产品的质量问题。所以包裹一定要干净整洁,在不超重的前提下尽量用硬壳包装。

④ 如果卖家自己弄张小卡片、小饰品之类放在商品里送给买家,会让买家有一种超值的感觉。因为一般买家都是本着能收到货就好的心态,现在不但收到了意想中的商品,还有礼物跟着来,不给个大大的好评也太过意不去了。小礼品只要实用就好,但切记千万不要把自己用过的东西当礼品,不然对买家就太不尊重了,不但收不到好的效果,还可能适得其反。

二、网店仓库管理

1. 网店仓库管理

网店仓库管理是一项复杂的工作,商品数量多,品种款式多,季度性变化商品更替,因此很容易出错。在仓库管理工作过程中出现的问题及解决的措施如下所述。

① 问题:仓库人员工作的分工安排管理混乱,工作难以展开。

解决措施:根据网店自身情况可分为几个工作职位。打单员:打印快递单,发货单,整理订单;配货员:按订单上架,补货上架;验货员:扫描验货,问题单审查;打包称重员:打包货品,称重计算运费,同物流交接货品;条码管理员负责入库管理。名岗位各司其职,做好本职工作。

② 问题:仓库经常有盘点,但是账目与实际库存不准,盘点出错率高。

解决措施:对仓库进行清理整顿,可移动物品再组合,合理摆放,腾出更多的空间,争取无死角,退库报损的商品,该回库的回库,该报损的进报损仓。

③ 问题:库位库存不准,产品堆放散乱且随意乱放。

解决措施:实现库位库存管理,每件商品都有对应的库位,小零件和赠品商品放到一起,畅销商品放到一起,季节性商品放到一起,滞销商品归类,款式、颜色等不同类别分类摆放。

④ 问题:进销存管理混乱。

解决措施:实现网店仓库管理系统化,进货、退货、换货及销售做得清清楚楚,查询一目了然。

⑤ 问题:只有手工账,没有电脑系统账,查询困难。

解决措施:智能化仓库管理取代手工作业,提高效率,减少出错率。

⑥ 问题:不管订单量多少,多的时候忙,少的时候也忙。

解决措施:实现绩效考核管理,做到奖罚分明。

⑦ 问题:各部门沟通不顺畅。

解决措施:加强各部门之间的友好沟通,各部门之间的工作汇报用交流工具来快速传达并执行。

2. 网店库存周转率提升

在网店上做仓储活动,最担心的就是货物压仓,仓库周转率很低,很多商品都是进来以后卖不掉退仓,或者到了销售期限被动退仓,导致仓库资源的大量浪费。假设仓库内平均每天每个商品销售件数为 N 件,以 N 作为阈值,按照销售情况和剩余可售天数将商品分为 4 个等级,可以看到这 4 个等级商品在仓库内的分布情况:

A 级货(卖的好,进货少,周转率高):日销售件数 $\geq N$ 同时 30 天内卖完;

B 级货(卖的好,进货多):日销售件数 $\geq N$ 同时 30 天内卖不完;

C 级货(卖的少,进的少):日销售件数 $< N$ 同时 30 天内卖完;

D 级货(卖的少,进的多):日销售件数 $< N$ 同时 30 天内卖不完。

目前仓内每天约有 50% 的货由于各种原因无法正常售卖,另外有 40% 是属于 D 级货,等于正常售卖的只有 10%!通过数据分析,后续会对于 D 级货进行清理,在选品上更加往 A 级或者 B 级货倾斜,从而提高仓库周转率。

3. 网店仓库的规范化管理办法

（1）打单

网店开设初期每天几十个销售单,可以购置一台快递单打印机和一台高性能柜员存折打印机。包裹内容也打印在面单上,一旦内容多了打印不全或位置不够就得手写补全。随着销售量加大,开始负荷不过的时候,可以考虑用网店管家,批量打印快递单和配货单,加上扫描环节,大大降低了出错率,一天处理2 000个包裹也没问题。

（2）人员

网店开设初期可配置3个人,一个人负责打单、盘点、质检、搬运等工作,另2个人负责配货和打包。先汇总提货,再配货,进行二次分拣。有时打包到最后还是会有错误,还需要一一排查可能是哪些包裹出错了,或是汇总提货数错了。

（3）规划

开店初期货位按品牌划分,S型路径排列,好处是店员上手快,但是效率低。等到店员都熟记产品后,转成以热销和常销产品排列,路径砍断排列,无需走完整条路径再回头。提货时间大大缩短,但是货位更换频率相对较高。区域上可划分为仓储区、工作区、打包配货区、物料区和包裹分类区。

（4）快递

找几家合作过的快递公司,长期合作,建立良好的业务关系。

（5）物料

包装耗材可用气泡膜,箱子通用的是5层KK邮政纸箱,也可以根据产品特点做调整,让纸箱外层是低坑,内层高坑。这样保证了包裹外层可以抗压,内层可以抗振。

4. 网店仓库的工作流程

一般网店从开启到具备一定规模后,就可以使用仓库管理系统,配置的基本设备包括电脑、扫描枪、RF手持终端、电子秤等设备。同时,店家还要制订合理的工作流程。

（1）入库

对于整个出入库环节来说基本的规则都是严进宽出,之所以要严进就是为了要保证出库环节流程的正常,在商品条码库内货架规则都正常的情况下,仓库管理系统和相关的RF手持终端设备可以保证入库和出库的严谨和完整。在人员设置方面,安排质检1人,收货入库上架1人,退换货1人。

入库环节有4步。

① 质检:质检这一关对于真正要做好网店的店家来说是一个不可忽略的步骤,只有保证了商品的质量才能更好的立足于电商界,尤其是行业较为严格,想要有很好的售后及降低退换货的成本,这项是不能忽略的。质检需要具备专业知识。

② 点数收货:此项工作要保证数据的一致性,需要逐个条码扫描。

③ 入库上架:上架是个体力活,按照RF手持终端的提示上到货位上,准确度和速度都很快,1个人半天可以完成。

④ 退换货:一般的服装电商的拒收退换率为30%左右,在有仓储管理系统支持的情况下,此岗位最少需要1个人,每天的工作量是处理300单拒收退换单。

（2）出库

出库对有设备及系统完善的仓库来说大部分工作都由系统完成,但是出库阶段打包是个瓶颈,此环节里打单1人、拣货1人、复核1人、打包2人,总共需要5个人。

① 打单:系统完善的情况下,打发货单+打快递单+拣货单,基本1个人正常工作8小时可以完成1 000单的打印和装订工作。

② 拣货:平均1个人最快正常8小时在500单左右,在1000单的情况下需要配备2个人/天,由此类电商的商品品类是否多样化来决定,另外还需要看库内货位布局及系统的拣货路径是否最优化。

③ 复核:复核阶段是为了保证商品与订单的准确性必须设立的一道关卡,基本1个人8小时复核1000单。

④ 打包出库:不同商品的包装不同,如果初期包装就可以满足发货需求的话,此阶段会很快,1个人8小时基本在500单左右。

(3) 库内操作

要使仓库正常运转,库内的工作是不可缺少的,此环节补货需要每天1人,盘点和异常处理也需要每天1个人的工作量,总共需要2个人。

① 补货:为保证拣货区正常拣货,必要的补货操作是少不了的,补货平均25秒一件,1个人8小时可以补货1000件商品。

② 盘点与异常:此处需要专职1个人处理一些异常问题和盘点,随时需要支持其他小组的工作。

三、物流快递选择

物流快递公司已经成为现在网络购物的一个重要环节,网购者对网店服务的好坏有一定比例,取决于网店产品的运输是否快捷无差错!这虽然跟网店经营者没有直接关系,但快捷的物流往往让消费者更放心、更愿意进行二次购买。那么开网店应该选择什么样的物流运输呢?在物流运输过程中又应该注意些什么呢?网店快递货物需要技巧,并需要了解各大快递公司的特点。

根据买家不同的需要及自己产品的特性选择不同的快递。

① 圆通快递:价格比其他的快递公司便宜,缺点是有很多县级市和地级市不能到达,所以在要求快递上门取件之前,一定要问好,某某地到不到,然后再决定是否上门取件。

② 申通快递:全国一般的城市基本上都到,圆通公司到不了的地方可以选择申通公司,但报价一般都很高,起价是15元或者20元。

③ 顺丰快递:比起上面的两家快递公司,顺丰快递的服务质量和服务态度都要好很多,但是价位也高出一倍,适合于急件和贵重物品及易碎品,他们的承诺是24小时到收件人手中,一般走顺丰的东西都是买家要求的!

④ 邮局的EMS:邮政特快专递服务,根据地区远近,1~4天可到达目的地,安全,可靠,送货上门。

⑤ 中铁快运:中铁快运好处很多,特别适合很重的大件保价的商品,他们上门取件,可以帮忙包装,只要有火车站的地方都能到达,递送方式有门到站、门到门,费用50~200元不等。

公路运输的物流公司:站到站,不负责取货和送货,运费便宜,适合批发的商家选择。

四、运费模板设置

运费模版就是为一批商品设置同一个运费。当需要修改运费的时候,这些关联商品的运费将一起被修改。在发布商品时可以选择是否使用运费模板。如果大部分商品的体积和重量都很接近,那么建议卖家使用运费模板功能。在淘宝上设置运费模板的步骤如下。

一般来说,建议卖家按照商品的类别、体积和重量来划分运费模板。例如,销售衣服和化妆品,可以设置2个运费模板。运费模板一:"衣服的运费";运费模板二:"化妆品的运费"。可以从商品发布页面、出售中的宝贝及仓库中的宝贝页面进入,来创建和设置运费,如图4.38所示。

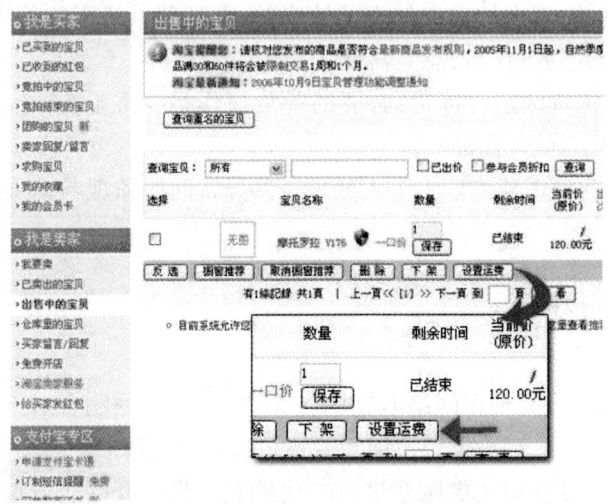

图4.38 设置运费模板导航

下面以出售中的宝贝为例,新增运费模板,如图4.39所示。

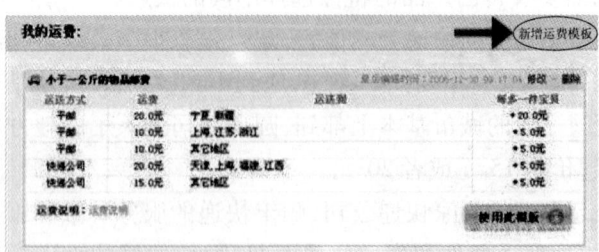

图4.39 新增运费模板

1)为运费模板起一个名称(这个名称只有自己能看到,方便应用模版),如图4.40所示。模板名称输入"衣服的运费"。

2)选择商品支持的运送方式。目前淘宝提供了4种运送方式:平邮、邮政快递、快递公司、EMS。例如,运费方式支持平邮和快递公司,就在这2个选项前勾选,这2项随之展开,如图4.41所示。

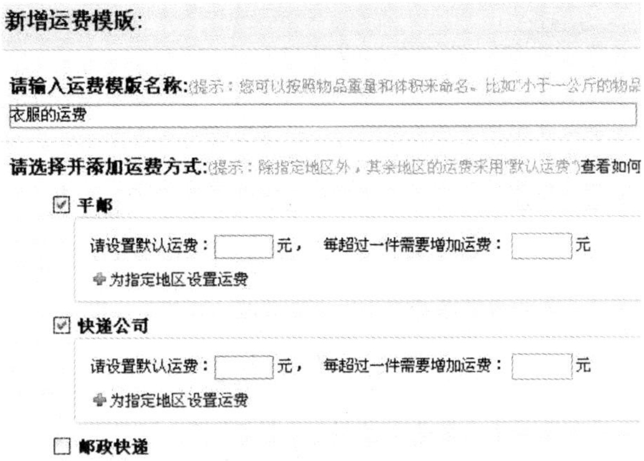

项目四　网上店铺日常运营

图 4.40　新增运费模板填写名称

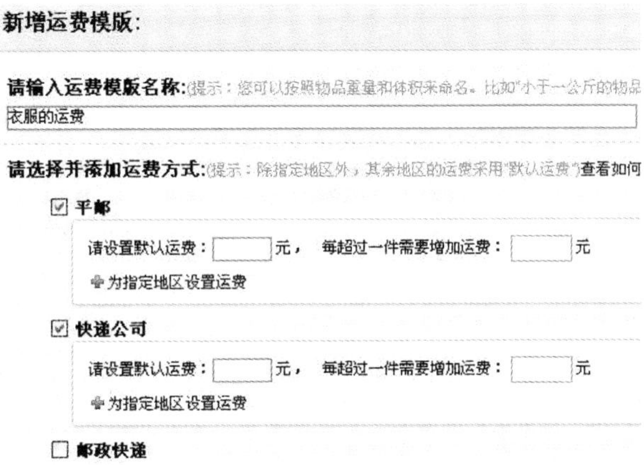

图 4.41　新增运费模板添加运费方式

3）为选择的运送方式设置具体的运费。

设置默认运费。除了特别指定地区的运费之外都将使用这个运费。"每超过一件需要增加运费"指的是如果买家购买了 2 件商品,第一件商品按照默认运费收取,另一件商品的运费则是卖家设置的这个运费。卖家也可以不设置这个值,表示每多一件商品仍按照默认运费收取,如图 4.42 所示。

设置指定地区的运费。单击"为指定地区设置运费"按钮,系统会弹出一个包含地区信息的提示框。

只需要在此勾选指定的地区,单击左下角"确定"按钮,这样运费就可以应用到指定地区了,如图 4.43 所示。

4）为运费模板添加一个特别说明。

注意

这个特别说明买家是看不到的!可以设置发货时间、到货时间及快递公司网址等内容,细致的说明有助于减少交易纠纷。

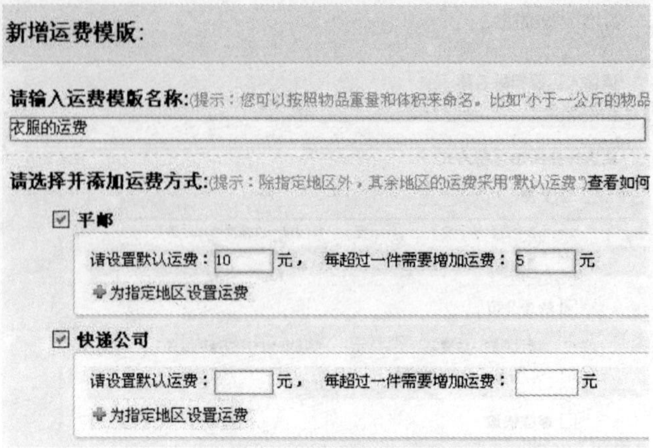

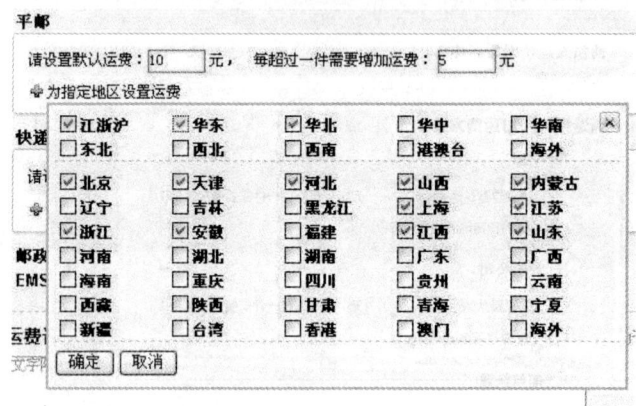

图 4.42　新增运费模板超数量运费增加额

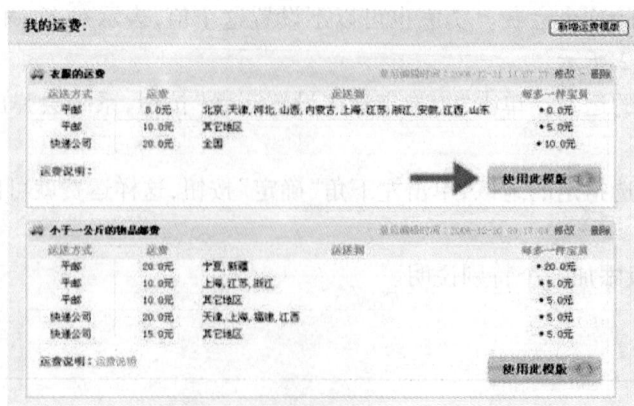

图 4.43　指定地区设置运费

5）运费模板添加好了，单击"保存并返回"按钮，并把这个运费模板应用到选择的宝贝上，如图 4.44 所示。

图 4.44　预览"我的运费"模板

五、国际物流

1. 五大快递

五大快递即 EMS(CNPL)、DHL、UPS、FEDEX、TNT5 家传统跨国物流。针对不同的客户群体,如国家地域、货物重量、体积大小,可以选用不同的渠道进行货物递送。总体上来说,除 EMS(CNPL)的递送时效不太稳定外,其他四大递送渠道时效性上都有所保证,并且丢包率低。但是此类递送渠道的物流运费是比较高的,即使是企业账号能够拿到很好的折扣价,价格也比其他类型的物流方式高出很多。举个例子,2.5kg 的包裹递送到德国,市面上最低的价格根据递送方式的不同大约在 180~265 元人民币之间,快递的渠道对于产品要求高,仿牌、含电、特殊类产品基本上不能递送,这也导致快递渠道目前只占很小的一部分市场份额。价格始终是四大快递开拓跨境电商市场的绊脚石!

2. 邮政小包

邮政小包主要是通过万国邮联体系(EMS)出口的货物,运用个人邮包形式进行发货。市面上主要使用的有中国邮政小包、新加坡邮政小包、德国邮政、斐济邮政、瑞士邮政、荷兰邮政、英皇邮政、比利时邮政、马来西亚邮政等。邮政小包的优点是价格便宜、清关方便。但是这两个优点也慢慢的在各国清关政策收紧下变得不那么突出了。举个例子,原有的中国邮政小包,每公斤价格在 50 元人民币,现在价格大约在 90 元人民币,比原有的价格涨了 1 倍;同时小包的清关含电、粉沫、液体等特殊产品正常渠道下已经是不可能通过了,被检出就是整包退回,有些就直接扣下。这种损失对于跨境电商来说都是承受不起的。

3. 海外仓

海外仓是结合电商特点,在专线物流方式上的延伸,同时还能提供海外的快速递送专业渠道,精准的海外库存管理,灵活的销售策略及决策支持,提高客户体验度的解决方案。海外仓的头程运费加上海外递送运费单件产品的成本低于邮政小包的成本;同时海外仓由于是从海外库房发货,而海外本地的递送渠道一般情况下只需要 1~3 天就能到达,同时物流成本也相对较低,电商用户可以使用很低的物流渠道价格享受到高速的物流。对于跨境电商的客户来说,下完订单先等半个月,和海外仓 3 天到货的体验,正常购买的客户都会选择后者。

海外仓的优势在于本土化运作和本土化营销,造成本地发货的假象。很大程度提高了买家的满意度,唯一缺点就是库存压力大,导致资金周转不便。

4. 专线速递

专线速递是市面上一种针对某个指定国家的一种专线递送方式,它的特点是货物送达时间基本固定。一般欧洲 5~6 个工作日,运输费用较传统国际快递便宜,同时保证清关便利。专线快递对于针对某一国家或者地区的跨境电商来说是比较好的物流解决方案。专线物流由于国内线路可以控制在物流公司手中,因此能够保证时效,但货物到国外以后如果使用的还是邮政小包,同时货物头程到达城市离客户地址较远的话,也会出现递送延迟。专线物流的服务不如快递物流的服务,如客户退货,国内 DHL 账号退回国内是免运费的,普通专线物流基本上没有这样的服务,有做得较大的有这样的服务,但整个服务的线条还不是很健全。

整体来说,对跨境电商而言,专线快递比传统快递物流较有优势,同时时效也算不错,但局限于地域,如果电商只做某地市场,同时清关方面也有一定要求,专线物流是不错的选择。

5. 虚拟海外仓

采用大包清关到境外进行拆包派送,优点是使用了空运的物流方式,速度快(采用DDP),清关较顺利。如果国外有贸易公司配合清关则可以在更大程度上降低清关成本(针对起征点低的国家),清完关后进行拆包配送,出现目的国当地的发货信息。

6. 中欧铁路多国联运模式

"渝新欧专线"联运模式不仅能为传统贸易提供高性价比的服务,还为广大跨境电商缩短中国到欧洲的距离和成本。"渝新欧"是重庆至欧洲国际铁路大通道,利用南线欧亚大陆桥这条国际铁路通道,从重庆出发,经西安、兰州、乌鲁木齐,向西过北疆铁路,到达边境口岸阿拉山口,进入哈萨克斯坦,再经俄罗斯、白俄罗斯、波兰,至德国的杜伊斯堡,全长11179公里。这是一条由沿途6个国家铁路、海关部门共同协调建立的铁路运输通道。这条线路有个缺点就是,到了冬季,遇到换火车头就会有时间方面的延误,还会有丢货风险。

任务四　网店争议处理

有交易就难免出现交易纠纷。一旦遇到交易纠纷,卖家可以与买家自行协商解决,或要求淘宝介入处理,或通过司法途径等其他方式解决。要求淘宝介入帮助处理时,无论哪一方选择要求淘宝介入帮助解决交易纠纷,等同于双方都授权淘宝作为独立的第三方,基于淘宝自己的判断及争议处理的原则,对买卖双方存在争议的交易款项归属或资金赔偿作出处理,且此授权不可撤销,因此卖家和买家需谨慎申请。

一、淘宝争议处理

1. 淘宝争议处理构成

淘宝争议处理包括售中争议处理和售后争议处理两种。

售中争议处理指交易完结(淘宝系统显示"交易成功"或"交易关闭"时的状态)前买卖双方提起交易保障要求,淘宝根据相关要求对交易款项归属作出处理的基本程序与标准。

售后争议处理指交易完结后买卖双方提起交易保障要求,淘宝根据相关要求对交易赔偿作出处理的基本程序与标准。

2. 淘宝争议处理的基本原则

符合《消费者保障服务协议》或《天猫消费者保障协议》约定条件的买家在交易成功后提起的未收到货、商品描述不符、商品存在质量问题、卖家未履行售后服务或特色服务的保障要求的,处理原则与售中争议处理原则基本一致。《消费者保障服务协议》或《天猫消费者保障协议》中有特别规定的除外。

淘宝对争议作出处理后,不免除买卖双方基于与淘宝签署的其他协议、规则应当承担的责任。若卖家在争议中存在违规行为,如出售假冒商品,淘宝会依据相关规定对卖家进行处罚。

（1）关于淘宝处理争议的申请条件

淘宝处理争议的申请条件如表4.1所示。

表4.1 淘宝处理争议的申请条件

争议类型	争议原因	申请淘宝处理争议条件
售中争议	未收到商品	在付款后,确认收货前或在淘宝系统提示的超时打款的时限内提出退款申请
	商品表面不一致	
	商品与描述不符	
	商品存在质量问题	
售后争议	假冒商品	在交易成功后的90日内提出退款申请
	虚拟物品未收到货	在交易成功后的15日内提出退款申请,虚拟物品使用期限短于该期限的,买家应当在虚拟物品的使用期限内提出退款申请
	描述不符	在交易成功后的15日内提出退款申请
	享受"三包规定"保障的商品产生的保障范围内的争议	在交易成功后的90日内提出售后申请
	类目对售后争议处理的受理有特殊规定的	依照类目的特殊规定

（2）关于淘宝处理争议的受理范围

淘宝处理争议的受理范围如表4.2所示。

表4.2 淘宝处理争议的受理范围

情　　形	淘　　宝
符合淘宝处理争议的申请条件的	受理
买卖双方经自行协商达成退款协议但尚未履行,一方或双方反悔,要求淘宝介入	受理
买家超出规定时限提出退款申请的	不受理
卖家向买家提示使用平信方式的风险后,买家仍要求使用平信方式发货,由此产生的争议	不处理
运费由买家承担的情况下,约定运费低于实际发生的运费的,不足部由买卖双方自行协商或通过其他途径解决	不处理
货到付款交易产生的运费争议	不处理
买卖双方经自行协商达成退款协议并履行完毕,一方或双方反悔产生争议的	不处理
交易做不退货退款处理后,卖家需要取回商品的	不处理（应当联系买家自行协商或通过其他途径解决）
《消费者保障服务协议》或《天猫消费者保障协议》未签署或已终止的卖家与买家间的售后争议	不处理
买卖双方实际交易商品与订单显示商品不一致,因实际交易商品产生的争议	不处理
淘宝驳回买家退款要求后,买家再次申请	不处理
因商品存在危及人身财产安全的不合理危险,导致买家损失的	不处理（由买卖双方另行协商或通过其他途径解决）

(续表)

情 形	淘 宝
向买家交付的虚拟物品多于约定数量,卖家需要取回商品的	不处理 (应当自行联系买家解决)
虚拟物品的交易做退款处理的,买家无需退货;卖家如需取回虚拟物品的	不处理 (自行联系买家解决)
卖家未在规定时间内提供退货地址,或者提供退货地址错误导致买家无法退货或操作退回商品后无法送达的;或者买家根据协议约定操作退货后,卖家无正当理由拒绝签收商品的,交易做退款处理,退货运费由卖家承担;卖家需要取回商品的	不处理 (应当与买家另行协商或通过其他途径解决)
买家逾期未根据协议约定或淘宝规定时间操作退货的,交易做打款处理。 交易款项支付给卖家后,买家再次要求退货的	不处理 (应当与卖家另行协商或通过其他途径解决)
交易款项或保证金支付后,根据处理结果仍需卖家(或买家)承担责任的	不处理 (由买卖双方自行协商或通过其他途径解决)

(3) 关于淘宝处理争议的举证

争议处理过程中,淘宝有权要求卖家或买家提供证明证据,且有权单方判断证据的有效性。

① 凭证类型:针对淘宝受理的各类型争议所需提供的全部证明文件,以淘宝要求的内容为准。

② 凭证要求:卖家需要对凭证的真实性、完整性、准确性和及时性负责,并承担违背此要求带来的后果。

③ 凭证通知:淘宝处理争议期间,会通过淘宝系统、阿里旺旺、电子邮件、短信或电话等方式向买卖双方发送与争议处理相关的提示或通知。

(4) 关于淘宝处理争议的中止和恢复

一般情况下,淘宝介入处理争议后卖家需要按照淘宝设定的流程执行,但在两种情况下,淘宝会中止处理卖家和买家之间的争议,如表4.3所示。

表4.3 淘宝中止争议情形

中止情形	中止条件	恢 复
买卖双方一致要求自行协商处理争议	双方应当在提出协商要求后的30天内自行操作交易款项,或向淘宝提供协商结果,由淘宝代为操作	逾期没有操作交易款项也没有向淘宝告知协商结果的,淘宝有权继续按照相关处理原则处理卖家与买家之前的争议
买卖任何一方通知淘宝相应争议将通过司法途径解决	1) 卖家或买家应当在通知淘宝"将通过司法途径解决争议"后的7个工作日内向淘宝提供司法机关的案件受理凭证; 2) 司法机关在受理案件后的6个月内对交易款项做出冻结、划拨等处理结果	如果超过时间未提供案件受理凭证,或司法机关在受理案件后的6个月内未对交易款项做出冻结、划拨等处理,淘宝有权继续按照相关处理原则处理卖家与买家之前的争议

(5) 关于先行垫付

处理争议期间,在特定情况下,淘宝会使用自有资金代替卖家先行退款给买家。交易做出处理后,淘宝有权通知支付宝公司,将交易款项、保证金或买家支付宝账户中与先行垫付金额相当的部分划扣至淘宝账户。

此时,若卖家的保证金余额不足或实际尚未缴纳保证金的,淘宝网将会对卖家进行催缴;经淘宝网催缴后卖家依旧未在14日内缴纳或补足保证金,淘宝网将会对卖家采取店铺屏蔽等临时性市场管控措施,直至足额缴纳为止。

3. 淘宝争议处理的相关原则

这里将淘宝争议处理原则做了以下划分,可根据实际情况进行查看。

- 商品质量问题的争议处理。
- 商品描述不符的争议处理。
- 假冒商品的争议处理。
- 禁限售商品的争议处理。
- 虚拟物品的争议处理。
- 闲置商品的争议处理。
- 代购商品的争议处理。
- 定金商品的争议处理。
- 定制商品的争议处理。
- 运费问题的争议处理。
- 发票和赠品问题的争议处理。
- 发货问题的争议处理。
- 签收问题的争议处理。
- 退换货问题的争议处理。

除以上类型外,淘宝定期或不定期的官方活动规则,对买卖双方争议处理有特殊要求的,按照活动规则的特殊要求进行处理。若遇到买卖双方约定不清,在以上类型中无法找到并确定争议的责任归属的,交易做退货、退款处理,发货运费由卖家承担,退货运费由买家承担。因约定不清导致的其他损失由买卖双方共同承担,承担比例由淘宝根据具体情况判断。

二、商品质量问题的争议处理

商品是交易的基础,质量更是重中之重。为了促进卖家的成交,提高店铺经营收益,卖家需要对自己出售的商品质量承担保证责任,需要保证自己交给买家的商品在合理期限内可以正常使用。例如,商品需要具备商品应当具备的使用性能,符合商品或其包装上注明采用的标准,不能存在危及人身财产安全的不合理危险等。如果卖家的商品属于"三包"(指法律法规规定的三包或淘宝所在地适用的三包)保障范围内,卖家应当按照相关规定给买家提供换货或维修等相应的售后服务。

1. 商品质量问题的处理原则

如果卖家的商品确实存在质量问题,淘宝支持退货、退款,来回运费由卖家承担。如果卖家的商品没有质量问题,淘宝将会把钱款支付给卖家。

如果商品存在危及人身财产安全的不合理危险,导致买家损失的,由买卖双方另行协商或通过其他途径解决,淘宝不予处理。

如果买家在超过投诉期限后向淘宝网提出关于质量问题的投诉,原则上淘宝不再受理,但不能免除卖家应尽的售后服务责任,依旧需要卖家做好相应的售后服务。

2. 商品质量问题的举证

如果买家表示收到的商品存在质量问题,并且该质量问题通过肉眼无法做出判断,卖家应当按照淘宝的要求提供商品的正规进货凭证,如厂家的经销凭证、产品合格证、商业发票等证明文件。闲置商品质量问题的举证有点小差异,可以查看闲置商品的争议处理。

如果买家表示商品存在质量问题,且可以通过肉眼做出判断,淘宝有权根据商品图片直接认定。

3. 商品质量问题的检测

卖家提供了相关证明文件且淘宝判定有效后,买家应当根据淘宝的要求提供相应的检测凭证,同时淘宝会根据检测结果判定谁来支付检测费用,如表4.4所示。

表4.4 检测相关争议费用承担

检　　测	检测费用	检测中商品本身损坏的损失	送检运费
商品存在质量问题	卖家承担	卖家承担	卖家承担
商品不存在质量问题	买家承担	买家承担	买家承担
客观上无法提供检测证明(如代购商品)	相关损失由买卖双方共同承担,承担比例由淘宝根据具体情况判断		

注意:如果买家没有在淘宝要求或使用淘宝推荐的质检服务的前提下自行进行检测,检测费用由买家承担。

4. 商品质量问题相关的运费争议

交易中的运费争议,根据"谁过错,谁承担"的原则处理,但买卖双方协商一致的除外。若淘宝判定商品存在质量问题,则来回运费都需要由卖家承担。

5. 温馨提示

如何避免出现商品质量问题的争议呢?

根据争议处理的原则,若商品确实存在质量问题,则淘宝支持退货、退款。因此请卖家在进货时注意货源,核实供货商是否具备商品的生产或者销售资质;同时发货前也请做好货物的检查,保障自身利益的同时也对对方负责,以免产生不必要的纠纷。

在举证时,卖家需要提供的商品的正规进货凭证具体包括:

① 卖家进货时取得的原始票据,票据上需要有商品名称(货号)、数量、日期,盖有票据专用章;

② 如果卖家是在国外网站进货或代购的,需提供在该网站建立的交易订单,以及该网站向卖家或买家发货的物流单据;

③ 如果卖家是在国外/线下渠道进货或代购的,需提供相应的购物小票。

6. 常见问题

① 如果买家表示商品存在质量问题,卖家该怎么办?

如果买家收到货物后针对商品质量问题向卖家提出了疑义,卖家应积极主动做好售后服务,自行与买家协商解决该争议问题。

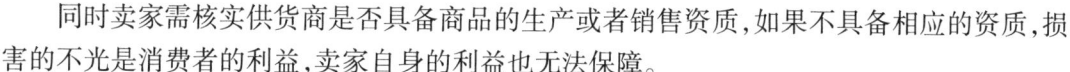

项目四 网上店铺日常运营

同时卖家需核实供货商是否具备商品的生产或者销售资质,如果不具备相应的资质,损害的不光是消费者的利益,卖家自身的利益也无法保障。

若以上两项卖家都没有去做,买家申请了淘宝介入,淘宝会根据买卖双方举证情况来处理。一旦淘宝判定商品确实存在质量问题,淘宝支持买家退货、退款,并且来回运费也需要由卖家承担。

② 如果买家表示商品存在质量问题且肉眼无法判断,淘宝要求卖家举证,由于客观原因卖家没有收到淘宝通知或者提供的凭证淘宝认为无效,淘宝如何处理这笔交易?

由于卖家未及时举证或举证无效,该笔交易淘宝支持退货、退款,来回运费需由卖家承担。因此买家申请淘宝介入处理后,卖家需及时关注淘宝通过淘宝系统、阿里旺旺、电子邮件、短信或电话等方式向买卖双方发送的与争议处理相关的提示或通知。

③ 若买家已使用影响了二次销售再来反馈商品存在质量问题,例如,衣服剪了吊牌后发现长短袖、拼接不整齐等情况,要求退货退款,该如何处理?

质量问题的存在不应该让买家买单,针对质量问题,淘宝的处理原则是退货、退款,运费由卖家承担。因此即便是买家使用后发现了质量问题,淘宝依旧是支持退货、退款的。所以卖家在进货时一定要注意检查商品的品质,保证商品无质量问题,以免产生不必要的纠纷。

④ 商品本身需要符合国家规定的质量合格标准,并按照相关规定由卖家提供售后的要求;但对于一些非标准类的商品没有明确规定质量标准的,如果买家对商品质量有疑义,卖家该怎么办?

对于一些非标准类的商品及没有明确规定质量标准的商品,买家对商品质量有疑义,卖家应积极主动做好售后服务。如果卖家和买家无法协商一致,买家申请了淘宝介入,淘宝会根据相关事实,进行独立判断,并视情况要求卖家提供售后服务。因此卖家可以把售后做在前期,以免买家申请淘宝介入,从而影响到卖家的各项数值指标。

⑤ 质量问题与表面一致问题的区别在哪里?

质量问题侧重收到商品后,发现商品存在品质、性能等问题,例如,衣服出现衣袖长短不一的情况,鞋子存在断根、脱胶等情况。表面一致则侧重签收时商品的表面问题,比如空盒子、少货、破损、变形等情况。

三、商品描述不符的争议处理

买家了解商品详细信息主要依靠商品描述,为了让买家更好地了解商品,卖家应当对出售的商品进行真实、完整的描述。特别应在商品详情页面、店铺页面或阿里旺旺等信息中,对商品的基本属性、成色、瑕疵等必须说明的信息进行描述。

1. 商品描述不符的处理原则

如果买家收到的商品跟卖家的描述不一致,淘宝支持退货、退款,来回运费由卖家承担。

如果交易中买卖双方没有对商品的描述约定清楚(如:双方约定均码,但未约定具体尺寸)。

① 卖家与买家已经达成退款协议,但未对运费进行约定的,需要卖家承担发货运费及与发货相同货运方式的退货运费。

② 卖家与买家未达成退款协议,淘宝介入后也无法确定谁的责任,此时交易作退货、退款处理,发货运费由卖家承担,退货运费由买家承担。

2. 商品描述不符问题的举证

如果买家表示收到的商品跟卖家的描述不一致,且通过照片可以直接看出,淘宝有权根据商品图片直接认定。

如果买家表示收到的商品跟卖家的描述不一致,并且此问题通过肉眼无法做出判断(如材质不符),卖家应当按照淘宝的要求提供相关的证明文件,如厂家的经销凭证、产品合格证、商业发票、检测凭证,以便淘宝核实处理。

3. 商品描述不符相关的运费争议

交易中的运费争议,根据"谁过错,谁承担"的原则处理,但买卖双方协商一致的除外。如果淘宝判定商品存在描述不符,则来回邮费都需要由卖家承担。

4. 温馨提示

如何避免出现商品描述不符的争议呢?

根据争议处理的原则,如果商品存在描述不符的情况,淘宝支持退货、退款。因此卖家在发布商品时,对所出售的商品应进行真实、完整的描述,并且要避免有歧义的描述;同时发货前也请做好货物的检查,避免发错商品产生不必要的纠纷。若还是出现了描述不符的问题,卖家应积极联系买家协商解决,可尝试使用换货或者退货的方式解决争议。

5. 常见问题

① 如果买家表示商品跟卖家的描述不一样,卖家该怎么办?

看看商品描述有没有歧义或错误。

检查发货时有没有发错商品。

如果以上两项卖家都没有去做,买家要求淘宝介入,淘宝会根据买卖双方举证情况来处理。一旦淘宝判定商品确实存在与描述不符的情况,淘宝支持退货、退款,并且来回运费也需要由卖家承担。

② 如果买家表示商品存在描述不符且肉眼无法判断,淘宝要求卖家举证,而卖家由于没有收到淘宝通知或者提供的凭证淘宝认为无效,淘宝如何处理这笔交易?

由于卖家未及时举证或举证无效,淘宝支持退货、退款,来回运费需要由卖家承担。建议卖家今后关注淘宝通过淘宝系统、阿里旺旺、电子邮件、短信或电话等方式向买卖双方发送的与争议处理相关的提示或通知。

③ 买家说商品材质跟卖家描述的不一样,为什么需要卖家来提供进货凭证?

买家反馈的问题通过肉眼无法做出判断的,卖家应当按照淘宝的要求提供商品的正规进货凭证,如厂家的经销凭证、产品合格证、商业发票等证明文件来确认卖家的商品有正规来源。如果卖家提供了正规来源凭证且经淘宝判定凭证有效,淘宝会要求买家来提供检测凭证证明材质不符。

四、假冒商品的争议处理

为净化社会市场环境,维护网络平台的洁净度,淘宝遵循国家法律法规,不允许出售和发布假冒伪劣商品。作为淘宝卖家,交付给买家的商品也应当符合法律法规的相关规定,不得出售假冒商品。若卖家存在此行为,应立即整顿自己的店铺,否则会因为出售假冒商品而被删除,同时卖家的账户也有可能会被扣分、限权甚至被冻结,相应争议也会做退款处理。

1. 假冒商品的处理原则

如果商品属于假冒商品,淘宝支持退款,货物淘宝不予处理。如果卖家能提供有效凭证证明商品并非假冒商品,且买家无有效举证的,交易款项将支付给卖家。

如果买家提出商品为假冒商品,但未提供有效凭证证实,而卖家也无法有效举证的,交易支持退货、退款。

如果商品存在危及人身财产安全的不合理危险,导致买家损失的,由买卖双方另行协商或通过其他途径解决,淘宝不予处理。

2. 假冒商品的举证

如果买家表示收到的商品属于假冒商品,且通过肉眼无法做出判断,卖家应当按照淘宝的要求提供厂家的经销凭证、产品合格证、商业发票等证明文件。

如果买家提供了品牌权利人的假货鉴定证明且淘宝判定凭证真实有效,交易做退款处理。

3. 假冒商品的鉴定

卖家提供了相关证明文件且淘宝判定有效后,买家应当根据淘宝的要求提供品牌权利人的假货鉴定证明,淘宝会根据鉴定结果判定谁来支付鉴定费用,如表4.5所示。

表4.5 根据鉴定结果划分费用承担

权利人鉴定结果	鉴定费用	鉴定中商品本身损坏的损失
商品为假冒商品	卖家承担	卖家承担
商品非假冒商品	买家承担	买家承担

注意

如果买家在没有淘宝要求或使用淘宝推荐的质检服务的前提下自行联系权利人进行真假鉴定,鉴定费用由买家承担。

4. 假冒商品相关的运费争议

交易中的运费争议,根据"谁过错,谁承担"的原则处理。

假冒商品淘宝只判定款项归属,货物问题淘宝不予处理。若卖家需要货物,应自行联系买家取货,来回运费由卖家承担。

买家提出商品为假冒商品,卖家无有效举证证明商品非假冒的:

① 买家有效举证,交易作退款处理,货物淘宝不予处理;

② 买家无有效举证,交易作退货、退款处理,来回运费由卖家承担。

5. 温馨提示

如何避免出现假冒商品的争议呢？

根据争议处理的原则，若商品确实为假冒商品，淘宝支持退款处理，货物淘宝不予处理。因此卖家应在进货时注意货源，核实供货商是否具备商品的生产或者销售资质，通过正规的渠道进货，以免产生不必要的纠纷。

6. 常见问题

① 如果买家表示商品是假冒商品，卖家该怎么办？

买家提出商品是假冒商品后，卖家应积极主动做好售后服务，自行与买家协商解决该争议问题；同时卖家应核实供货商是否具备商品的生产或者销售资质。

若以上两项卖家都没有去做，买家申请了淘宝介入，淘宝会根据买卖双方举证情况来处理。一旦淘宝判定商品为假冒商品，交易操作退款处理，货物淘宝不予处理。同时卖家的商品可能会因为出售假冒商品而被删除，卖家的账户也有可能会被扣分、限权甚至被冻结。

② 若买家已使用影响了二次销售再来反馈商品是假冒商品（如化妆品已被开封使用），要求退货退款，该如何处理？

淘宝明确不允许出售假冒商品，即便商品已被使用，交易淘宝依然支持退款处理，货物问题淘宝不予处理，需要卖家自行与买家协商取回货物。

如果卖家的商品支持"假一赔三"，买家因为商品为假冒商品要求淘宝介入并提出了相关赔偿要求，淘宝网会如何处理？

淘宝网会根据"假一赔三服务协议"的相关条款进行处理。首先卖家应当按照淘宝的要求提供厂家的经销凭证、产品合格证、商业发票等证明文件。若卖家提供凭证无效或未举证，淘宝将按如下原则处理。

① 买家提供了权利人的鉴定证明，证明商品为假冒商品，淘宝网在核实凭证的真实有效性后，支持假一赔三。

② 买家举证无效或未举证，淘宝驳回买家"假一赔三"的赔偿要求，但淘宝支持退货、退款，来回运费由卖家承担。

五、禁限售商品的争议处理

商品是交易的基础，为维护淘宝网类目商品正常运营秩序，保障卖家的合法权益，卖家需要对自己出售的商品承担保证责任，需要保证自己发布的商品符合国家法律法规规定，符合淘宝平台管理要求，不得出售国家法律法规禁止出售，或根据淘宝平台管理要求禁止出售的商品。如果卖家发现店铺商品涉嫌违禁，请及时下架；若产生交易纠纷，请及时联系买家退款处理。否则卖家的商品有可能会被删除，账户有可能被扣分甚至作冻结处理。

1. 禁限售商品的处理原则

如果卖家出售的商品违反国家法律法规规定，或违反《淘宝规则》《禁限售商品管理》等相关规定，属于禁止或限制出售的商品，产生交易纠纷的，交易淘宝将作撤销处理，钱款退还买家，而货物需卖家自行联系买家退回，淘宝不予受理。

以下几类商品若出现纠纷,则按照具体交易情况进行处理,但卖家发布的禁限售商品可能会被删除,卖家的账户有可能被扣分甚至冻结,请卖家注意。

(1) 平台卡商品其所属平台未经淘宝网备案的

① 若平台已停止经营,相应交易做撤销处理,交易款项支付给买家。

② 若买家付款时平台未停止经营,相关纠纷将按照交易的实际情况进行处理。例如,平台正常经营,买家被第三方诈骗或者反馈未收到货的,卖家需提供正规进货凭证、授权凭证及商品使用情况的凭证,以便淘宝根据凭证进行处理。

(2) 慢充卡等实际无法在72小时内到账的虚拟商品

① 买家反馈未收到货而卖家实际已发货且已充值到账的。在此情形下需要买卖双方共同举证,卖家需要先提供充值成功的凭证给淘宝。若凭证无效,交易作退款买家处理;若举证有效,淘宝将要求买家提供卖家充值未到账的凭证,若买家凭证无效,交易打款处理,反之,则退款处理。

② 买家反馈未收到货而卖家实际已发货但未反馈充值结果。在此情形下若卖家已发货但无有效凭证证实商品已充值到账,交易作退款买家处理。

③ 买家反馈由于卖家未发货申请了退款但之后卖家强行发货的。在此情形下淘宝会需核实买家首次申请退款时间及卖家提交充值的时间,若买家申请退款时间在前,交易退款处理,反之,交易做打款处理。

2. 温馨提示

如何避免出现禁限售商品的争议呢?

卖家不要发布此类商品,若因账户被盗导致了此类纠纷,请卖家自行联系买家协商处理,以免产生不必要的误会。

3. 常见问题

① 卖家不知道商品是禁限售的,后来才知道但是已经发货了,该怎么办?

卖家应先核实商品是否属于上述特殊类目商品,若是,则按照交易实际情况处理,卖家应积极按照淘宝处理原则,配合举证,联系买家协商解决。

若卖家出售的商品不是上述特殊类目商品,交易淘宝将做退款处理,货物请卖家自行联系买家退回。

② 卖家确实出售香烟(禁售品)了,但在建立交易时买家知道且主动要求购买,发货给买家后买家表示商品是禁售品,要求不退货退款,卖家该怎么办?

淘宝介入后将根据交易商品、买卖双方举证及买家行为维度等各方面进行审核,若买家确实存在恶意行为,交易支持退货退款,同时卖家和买家都有可能被处罚,因此不要出售淘宝禁止或限制出售的商品,以便保障自身权益。

六、虚拟物品的争议处理

虚拟物品是一种新生事物,发展迅猛,所以不可避免地存在着很多问题。为了更好地规范市场,促进成交,提高店铺经营收益,卖家需要对自己出售的商品承担相应的保障责任。应当确保其交付给买家的虚拟物品符合约定的使用目的和期限,并按照订单约定的数量向买家交付虚拟物品。卖家出售的商品即便买家已确认收货,也不能免除卖家应尽的售后服务责任,依旧需要卖家做好相应的售后服务。

1. 虚拟物品的处理原则

虚拟物品的交易做退款处理的,买家无需退货。卖家如果需取回虚拟物品,应当自行联系买家解决,淘宝不予处理。如果虚拟物品存在危及人身财产安全的不合理危险,导致买家损失,由买卖双方另行协商或通过其他途径解决,淘宝不予处理。如果虚拟物品属于禁限售商品,争议的处理请查看禁限售商品的争议处理篇。

(1) 发货时间

如果卖家未在约定时间内为买家发货,淘宝支持退款处理;如果卖家按照约定时间为买家发货,淘宝将会把钱款支付给卖家。在卖家未发货的情况下,如果买家因为未收到货已申请退款,卖家应及时退款给买家或征求买家意愿是否需要发货;如未征得买家同意的情况下强行为买家发货,交易款项支持退款买家处理。

(2) 发货数量

① 卖家需要按照订单中约定的数量进行发货,如果卖家向买家交付的虚拟物品数量不足,淘宝将按实际交付比例部分做退款或者退货、退款处理。

② 如果卖家发货的数量多于约定数量,卖家应当自行联系买家解决,淘宝不予处理。

(3) 发货方式

以"自动发货"方式交易的虚拟物品,买家在淘宝系统内点击"查看卡密"之前申请退款的,淘宝支持退款买家处理。因此淘宝建议卖家自行备份卡密,若因卖家未备份卡密产生交易纠纷,风险由卖家承担。

(4) 收货

① 卖家应按照买家给予的充值账户进行充值,或按订单中买家填写的充值账户进行充值。如卖家自行充值到他人账户,淘宝支持退款买家处理。

② 如果卖家交付给买家的虚拟物品无法达到约定的使用期限,淘宝将根据实际可使用期限做部分退款处理。

③ 如果卖家交付给买家的虚拟物品无法达到约定的使用目的,淘宝支持退款处理。

2. 虚拟物品的举证

买卖双方应当按照淘宝的要求提供相关官方网站的查询记录或者相关单位的书面证明进行举证。

① 如果买家表示未收到商品或少收到商品,卖家应当按照淘宝的要求提供已为买家发货的有效官方凭证。如果卖家无有效凭证证明已发货或发全货物,交易款项退还或部分退还买家。

有效官方凭证指的是买卖双方之间有效的阿里旺旺聊天凭证、游戏运营商或话费运营商官方充值凭证、游戏运营商官方回复凭证等。特别注意:其余凭证如QQ聊天记录,YY聊天记录等无法核实双方信息的凭证无效。

卖家提供了相关官方凭证证明已发货且淘宝判定有效后,买家应当根据淘宝的要求提供相应未收到货的官方有效凭证。淘宝会根据双方凭证判定交易款项的归属。

② 如果买卖双方都无法提供有效凭证证明货物当前状态是否可用或在何处(如游戏账

号,买家卖家无法证明账户目前状态属于谁的时候),相关损失由买卖双方共同承担,承担比例由淘宝根据具体情况判断。

③ 如果买家表示商品存在描述不符或质量问题,且可以通过肉眼作出判断,淘宝有权根据商品图片直接认定。

3. 温馨提示

如何避免出现虚拟物品未收到货的争议呢?

根据争议处理的原则,如果卖家未发货或发货失败,则淘宝支持退款。因此卖家应及时关注后台充值状态,核实供货商是否充值成功;同时发货前也请查看买家是否已申请退款,如买家已退款,无须继续为买家充值,以免产生不必要的纠纷。

在举证时,卖家需要提供的充值成功的凭证包括如下内容:

① 买家的充值账户;

② 充值状态;

③ 充值的时间。

4. 常见问题

① 卖家已经给买家充值了,但买家还是表示未收到货物,卖家该怎么办?

应积极主动做好售后服务,自行与买家协商,主动向买家提供已充值的官方凭证,解决该问题。

若卖家未联系买家处理该争议或与买家无法协商解决该争议,一旦买家申请淘宝介入处理,淘宝会根据买卖双方举证情况来判定。若淘宝判定卖家未发送货物给买家,则交易支持退款,同时也有可能依据违背发货时间承诺给卖家的账户进行相应扣分及对买家进行赔偿。

② 如果买家表示未收到商品,淘宝要求卖家举证,而卖家由于客观原因没有收到淘宝通知或者提供的凭证淘宝认为无效,淘宝如何处理这笔交易?

由于卖家未及时举证或举证无效,该笔交易淘宝支持退款,因此买家申请淘宝介入处理后,卖家需及时关注淘宝通过淘宝系统、阿里旺旺、电子邮件、短信或电话等方式向买卖双方发送的与争议处理相关的提示或通知。

③ 买家表示未收到货物,而卖家已经发货了,同时卖家和买家都举证了,淘宝会怎么处理?

淘宝会根据双方凭证核实处理,优先以买家提供的凭证为准。如果双方都无法提供有效凭证证明货物当前状态是否可用或在何处(如游戏账号,买家卖家无法证明账户目前状态属于谁的时候),相关损失由买卖双方共同承担,承担比例由淘宝根据具体情况判断。

七、闲置商品的争议处理

1. 闲置商品的定义

闲置商品指通过闲鱼客户端或闲置市场 2.taobao.com 发布的商品,通常是个人持有,自用或从未使用的闲置物品。

2. 闲置商品的争议处理原则

对闲置商品的争议处理,淘宝依据买卖双方约定、页面描述及举证情况,参考买卖双方过往的交易行为进行判定。

因无约定或双方约定不清无法判定责任方的,由双方共同承担责任,具体承担方式由淘宝根据具体的实际情况进行判断并协调。如发生退货、退款,由卖家承担发货运费,买家承担退货运费(卖家责任的除外)。

3. 闲置商品的争议处理情形

① 因卖家未履行交易约定而产生的争议事项,淘宝支持退货、退款处理。因买家未履行交易约定而产生的争议事项,如平台判断属买家责任,淘宝支持打款给卖家。

② 因交易双方约定不清或交易约定事项无法举证而导致的损失,由交易双方共同承担,具体承担比例将根据具体情况判断。

③ 买家签收商品时需对商品进行验货,买家在确认收货前或在《淘宝网超时说明》超时打款时限前如对交易有疑问,建议先积极与卖家协商处理,协商无法达成一致的,买家可申请退款或淘宝客服介入;选择见面交易的,买家需当面验货。当面收货原则上表示买家对货物无异议,交易成功后,不支持售后维权。

④ 运费争议:交易若发生退货退款,由卖家承担发货运费,买家承担退货运费(卖家责任的除外),不支持在双方未达成一致的情况下,使用邮费到付,双方另有其他约定的除外。

4. 闲置商品的举证

买卖双方对于交易过程中的异议,均有提供完整、清晰、有效证据的义务。淘宝可单方面判断证据的效力,交易双方自行对证据的真实性、完整性、准确性和及时性负责。

证据是指能如实反映买卖双方真实的交易过程和交易物品描述情况的有效凭证及参考凭证。

有效凭证包括但不限于宝贝商品描述、闲鱼沟通工具的聊天记录、阿里旺旺聊天记录。

参考凭证包括但不限于其他截图、拍照证据,如 QQ 聊天记录、手机短信、图片等。参考凭证因其唯一性、可验证性存在风险,为保障交易双方的权益,平台保留置信评判的权利。

5. 闲置商品的争议情形举例

闲置商品的争议举例如表 4.6 所示。

表 4.6　闲置商品的争议举例

争议范围	争议点细则				
	卖家义务	买家义务	处理方式	淘宝受理时限	相关费用
瑕疵未披露	闲置卖家应当对宝贝详情、瑕疵异常进行详细真实的细节披露。披露范围可参考但不限于划痕、掉漆、掉皮、生锈、污渍、起球、损伤、残缺、开裂等	收货人签收商品时,应当对商品进行验货。 1) 涉及商品表面一致的事项,收货人应当在签收商品时进行验货。 2) 对于不能在签收商品时验收的事项,收货人应当在确认收货前或在《淘宝网超时说明》超时打款时限内进行验收。 收货人签收商品后,商品毁损、灭失的风险由买家承担	商品存在瑕疵且卖家未披露的,支持退货退款	确认收货前或在《淘宝网超时说明》超时打款时限内(交易成功后,不在受理范围)	交易金额以外的费用,由客服根据情况进行判定(费用以实际发生的为准)

(续表)

争议范围	争议点细则				
	卖家义务	买家义务	处理方式	淘宝受理时限	相关费用
质量问题	闲置卖家应在宝贝描述页面说明商品是否存在发票。如未说明,买家主张收到的商品存在质量问题或系假冒商品且通过肉眼无法做出判断的,卖家应配合提供购物小票等能证实商品有效性的凭证	买家对商品质量问题提出疑义前,卖家已经表明没有发票或无法提供有效的购物小票等能证明商品有效性凭证的,则需要买家提供商品质量问题的凭证	商品存在质量问题的,支持退货退款	确认收货前或在《淘宝网超时说明》超时打款时限内(交易成功后,不在受理范围)	交易金额以外的费用,由客服根据情况进行判定(费用以实际发生的为准)
维修史、性能故障未披露	闲置卖家应当对宝贝的维修记录、商品使用性能进行详细真实的描述。若未进行说明,买家收到商品表示功能故障或描述不符时,卖家有举证的义务	买家对商品提出维修史,性能故障等疑义前,卖家已经表明没有发票或无法提供有效的购物小票等能证明商品有效性凭证的,则需要买家提供商品存在维修史,性能故障的凭证	商品有维修史或功能故障,且卖家未披露,支持退货退款	确认收货前或在《淘宝网超时说明》超时打款时限内(交易成功后,不在受理范围)	交易金额以外的费用,由客服根据情况进行判定(费用以实际发生的为准)

八、代购商品的争议处理

代购本身是一种服务,指的是卖家接受买家的委托,在海外及港澳台代为购买指定商品(该商品非现货)的服务。非现货即海外代购,是指商品实际始发地为境外区域,且物流走件记录需在买家拍下付款后。

若卖家出售的商品确实为代购商品,则在发布代购信息时,应当按照商品发布规范对所代购的商品进行描述,并对自身和厂家对代购商品的售后服务政策、代购涉及的代理费、运费等进行完整的描述。若卖家提供的代购商品的售后服务政策低于厂家,应当向买家说明并取得买家的同意。同时如果卖家出售的代购商品运输需要经过海关,应确保代购商品符合相关海关法律法规的规定,并应对通关手续和可能发布的其他通关费用等事项进行描述。

由于代购是服务,大部分争议的处理需要根据买卖双方交易约定情况来进行判定,所以卖家和买家在代购之前需要清晰、详细地约定交易细则和相关费用,以免后续产生不必要的纠纷。

1. 代购商品争议的处理原则

若卖家出售的商品属于代购商品,淘宝将依据买卖双方交易约定的情况来进行处理。若不符合代购服务商品要求,则该交易不视为代购服务交易,相应争议淘宝将按照一般商品进行处理。代购商品争议的处理方法如表4.7所示。

表4.7　代购商品争议的处理办法

争议原因	卖家/买家要做的事	争议处理原则
代购涉及的7天无理由退货服务	卖家提供的代购服务,不支持7天无理由退货服务	卖家若无法证明商品属于代购服务的,交易支持7天无理由退货服务
代购涉及的代理费、运费等	卖家需要在商品详情页或阿里旺旺中详细说明代购可能涉及的代理费、运费等费用,并取得买家的同意	卖家没有明确说明且未与买家确认一致,导致买家拒收或产生争议的,交易退款买家
代购商品的售后问题	卖家应当按照商品发布规范对所代购的商品进行描述,并对自身和厂家对代购商品的售后服务政策、代购涉及的代理费、运费等进行完整地描述。卖家所提供的售后服务政策低于厂家的,应当向买家说明并取得买家的同意	卖家未对自身和厂家所提供的代购商品的售后服务政策进行说明,或者所提供的售后服务政策低于厂家但未取得买家同意,导致商品无法享受售后服务的,交易做退货退款处理
代购商品需要过海关	代购商品运输需要经过海关的,卖家应确保代购商品符合相关海关法律法规的规定	代购商品违反法律法规的规定,导致商品被海关没收、扣押或采取其他强制措施导致买家无法收到货物,交易退款买家处理
通关手续和可能发生的其他通关费用等	代购商品运输需要经过海关的,卖家应对通关手续和可能发生的其他通关费用等事项进行描述	卖家没有对通关手续和其他通关费用等事项进行描述的,由卖家负责办理通关手续并承担相应费用。因卖家怠于或拒绝办理通关手续,由此可能产生的通关滞货费用(如额外运费,相应仓储、保管费等)及商品灭失风险均由卖家承担
	通关手续中包含境内法定税费	该境内法定税费由买家承担,双方另有约定的,从其约定
	办理通关手续需要买家协助且事先已与买家说明的,买家应当提供相应协助	因买家怠于或拒绝提供协助导致商品无法办理通关手续的,由此可能产生的通关滞货费用(如额外运费,相应仓储、保管费等)及商品灭失风险均由买家承担

注:其他通关费用是指商品在通关过程中产生的除法定税费外的其他额外费用。例如,当跨境代购商品数量或价值超过海关规定时,可能被排除为个人自用邮寄,而被认定为货物进口,需委托专业报关代理机构方可完成通关手续,此类委托费用即属于"其他通关费用"。

2. 代购商品的举证

① 如果买家提出7天无理由退货服务,卖家需要提供买家付款后的境外物流运输凭证,如无法有效提供,交易将支持7天无理由退货服务处理。

② 如果买家表示收到的商品存在质量问题或跟卖家的描述不一致,且该问题可以通过肉眼做出判断的,淘宝有权根据商品图片直接认定。

③ 如果买家表示商品存在表面并一致问题,并提出商品非本人签收,卖家应当按照淘宝的要求提供买家签收底单或本人委托第三方合法签收的证明或物流/快递公司的公章证明。

④ 如果双方有交易约定,例如,卖家清楚告知买家代购商品的售后服务等信息且征得了买家的同意,卖家需要提供相关阿里旺旺聊天记录,作为凭证证实卖家和买家约定的情况。

3. 代购商品相关的运费争议

① 交易中的运费争议,根据"谁过错,谁承担"的原则处理,但买卖双方协商一致的除外。若淘宝判定交易责任方在卖家,则来回运费都需要由卖家承担。

② 如买家选择7天无理由退货服务,卖家提供的境外物流凭证时间在买家拍下付款前,说明交易非代购服务,交易支持7天无理由退货且买家只需要承担此次交易实际产生的国内物流费用。

4. 温馨提示

在代购商品的争议处理中,淘宝是按照双方约定情况来进行判断处理的,因此建议卖家在代购之前通过商品描述及阿里旺旺与买家对代购细则做清晰完整的约定,如对代购地点、代购到货时间、卖家自身和厂家对代购的售后服务政策、相关代购手续费、运费、通关手续费等进行约定,征得买家同意后,再进行后续的代购操作。同时卖家需保留好购物的凭证,如代购小票、指定网站购物记录、海外直邮发货底单等,避免买家申请争议处理时出现无法举证的情况,从而导致卖家的损失。

5. 常见问题

① 卖家的商品明明是国外代购的,为什么说不是代购呢?

代购本身是一种服务,指的是卖家接受买家的委托,在海外及港澳台代为购买指定商品(该商品为非现货)的服务,并非从海外发货或在海外购买商品就是代购。

② 卖家说了商品是代购的一旦销售不退不换,为什么淘宝最后还支持退货?

请卖家核实出售的商品是否是代购商品,若并非代购商品,则按照一般商品进行处理。若卖家在自己店铺内或商品描述中未作明确的描述,或所明示的责任条款,低于或违反法律法规和《淘宝规则》的规定,则为无效条款。例如,内容为单方面免除卖家的责任,将相关风险转嫁给消费者,或明显有失公平的条款。无效的条款举例:请勿给差评,否则不予售后;本店拒绝差评,不能接受者不要购买;本店只接受换货,如需退货,来回邮费由买家承担。

③ 卖家出售的代购商品,已经在商品详情页写明了"买家可以退货,但是代购费用和运费需要买家承担",为什么最终淘宝处理没有支持卖家?

若卖家出售的商品确实为代购商品,与交易相关的费用(如运费、代购费用等),卖家在商品描述中若自身的代购服务政策低于厂家,卖家需要征得买家的确定。若没有相应约定,卖家单方要求买家承担相关费用,则淘宝不予支持。

④ 买家表示代购的商品有质量问题,或表示商品并非海外代购,卖家该怎么办?

卖家应当按照淘宝的要求进行举证,举证内容为代购小票、买家指定网站购物记录、海外直邮发货底单、以及买卖双方的阿里旺旺聊天记录等,卖家提供上述凭证后,会由淘宝根据举证情况及代购商品的处理原则进行判断。

九、定金商品的争议处理

定金是一种特殊的商品,定金和订金虽然读音一样,却有本质区别。

"定金"是指当事人约定由一方向对方给付的,作为交易担保的一定数额的货币,它属于一种法律上的担保方式,目的在于促使买家履行交易合同,保障卖家交易合同得以实现。签合同时,对定金必须以书面形式进行约定,同时还应约定定金的数额和交付期限。给付定金一方如果不履行债务,无权要求另一方返还定金;接受定金的一方如果不履行债务,需向另一方双倍返还债务。债务人履行债务后,依照约定,定金应抵作价款或者收回。即如果履行了定金交易中的约定,这个钱款有两种处理方式:可以抵作交易商品的交易金额买家只需要将余款付清;买家可以全额支付交易钱款,定金做退款处理。

至于"订金",目前我国法律没有明确规定,它不具备定金所具有的担保性质,可视为"预付款",当合同不能履行时,除不可抗力外,应根据双方当事人的过错承担违约责任。

定金交易是指需要买家预先支付部分款项的交易,买卖双方应当具体约定该部分款项的支付和返还条件。

定金商品约定的形式有两种:一种是卖家的商品页面的描述,另一种是卖家与买家在阿里旺旺上的约定。如果两者都有约定但存在冲突,以利于买家的约定为准。

1. 定金商品的处理原则

若卖家仅以"定金""订金""预付款"等字样进行描述,但未与买家明确约定具体支付和返还条件的,相应争议淘宝将按照一般商品进行处理。也就是说若买家未收到货,则淘宝支持退款买家处理。

如果卖家和买家已经有明确且有效的约定,因卖家或供货商的原因无法按照约定交货给买家时,定金需全额退款买家并额外补偿买家一倍的定金。如果卖家未按照约定将额外补偿的钱款给予买家,淘宝可能对卖家的账户进行相应处罚。

如果卖家履行了约定,而买家没有履行约定,淘宝将会把钱款支付给卖家。

天猫预售频道商品以其规范的规定为准,规范无规定的,按照本规定处理。

2. 定金商品的举证

如果卖家已与买家按照定金交易要求,清晰约定了定金支付与返还条件,后续买家违约的,卖家可以提供阿里旺旺聊天举证号,证明当时交易双方有过明确有效的约定且由于买家违约导致交易无法继续。

3. 温馨提示

若卖家发布的商品约定了定金,卖家须在交易前与买家积极做好沟通,进行有效约定,并注意保留好相应的阿里旺旺聊天记录凭证。如遇到问题请及时联系买家协商处理。

有效的约定指的是卖家通过宝贝详情页描述或者阿里旺旺与买家约定定金的数额和交付期限,并需要在约定中明示如果买家不履行约定,无权要求另一方返还定金;如果卖家不履行约定,需向买家双倍返还定金。买家履行约定后,卖家依照约定,将定金抵作价款或者收回。

例如,若卖家在宝贝详情页面进行描述,需要按照如下内容进行说明。

① 定金不可退的情况:商品一旦预定会按照预定数量到厂家下单,到货前若买家因自身原因放弃预定该商品,定金不可退回。

② 定金可退的情况:预定商品不能保证100%的成功,商品不是我们生产的,被砍单也在所难免,但我们会尽力满足大家的需要,如遇到砍单,定金一律双倍返还或可以转定其他的商品。

③ 关于到货时间:预定时的到货日期是按照官方预计,具体出货日期以官方为准,具体出货日期以后续官方发布的为准。预定的商品若因天气和海关等不可抗力导致延迟到货,

请耐心等待,定金不能因此退回。

④ 补款发货:商品到货后我们会及时做好补款链接给您留言,请您在 7 日补款,若有需要延迟补款请在此时间内联系本店,否则您预定的宝贝只能出售给别人,定金也无法退回。

4. 常见问题

卖家在淘宝网出售一个约定定金的商品,买家购买后卖家没有告诉买家发货的准确时间,只说了一个大概的时间,买家当时也没细问,现在买家要求卖家发货但卖家没有货物,卖家该怎么办?

若卖家的商品是约定定金商品,则卖家需要与买家清晰约定定金支付与返还条件,如超过多长时间还是没有发货的话可以双倍退回定金。如果买卖双方没有约定超过多久时间可以退款的话,卖家需在买家首次催促发货后的 72 小时内进行发货,如无法在该时间内发货的,交易支持退款。如果卖家出售的是天猫的预售商品,则按照天猫预售频道的规则要求处理。

十、定制商品的争议处理

定制指的是商业行为中顾客对服务商提供的服务进行挑选,在符合成本最低的情况下达成目标。通常意义上的定制商品是指买家介入产品的生产过程,将指定的图案、文字等印刷或制作到指定的产品上,从而获得自己定制的个人属性强烈的商品。

卖家与买家进行定制商品交易时,卖家应当与买家明确约定好商品的交付时间、交付标准等,以免产生不必要的纠纷。

1. 定制商品争议的处理原则

卖家出售的商品属于定制商品的,淘宝将根据买卖双方在交易前的约定情况来处理相应争议,定制商品不支持"七天无理由退货",卖家自行设定了退货承诺的除外。

(1) 已有清晰约定

若该商品存在描述不符、质量问题等情况,按照相应处理原则进行处理。买卖双方约定的商品交付时间届满前,买家不得要求退款,但卖家明确表明不履行定制合同的除外。

买家无正当理由拒绝签收定制商品的,应当承担卖家因此产生的损失,具体标准由淘宝根据实际情况判断。

(2) 约定不清或无约定

若卖家与买家未约定具体交付时间,卖家应当在买家首次要求交付后的 72 小时内进行发货;若卖家未在与买家约定的交付时间内发货,淘宝支持退款买家。

若卖家未与买家约定交付标准导致产生纠纷的,淘宝按照买卖双方约定不清进行处理,交易做退货退款处理,发货运费由卖家承担,退货运费由买家承担。因约定不清导致的其他损失由买卖双方共同承担,承担比例由淘宝根据具体情况判断。

若卖家与买家已约定了交付标准,但该标准不清晰,存在冲突,且卖家未与买家进行确认的,淘宝支持退货、退款,来回运费由卖家承担。

若卖家与买家已约定具体交付标准,但买家在卖家开始制作后提出新的需求(该新需求之前并未约定,同时该新需求将会导致商品的组成、功能、属性等发生改变),从而导致争议的,淘宝将根据买卖双方举证情况,按照"谁过错,谁承担"原则进行处理。

2. 定制商品的举证

如果买家表示收到的定制商品存在"质量问题"或与"描述不符",卖家应按照对应争议处理中相关举证要求进行举证。

如果买家表示收到的定制商品与之前约定存在不一致,卖家需要根据淘宝要求就买家的争议点提供相应阿里旺旺聊天记录截图或阿里旺旺聊天记录举证号。

3. 定制商品相关的运费争议

定制商品交易中的运费争议,根据"谁过错,谁承担"的原则处理,买卖双方协商一致的除外。若淘宝判定商品存在描述不符、质量问题或卖家未有效完成与买家之前的约定,则来回运费都需要由卖家承担;若存在约定不清的情况,则来回运费由双方各自承担。

4. 温馨提示

如何避免出现定制商品的争议呢?

根据定制商品的特性,争议类型多为描述不符、违背承诺、约定不清等。因此,卖家在约定时,一定要与买家明确约定交易的细节(如图案、材质、尺寸、工艺、发货时间、交付时间等);同时卖家在制作时需要严格控制制作进度、工艺等环节。若有卖家确实无法做到或无法保证的事项(比如物流送货到达时间等),需与买家在交易前明确说明,以免出现不必要的纠纷。购买前的约定记录如图4.45所示。

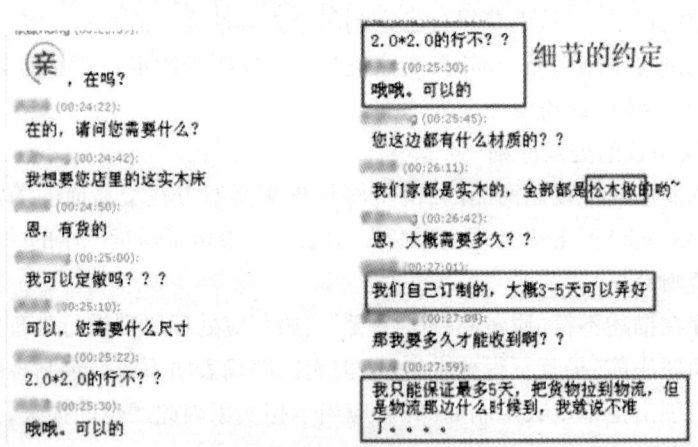

图4.45 购买前的约定记录

5. 常见问题

① 如果买家表示定制商品存在描述不符(尺寸、材质、颜色、图案等)问题,卖家该怎么办?

如果买家收到货物后针对定制商品描述不符问题向卖家提出了疑义,卖家应积极主动做好售后服务,自行与买家协商解决该争议问题。

同时卖家应核实双方之前聊天记录中的约定情况,并核对产品是否存在不符;如有不符,请主动联系买家协商处理。

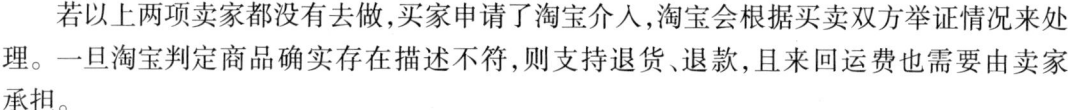

若以上两项卖家都没有去做,买家申请了淘宝介入,淘宝会根据买卖双方举证情况来处理。一旦淘宝判定商品确实存在描述不符,则支持退货、退款,且来回运费也需要由卖家承担。

② 如果买家表示卖家没有完成之前的约定而投诉卖家"违背承诺"该怎么办?

如果买家表示卖家未完成之前的约定,建议卖家先自行核实双方之前聊天记录中的约定情况,并核对整个交易过程中是否存在违约。若确实存在违约,应先自行联系买家协商解决。

若确实存在违约的情况,且未与买家协商一致,后续买家申请淘宝介入,交易支持退货退款,来回运费由卖家承担。

十一、运费问题的争议处理

运费在实物交易中是必不可少的一部分,因而关于运费的争议也屡见不鲜。为了使交易双方能够在交易过程中清晰地了解运费承担问题,减少关于运费的纠纷,卖家应当对运费的组成和承担进行清晰、准确的描述。运费由买家承担的,卖家应当按照实际发生的金额向买家收取运费。

同时卖家需注意:运费由买家承担的情况下,约定运费低于实际发生的运费的,不足部分淘宝不予处理;货到付款交易产生的运费争议,淘宝不予处理,需要卖家与买家自行协商或通过其他途径解决。

1. 运费问题的处理原则

交易中的运费争议,根据"谁过错,谁承担"的原则处理,但买卖双方协商一致的除外。如果交易存在约定不清的情形,淘宝无法确定是谁的责任,交易做退货、退款处理,发货运费由卖家承担,退货运费由买家承担。

(1) 约定运费的争议

运费由买家承担的,卖家应当按照实际发生的金额向买家收取运费。

① 若买家支付的运费高于实际发生的运费,超出部分做退款处理。

② 如果实际发生的运费与商品描述的运费不一致,或者商品描述中对运费做出 2 个以上的不同描述的,卖家应当通过阿里旺旺向买家进行说明,并征得买家的同意。若未与买家清晰约定而出现争议的,淘宝以有利于买家的描述进行运费的处理。

(2) 发货涉及的运费争议

如果卖家违反发货要求(发货问题的争议处理),导致买家未收到货、拒绝签收商品或者签收后退回商品,交易做退款处理,运费需要由卖家承担。

(3) 签收涉及的运费争议

① 买家依据签收规范(签收问题的争议处理)拒绝签收商品或者退回商品的,交易做退款处理,运费需要由卖家承担。

② 卖家按照约定发货后,收货人有收货的义务。收货人无正当理由拒绝签收商品,且卖家能够有效举证证实的,相关运费损失,承担方式如表 4.8 所示。

表4.8 签收涉及的运费争议处理

商品/场景	商品包邮情况	买家	卖家	淘宝处理原则	备注
支持"七天无理由退货"服务的商品	包邮	买家需要享受"七天无理由退货"服务/拒收	—	发货运费需要卖家承担,买家只需要承担退货运费	若买家对卖家的发货运费价格有异议,卖家需要配合提供相关运费证明(如带有价格的发货底单等有效收费证明)
支持"七天无理由退货"服务的商品	非包邮	买家需要享受"七天无理由退货"服务/拒收	—	由买家承担来回运费	
支持退货承诺的商品	包邮	买家可按卖家退货承诺的天数,享受退货服务/拒收	—	发货运费需要卖家承担,退货邮费的承担以退货承诺设置的为准	
支持退货承诺的商品	非包邮	买家可按卖家退货承诺的天数,享受退货服务/拒收	—	发货运费及退货运费的承担原则,以退货承诺设置的为准	
非"七天无理由退货"商品/非退货承诺商品	包邮/非包邮	(1)买家拒收(仅产生单程运费)	卖家需要有效举证证实买家无理由拒收货物	举证有效,由买家承担发货运费	
非"七天无理由退货"商品/非退货承诺商品	包邮/非包邮	(2)买家拒收(产生双程运费)	卖家需要有效举证证实买家无理由拒收货物	举证有效,由买家承担来回运费	
非"七天无理由退货"商品/非退货承诺商品	包邮/非包邮	(3)买家因为自己的个人原因(如不喜欢/不合适)需要退货退款	卖家同意买家无理由退货的要求	由买家承担来回运费	

③ 收货人拒绝签收商品后,卖家应当及时联系承运人取回商品。若卖家怠于取回商品而产生额外的运费、保管费等费用,则需要由卖家自行承担。

④ 若因买家填写的收货地址和(或)收货人信息不准确,或者未经卖家同意自行要求变更收货地址或收货人信息,导致卖家发货后无法送达的,运费由买家承担。

(4) 退换货涉及的运费争议

① 买卖双方达成退款协议,但未就退货运费进行约定的,需要由卖家承担与其发货相同货运方式的运费。

② 商品在换货或维修过程中需要寄送且未约定运费承担方式的,由此产生的运费需由卖家承担。

③ 卖家未在规定时间内提供退货地址,或者提供退货地址错误导致买家无法退货或操作退回商品后无法送达,或者买家根据协议约定操作退货后,卖家无正当理由拒绝签收商品,交易做退款处理,退货运费由卖家承担。若卖家需要取回商品,应当与买家另行协商或通过其他途径解决,淘宝不予处理。

④ 淘宝争议处理期间,卖家同意退货,但买家在未和卖家确认的情况下,使用了到付方式给卖家退货,卖家可先支付运费签收货物;由于买家到付而产生的多余的运费,可以要求买家承担。

⑤ 买家根据协议约定或淘宝做出的处理结果操作退货时,应当使用与卖家发货时相同的运输方式发货。除非得到卖家的明确同意,买家不得使用到付方式支付运费。退货后,卖家有收货的义务。

⑥ 淘宝处理争议期间,卖家同意退货或换货,但就运费的承担提出明确异议的,买家应当先行退货。卖家签收商品后,由淘宝根据本规范对运费承担做出处理。

（5）物流涉及的运费争议

未经买家明确同意，若卖家使用到付方式委托承运人发货，买家有权拒绝签收商品；若买家签收商品，到付运费超出约定运费的部分由卖家承担。

（6）商品涉及的运费争议

① 如果买家提供有效凭证证实收到商品有问题或是因为卖家的某项服务、承诺未履行而导致的退货退款，运费需要由卖家承担。

② 卖家所售商品为闲置商品的，买家收到的商品与卖家在发布时描述不符的，或卖家没有如实披露商品的瑕疵异常或历史维修情况的，交易做退货退款处理，运费由卖家承担。

③ 支持"七天无理由退货"或支持退货承诺的商品涉及的运费争议处理如表4.9所示。

表4.9 商品涉及的运费争议处理

商品/场景	买家	是否包邮	卖家	淘宝处理原则
支持"七天无理由退货"服务的商品	买家需要享受"七天无理由退货"服务/拒收	包邮	—	发货运费需要卖家承担，买家只需要承担退货运费
		非包邮	—	由买家承担来回运费
支持退货承诺的商品	买家可按卖家退货承诺的天数，享受退货服务/拒收	包邮	—	发货运费需要卖家承担，退货邮费的承担以退货承诺设置的为准
		非包邮	—	发货运费及退货运费的承担原则，以退货承诺设置的为准
非"七天无理由退货"商品/非退货承诺商品	买家拒收	仅产生单程运费	卖家需要有效举证证实买家无理由拒收货物	举证有效，由买家承担单程运费
		产生双程运费		举证有效，由买家承担来回运费
	买家因为自己的个人原因（如不喜欢/不合适）需要退货退款	包邮/非包邮	卖家同意买家无理由退货的要求	由买家承担来回运费，但若买家对发货运费价格有异议，卖家需要配合提供相关运费证明（如带有价格的发货底单等有效收费证明）

2. 运费问题的举证

如果对于运费价格有争议，买卖双方都有义务出具相应运费价格证明（如带有运费价格的发货单等），以便淘宝核实。

3. 温馨提示

如何避免交易出现运费问题的争议呢？

交易中的运费争议，根据"谁过错，谁承担"的原则处理，因此建议卖家在交易过程中如实进行商品描述，让买家在购买前能够清晰了解后再进行购买；发货前做好商品质量检查，降低发生质量问题的概率；对于运输方式、价格等有特殊说明的，需在交易前及时告知买家并征得买家的同意。

4. 常见问题

① 如果买家自己填错了地址或者是旺旺上给卖家留言改地址，但是卖家没有看到，现

在货物无法送达,产生运费了,该谁承担?

如果是买家自己填错地址,或者是改地址的时候没有和卖家确认,相关运费由买家承担;但若买家已与卖家进行了确认,之后出现此问题的,相关运费就需要卖家承担。

② 卖家同意买家退货,但是默认的退货地址是错误的,所以在同意退款协议后马上补充了新的退货地址,但是买家还是按照旧的地址发回,导致卖家收不到货。这时候产生的运费,由谁承担?

如果卖家需要变更退货地址,需及时修改默认退货地址。若来不及修改只能通过重新约定的方式变更的,同样也需通过阿里旺旺与买家进行确认;若未进行确认而买家使用了默认退货地址将货物退回,产生的运费损失需要由卖家承担。

③ 买家收到商品表示有破损,当时出于服务的角度,没有让买家出具物流公章凭证就同意买家退货了,但是并没有约定运费,现在买家不愿意承担发货运费,怎么办?

如果卖家同意买家退货,需在退货前和买家明确运费承担情况。如果当时未主动与买家说明,且货物已经退回后再出现关于运费的争议,此时相关运费需要由卖家承担。

④ 发布宝贝时运费模板设置了包邮,但卖家在宝贝描述中明确说明发到付件,后续买家拍下并付款,卖家发到付后,买家拒收商品退回,此时来回运费由谁承担?

如果卖家需要使用到付的方式进行发货,需在发货前通过阿里旺旺与买家进行说明,并征得买家确认后再进行发货。若只在宝贝描述中单方面说明未经买家明确同意,则买家有权拒签,相关运费损失及货物风险需要由卖家承担。

十二、发票和赠品问题的争议处理

买家在天猫购买商品,若要求提供发票,卖家必须提供正规的发票给买家。若买家在淘宝集市购买商品,淘宝并未强制要求卖家一定要提供发票给买家(淘宝要求举证提供除外);但如果买家有需求,且卖家也同意提供,需按照买家实际支付货款金额开具发票,并与买家明确关于发票的内容:抬头、金额、数量、商品名称、发票公章、票据税点等,且通过阿里旺旺确认一致,以避免后续产生不必要的纠纷。

赠品指搭配在商品当中赠送给消费者的物品,此时赠品不生成独立交易;如卖家将赠品作为促销(低价)商品,放置到商品发布类目"其他"—"赠品"类目下(该类目下没有评价功能),此时赠品将生成独立交易。在天猫店铺里发布的赠品必须是经过授权的品牌,未经授权的品牌不能发布。

1. 发票和赠品争议的处理原则

(1) 发票

若是淘宝集市卖家,未在宝贝描述中说明提供发票且未与买家约定发票的,后续产生此类争议,淘宝不予受理。

若之前卖家提供了发票给买家,而交易最终退货、退款的,买家需将发票一并退回。若未退回,淘宝将按照实际情况要求买家支付相应金额的发票税点(卖家开具商业发票税点或阿里旺旺约定税点)给卖家。

若卖家承诺开具发票,但因卖家的原因导致买家未收到发票的,淘宝支持退货、退款,来回运费由卖家承担。

（2）赠品

如卖家的商品描述中注明附送赠品，或未注明附送赠品但卖家与买家双方确认一致确实有赠品附送的，交易商品若要退货，买家需要将赠品一并退回；如未退回，卖家可以按照赠品的市场价格收取相应费用（由淘宝按照实际情况进行估价）。

如卖家的商品描述中注明附送赠品，或未注明附送赠品但卖家与买家双方确认一致确实有赠品附送的，交易商品无问题而赠品存在问题，淘宝只受理赠品问题。针对问题赠品，淘宝网支持退换，买家若选择退赠品，赠品退回后淘宝网将按照赠品的市场价格进行退款（由淘宝按照实际情况进行估价）。

如卖家的商品描述中未注明附送增品且买卖双方未确认一致有赠品附送的，买家因赠品问题产生争议，淘宝不予受理。

如赠品单独产生交易，相应争议淘宝网将类比普通商品的争议进行处理。

2. 发票和赠品的举证

交易商品退货的，若卖家表示买家没有将发票或赠品同时寄回，卖家需提供相关快递公司公章证明，证实卖家收到的货物存在少发票或赠品的情况；或提供买家承认未退回发票或赠品的阿里旺旺聊天记录，以便淘宝处理相应争议。

3. 发票和赠品的运费争议

交易中的运费争议，根据"谁过错，谁承担"的原则处理，但买卖双方协商一致的除外。若淘宝判定交易过错在卖家，那么来回运费都需要由卖家承担。

4. 温馨提示

不管是发票还是赠品，事前卖家与买家的说明与约定非常重要。发票需要清晰约定相关抬头、金额、数量、商品名称、发票公章、票据税点等事项；赠品则需要在商品中明确描述或单独建立赠品交易，与买家说明赠品价格，达成共识。

5. 常见问题

① 卖家在商品描述中已经说了发票金额会比实际购买的金额低一点，为什么买家收到发票后认为发票金额有问题要求退货退款，淘宝还支持买家？

卖家需要按照买家实际支付货款金额进行发票的开具，若卖家单方面声明发票金额低于交易实际支付货款金额，则属于无效约定。此时建议卖家与买家协商解决该问题，可以尝试帮助买家补开发票，如买家不同意，要求退货退款，淘宝网将予以支持，并且相应来回运费需要由卖家承担。

② 交易的商品有问题买家退回给卖家，但卖家给买家一起发的赠品买家没有退回，该怎么办？

卖家需核实相应赠品是否存在独立交易。若是，由于买家已实际支付赠品金额，赠品无问题买家将钱款支付给卖家即可，无需退回。若无独立交易，但卖家的商品描述中注明附送赠品，或未注明附送赠品但与买家双方确认一致确实有赠品附送的，买家退货未同时退回赠品，卖家需提供相关快递公司公章证明，证实收到的货物存在少发票或赠品的情况；或提供买家承认未退回发票或赠品的阿里旺旺聊天记录，以便淘宝处理相应争议。

十三、发货问题的争议处理

为了保障交易的顺利完成,让买家尽快收到商品,应尽量避免因为发货问题导致的交易纠纷。

1. 发货时需要遵守的要求

(1) 发货时间

① 与买家自行约定发货时间的,卖家须在买家付款后按照约定在承诺的时间内发货。

② 与买家未约定发货时间的,卖家须在买家付款后的 72 小时内发货。

③ 卖家若加入了某些官方活动,相应发货时间以活动要求的时间为准。

同时卖家需注意,发货时间是以快递公司系统内揽件记录的时间为准。若买家在卖家还未发货的时候已经申请了退款,卖家想继续发货的,需先征得买家的同意。若卖家逾期发货,或者未经买家同意在买家申请退款后强行发货的,卖家应当追回已经发出的商品,但买家已经签收并且确认收货的除外。

(2) 收货地址

卖家应当按照订单约定的收货地址进行发货(卖家和买家另行约定新收货地址的则按照新约定收货地址发货),同时需要负责把商品送到买家的收货地址。如果商品要买家到指定的地点自提,卖家需在发货之前明确告知买家并征得买家的同意。

(3) 发货物流

① 卖家需要选择有揽收和签收凭证的运输方式发货。买家要求使用没有揽收和签收凭证的运输方式(简称"平信方式")发货的,卖家需要在发货前通过阿里旺旺明确告诉买家使用平信方式发货存在的风险。若买卖双方采用当面交付商品的方式进行交易,应当自行承担因此产生的风险。

② 如果卖家和买家约定了特定的承运人(如物流公司)运送商品,卖家应当按照约定进行委托。

③ 未经买家明确同意,卖家不得使用到付方式委托承运人(如物流公司)发货。

如果卖家违反了上述任一要求,买家有权利拒收商品,相应损失需要由卖家承担。

2. 发货问题的处理原则

① 如卖家违反了前述几项要求,导致买家没有收到货、拒签商品或者签收后退回的,交易淘宝做退款处理,运费由卖家承担。

② 若卖家未向买家提示风险而使用平信方式发货的,交易做退款处理。

③ 若买卖双方采用当面交付商品的方式进行交易,因买家未收到货产生的争议,交易做退款处理,但卖家可以证明买家自认收到商品的除外;因商品表面不一致产生的争议,交易做打款处理,但买家可以证明卖家自认商品存在表面不一致的除外。

④ 如卖家提供有效凭证证明买家已收到货,且买家未提出其他异议的,淘宝将把钱款支付给卖家。

3. 发货问题的举证

① 如买家表示卖家没有按照发货时间要求进行发货,淘宝将依据快递公司系统内揽件记录的时间信息进行判定。如卖家有异议,需按照淘宝要求提供相关物流公司公章证明证

实您的实际揽件时间(天猫另有规定的从其规定)。如买家表示卖家是在其申请退款后强行发货,卖家需按照淘宝要求提供发货前征得买家同意的阿里旺旺聊天记录,以便淘宝核实。

② 如买家表示没有收到货物而卖家确实已发货的,卖家需按淘宝要求提供相应发货凭证(如发货单等),以及买家已签收货物的凭证(如买家本人签收底单或买家授权第三方签收的物流公司公章证明等),以便淘宝核实处理。

③ 如买家表示没有同意或者没主动要求卖家使用到付或平信方式进行发货,而卖家确实是征得买家同意或买家主动要求采用此类方式发货的,卖家需按照淘宝要求提供与买家约定一致的阿里旺旺聊天记录,以便淘宝处理。

4. 发货问题相关的运费争议

交易中的运费争议,根据"谁过错,谁承担"的原则处理,但买卖双方协商一致的除外。具体关于发货问题相应的运费争议,可查看运费问题的争议处理篇。

5. 温馨提示

如何才能避免出现发货问题的争议呢?

买卖双方应当在交易前对商品情况、交易过程进行详细、清晰、明确的约定。因此卖家需在发货前与买家确认好收货地址、发货物流、发货时间等约定项,以免产生不必要的纠纷。

在举证时,卖家需要提供的凭证具体如下。

① 发货时间证明:物流公司给卖家出具的揽件证明(需写明快递单号、揽件时间)同时需要盖有物流公司的公章,如图4.46所示。

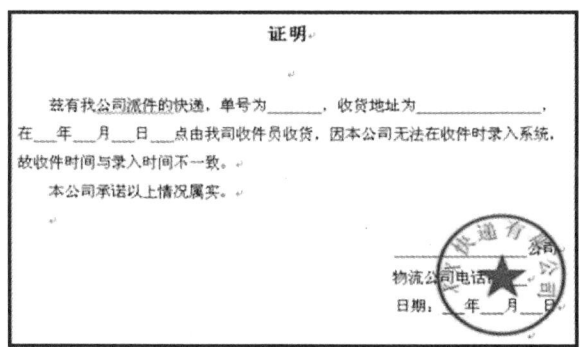

图4.46 物流揽件证明

② 发货时物流公司给卖家的快递发货单(一般为发件联),如图4.47所示。

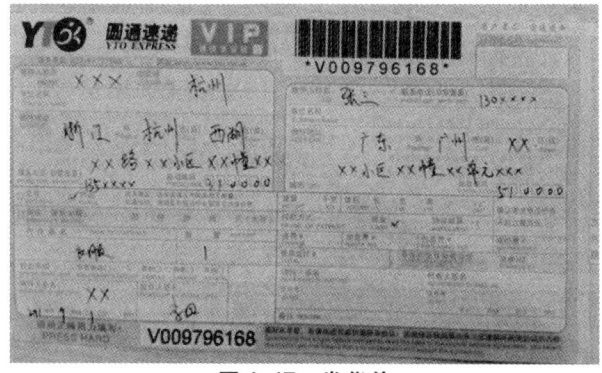

图4.47 发货单

③ 与买家关于该笔订单发货约定情况的阿里旺旺聊天记录截图或举证编号,如图4.48所示。

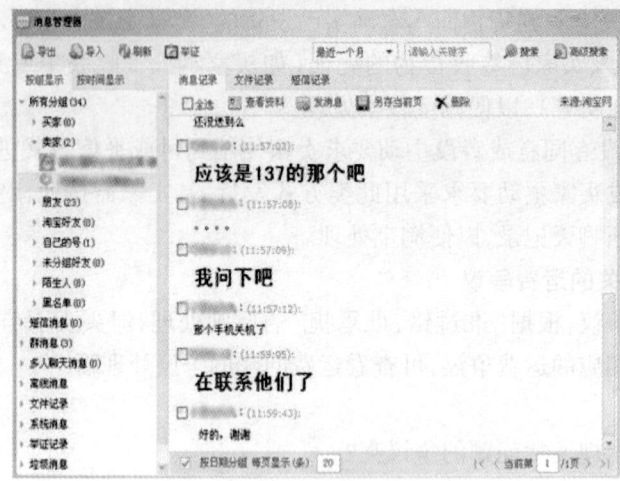

图4.48　旺旺聊天记录截图

6. 常见问题

① 如果买家说卖家违反了发货的要求,卖家该怎么办?

如果买家收到商品后针对发货问题向卖家提出了疑义,卖家应积极主动做好售后服务,自行与买家协商解决该争议问题。同时卖家需核实是否违反了相关要求,如果违反了,请卖家主动联系买家进行处理。若以上两项卖家都没有去做,买家申请了淘宝介入,淘宝会根据买卖双方举证情况来处理,一旦淘宝判定卖家确实违反了发货要求的,交易支持买家退款或退货、退款,并且来回的运费也需要由卖家承担。

② 买家拍下了一件衣服选择了L号,但在订单留言中又备注要M号,直接付了款也没有联系卖家,卖家联系买家确认究竟要哪个码数但一直联系不上,这个时候卖家该怎么发货呢?

原则上,卖家可以以订单上的信息为准进行发货;但若后续与买家通过阿里旺旺重新约定了需要发货的衣服的码数,则以重新约定的信息为准。因此若卖家遇到这样的情况,建议先与买家联系,确认一致后进行发货。

③ 卖家已经按照发货要求进行发货了,可是买家说没有收到,卖家该怎么办?

如果买家说没有收到商品,卖家需积极主动做好售后服务,自行和买家协商解决该争议问题。同时卖家需及时联系物流核实商品签收情况,确认买家是否收到。如物流表示无法确认买家收到商品,建议卖家及时退款给买家,同时找物流公司进行索赔。如卖家未及时处理,买家申请了淘宝介入,淘宝介入后会根据双方提供的凭证核实处理,一旦淘宝判定由于卖家或者物流的原因导致买家没有收到商品,交易支持退款给买家,并且相应运费及商品损失的风险需要由卖家承担。

④ 卖家和买家是当面交易的,买家说没有收到,卖家该怎么办?

如卖家和买家采用了当面交易的方式,相关的风险需要卖家自行承担。买家说没有收到货,且卖家也无法提供凭证证实买家承认收到货物的,淘宝将做退款处理。

十四、签收问题的争议处理

卖家需要对自己出售的商品负责,发货后需要确保买家能够顺利地签收商品,若同意买家退换货,卖家也将成为签收的一方,相关注意事项可以查看签收问题的争议处理(买家版)。

1. 签收问题的处理原则

若买家填写的收货地址和(或)收货人信息不准确,导致商品在该收货地址被签收,淘宝视为本人签收,交易做打款处理,相应钱款将支付给卖家。

收货人无正当理由拒绝签收商品的,运费由买家承担;收货人若依据签收要求拒绝签收商品或者退回商品,交易做退款处理,运费由卖家承担。

收货人拒绝签收商品,卖家应当及时联系承运人取回商品。因卖家怠于取回商品所产生的额外运费、保管费等费用由卖家承担。

涉及表面一致的事项,若买家提供有效凭证证明签收时既已存在表面一致情形的,交易做退款或退货、退款处理;若买家无法有效举证,交易做打款处理。

2. 签收问题的举证

若买家表示未收到货,而卖家表示买家已签收货物,卖家需要承担举证责任,提供收货人本人签收货物的签收底单、物流公司出具的收货人本人授权第三方签收凭证等证明,证实买家已收到货物。

商品退回,若卖家签收商品后对于商品表面一致的问题有疑义或由于商品表面一致问题拒绝签收,需要对商品已存在表面不一致的情形承担举证责任,提供物流公章证明,证实退换货商品存在表面不一致情形(如破损/少件/空包裹等)。

3. 签收问题相关的运费争议

交易中的运费争议,根据"谁过错,谁承担"的原则处理,但买卖双方协商一致的除外。

4. 温馨提示

买家收到货物破损/少件/空包裹,卖家需要提供的相关物流凭证具体包括:

① 参考凭证的全部内容;

② 证明的右下角填写完整的派件物流公司名称,并加盖公司公章,公章里面的字样是公司结尾,而不是某个部门(如财务章、业务章等无效);

③ "实际收货人姓名"要与物流跟踪记录上的姓名一致,如果是草签或已签,需要提供签收底单。

5. 常见问题

买家操作打款给卖家之后,又申请了售后,表示收到的商品存在表面一致的问题。当时收到有问题的商品就应该申请退款并联系卖家来处理,但买家没有这样做,卖家该怎么办?

遇到这样的问题卖家需联系买家核实是否是买家主动打款,还是由于买家一直未关注交易导致系统超时打款。

① 若交易是系统超时打款,且买家本人签收的,淘宝会要求买家提供有效的物流公章证明,证实收到货物时即已存在表面一致问题(如破损、缺件、少件等),若无法提供则买家需

求无法支持;

② 若交易是系统超时打款,但非买家本人签收的,淘宝需要由卖家先进行举证,卖家需要提供物流公司出具的收货人本人授权第三方的签收凭证。如果凭证有效,且买家无法提供签收时货物已存在表面一致问题的有效凭证的,买家需求淘宝无法支持;

③ 若买家主动打款给卖家后再提出表面一致问题疑义,淘宝不予受理。

十五、退换货问题的争议处理

为了帮助卖家和买家尽快解决退换货问题,减少交易纠纷,卖家与买家在退换货时需要遵守以下几项要求。

买卖双方达成退货或换货协议,或淘宝做出退货换货的处理结果后,卖家应当在收到淘宝处理结果后的 24 小时内或者与买家约定的时间内提供退货地址。如果逾期未提供退货地址,以卖家在淘宝系统内填写的"默认退货地址"作为退货地址。

如果卖家提供的退货地址错误导致买家操作退回商品后无法送达,需要由卖家承担因此产生的运费。

买家根据协议约定或淘宝做出的处理结果操作退货时,应当使用与卖家发货时相同的运输方式发货。除非得到卖家的明确同意,否则,买家不得使用到付方式支付运费。买家退货后,卖家有收货的义务。

1. 退换货问题的处理原则

如果卖家未在规定时间内提供退货地址,或者提供退货地址错误导致买家无法退货或操作退回商品后无法送达,或者买家根据协议约定操作退货后,卖家无正当理由拒绝签收商品,交易做退款处理,退货运费由卖家承担。如卖家需要取回商品,应当与买家另行协商或通过其他途径解决,淘宝不予处理。

买卖双方达成退货退款协议或淘宝做出退货退款处理的交易,商品退回至卖家的退货地址后,淘宝有权退款给买家。

买卖双方达成换货协议的交易,如卖家收到买家退回的商品后逾期未再次发货,淘宝有权退款给买家。

如果是跨境交易且最终确定为退货退款处理,若由于卖家的原因导致买家无法退货,则交易做不退货只退款处理。

如买家逾期未根据协议约定或淘宝规定时间操作退货,交易做打款处理。交易款项支付给卖家后,买家再次要求退货的,应当与卖家另行协商或通过其他途径解决,淘宝不予处理。

商品在退货过程中损毁的,商品退回买家或买家无理由拒签后,交易做打款处理。

2. 退换货问题的举证

如果买家表示卖家提供的退货地址是错误的,淘宝有权根据退货地址相关信息进行核实,并进行判定。

如果卖家表示未收到退货,淘宝将要求买家提供相关证明(如快递发货单、签收底单等)进行核实,若确认商品已退回,而卖家依旧未收到,须自行联系物流公司处理。

如果卖家对退货有疑义,拒绝签收商品或签收后对退货商品本身有疑义,卖家须提供相关证明文件(如:物流公司公章证明)证实,以便淘宝处理。

3. 退换货问题相关的运费争议

交易中的运费争议,根据"谁过错,谁承担"的原则处理,但买卖双方协商一致的除外。

4. 温馨提示

由于退换货问题卖家和买家产生争议,需要卖家提供的凭证具体包括:

① 卖家和买家在退换货问题上协商一致的阿里旺旺聊天记录截图;

② 物流公司给卖家出具的收到退货有问题的公章证明;

③ 卖家换货发出的快递单。

5. 常见问题

① 如果卖家之前不小心提供了错误的退货地址给买家,之后发现了,卖家应怎么做?

如果买家还没有退货,请卖家及时联系买家,告知正确的退货地址并在退款详情页面和阿里旺旺上留言给买家进行说明。如买家未确认,按照之前卖家提供的退货地址退回了,淘宝支持退款处理,相应风险需要卖家自行承担。因此卖家应核对退货地址后再给买家,并及时更新"默认退货地址"。

如果商品已经在退货途中,卖家须积极联系买家或物流公司协商变更派送地址;如没有协商解决,相应风险需要卖家自行承担。

如果买家已退货且商品已被签收,卖家须自行联系收货人核实,及时找回商品;同时该交易支持退款买家处理。

② 卖家已经同意买家退货,也提供了退货地址给买家,可是买家一直不退货,卖家该怎么办?

如果退货、退款的协议已经达成,请卖家及时联系买家协商换货或退货。如买家由于个人原因不及时操作退货,退款流程关闭,交易继续。

③ 买家退货了,物流跟踪显示商品已经被签收,但卖家确实没有收到退货,该怎么办?

如果买家按照卖家提供的退货地址进行退货,且物流显示已被正常签收,淘宝支持退款处理,请卖家联系物流公司核实商品的签收情况。

④ 买家退货了,但是快递公司把商品弄丢了,卖家该怎么办?

如果买家退回的商品在途中丢失,在卖家还未签收商品前相应风险需要买家承担,买家需要联系物流公司进行索赔,而淘宝将会把交易款项支付给卖家。

项目五

网上店铺高手进阶

知识提要

本项目是网上开店与创业的高级阶段,目的是为了能在淘宝网上打造自己的品牌效应,促进更大的订单销售,从而获取更大的利润。任务内容从网店美工技法、营销推广方案、渠道拓展等方面进行阐述,对网店开设做更精细、更全面、更专业地推进。该阶段是在淘宝网上成为"大卖家"必须具备的条件。

任务一 美工技法

一、店铺装修

网购有它的特殊性,在实体店,消费者可以用五官去感知实物,他们可以看、尝、摸、闻、听等,而在网上买东西,买家只能通过眼睛看卖家宣传的图片和文字,或者看卖家拍摄的视频。网店的店铺装修与实体店的装修一样,都是让店铺更美观,吸引更多的眼球;让买卖停留的更多,增加点击率,提升转换率。因此,店铺装修做得好不仅能增加用户的信任感,还能对店铺品牌的树立起到关键作用。

二、视觉营销

视觉跟店铺的风格息息相关。在销售为王的时代,视觉的最终目标是为销售服务,无论是直通图片;还是首焦图,已有诸多的案例和数据证明:视觉影响着转化率。

视觉营销是利用色彩、图像、文字等造成的冲击力,吸引潜在顾客的关注,由此增加产品和网站的吸引力,从而达到营销制胜的效果。视觉营销的作用是引起潜在顾客关注(流量)、引起买家兴趣和购买欲望(有效流量)、传达网站信息、塑造网站形象(忠实流量)。在一个买家心中成功树立起网站的形象,比实际成交一笔订单所取得的收益更大。

视觉效果是做好营销必不可少的手段之一。作为店铺装修的第一步,卖家应先学习基本的构图原理,了解五种常见的构图方式。

(1) 黄金分割法

如图5.1所示,黄金分割法的构图方式,画面的长宽比例通常为1:0.7,由于按此比例设计的造型非常漂亮,因此被称为黄金分割,这一比例也叫黄金比例。日常生活中这种比例很常见,如书报、杂志、箱子、盒子等。我们把黄金分割法的概念略为引申,0.7的地方是放置拍摄主体最佳的位置,以此形成视觉的重心,图里的两张照片,主体都占据了画面的0.7左右,但是左边一张图的黄金分割线是横向的,因此画面为上下结构;右边一张图的黄金分割线是竖向的,因此画面为左右结构。

图5.1 黄金分割法

(2) 三分法

如图5.2所示,三分法其实是从黄金分割中引申出来的,用两横、两竖的线条把画面均分为九等,也叫"九宫格",中间四个交点成为视线的重点,也是构图时放置主体的最佳位置。

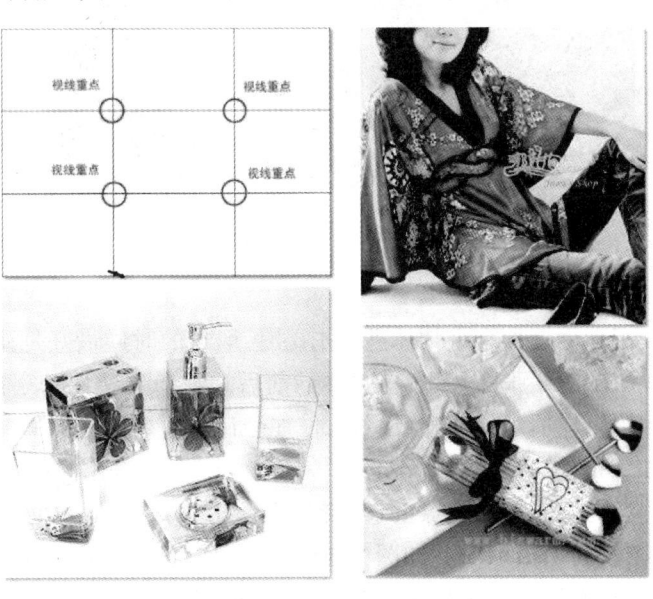

图5.2 三分法

这种构图方式并非要占据画面的四个视线交点,在这种1:2的画面比例中,主体占据1~4个交点都可以,但是画面的疏密会有所不同。图中的服装图片,上身占据了左边的两个交点,前臂和腿部占据了右边的两个交点,是典型的4点全占的三分法构图方式,卫浴套装的图片也一样,但是餐具图片就只占据了右边的两个交点,然而店主在物体摆放时聪明地运用了45°对角线,因此我们并不觉得画面偏移或重心不稳,因为这是符合形式美法则的构图方式。

(3) 均分法

为了在视觉上突出主体,我们常常将主体放在画面的中间,左右基本对称,因为很多人喜欢把视平线放在中间,上下空间的比例大体均分。如图5.3所示,这3张图片使用的均分法构图,主体都在画面的正中。为了防止画面显得过于呆板,往往在对称之中略有偏移。例如,左图的女装照片里模特的脸部被店主裁掉了一半,这样在身材比例上就更加突出了腿部的长度,但是我们视觉的重点依然在模特上衣胸前的装饰上;羽绒背心的图片里翻起来的风帽占据了衣服长度的1/3,这种比例在视觉上加强了稳定性,因此也能取得较好的视觉效果;及膝女靴的照片在构图时,模特两腿交叉形成倒V字造型,肤色与黑色的靴子在颜色上形成深浅的对比,因此稳定性和视觉重点都得到了保障。

图5.3 均分法

(4) 疏密相间法

当需要在一个画面中摆放多个物体进行拍摄时,取景的时候最好是让它们错落有致,疏密相间。如图5.4所示的3张图片,多件物体的前后左右布局就比一字排开自然和美观得多,其中,有些被拍摄物体适当地相连或交错,往往会让画面显得更加紧凑,主次分明。

(5) 远近结合、明暗相间的构图方式

拍摄商品图片有时候需要带上点近景,或者隐隐约约保留一点颜色比较淡的远景,以增强立体感,表现出丰富的拍摄层次。如图5.5所示,画面色彩的变幻和明暗的跳跃,可以使照片不会因单调、呆板而显得过于平淡,但这样的远近和明暗层次也要使用得当,不多也不少,否则反而显得不协调。

图5.4 疏密相间法

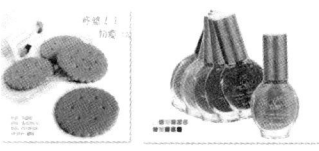

图5.5 远近结合、明暗相间的构图方式

构图的内容可以写成厚厚的一本书,每个人的习惯和方法也各有所长,但是最重要的是情景交融,让画面不再是无声、静止的一张图片,而是有生命力和感染力的作品,这也就是商品图片和产品图片之间最大的区别。

三、色彩设计

不论在平面设计、三维设计、还是网页设计中,色彩都是最重要的一环。

色彩的象征意义

红色——热情权威自信
粉色——温柔甜美浪漫
黑色——高贵权威创意
灰色——诚恳考究沉稳
蓝色——希望理想独立
紫色——优雅浪漫高贵
绿色——清新活力安全

(1) 色彩的基本分类

自然界中的颜色分为无彩色和有彩色两大类,无彩色指黑色、白色和各种深浅不一的灰色,有彩色指红、黄、蓝等七彩颜色。

(2) 色彩的属性

色彩的属性是指色彩具有的色相、明度、纯度三种性质。三属性是界定色彩感官识别的基础,灵活应用三属性变化是色彩设计的基础。

- 色相:改变图片的颜色。
- 纯度:改变图片颜色的深浅。
- 明度:对于非彩色,只有调整明度才会变化。

(3) 色彩的搭配

- 不要将所有颜色都用到,尽量控制在三种色彩以内。

- 背景和前文的对比要尽量大,绝对不要用花纹繁复的图案作背景,以便突出主要文字内容。

(4) 把握好风格
- 统一的外观,界面友好,易使用。
- 突出标准色彩。
- 把握好风格经验,将 logo 尽可能的放在页面最突出的位置。
- 相同类型的图像采用相同效果。
- 根据自己的喜好。
- 根据自己店铺的主营项目选择风格。
- 从哪些方面选择风格:从客户的角度出发选择风格。
- 装修风格应该应季。

四、图像设计

(1) 首页布局

在设计首页的时候,图片传达信息很重要,要让买家第一眼就看出这家店铺是卖什么的,焦点图一定要放在黄金分割的位置,引人注目。

(2) 自定义促销区设计

① 促销区是整个店铺的窗口,传达店铺的品牌形象、促销活动等重要信息。

② 促销区不仅仅是促销,还体现店铺的 6 个"不可替代"处:服务、品质、价格、特殊效果、品牌效应、促销活动。买家不会单纯地认为价格越低越好,他关心的是所买的宝贝是否值这个价格,卖家要让买家觉得这个宝贝物超所值。

③ 设计促销区要注意突出重点。

(3) 店招

店招的作用:明确品牌定位和产品的定位。

店招的共性:店招上的文字和背景对比色鲜明,店铺名称用粗体,明确传达品牌和产品两个信息。

店招的主体风格一定要和整个店铺的风格统一。

(4) 宝贝描述

宝贝描述指淘宝、拍拍等电子商务平台中对所售商品以图片、文字、视频等各种手段进行展示的表现形式。优秀的宝贝描述,能将产品的卖点最大化的展示,最为直接的表现就是延长客户对宝贝的停留时间。一般而言,宝贝描述包括以下几个方面:

① 产品的外观、规格、形状、产品特点、材质、保质期等方面的介绍;

② 产品的客户使用案例;

③ 产品的功效展示;

④ 卖家实力展示,如实体店面、经营规模等;

⑤ 以往好评展示;

⑥ 精美图片、广告画面;

⑦ 产品视频；
⑧ 产品使用禁忌、注意事项；
⑨ 物流方式、联系方式等；
⑩ 宝贝文案描述。

五、网店细节设计

细节体现一个网店的品质高低，细节设计越精致，越贴近买家的购买需求，越有自己的个性因素就越能引起消费者的关注，从而增加网店商品的交易量。

（1）店铺 logo

店铺的 logo 是网店最主要的视觉符号，通常出现在左上角最显著的位置。

（2）旺旺头像设计

旺旺头像是细节营销的一个展现点。旺旺头像制作要注意以下几点。

① 色彩不宜过多，尽量以轮廓线来表现。

② 细节在很小的显示状态时看不到，所以不要拘泥于小细节。

③ 为了更清晰可以用滤镜做适当锐化。

④ 保存时选择保存为网页格式，用网页安全色，文件应控制在 200KB 内。

（3）动画 GIF

动画 GIF 是一种压缩位图格式，支持透明度、压缩、交错和多图像图片。GIF 透明度不是 alpha 通道透明度，不能支持半透明效果。GIF 压缩是 LZW 压缩，压缩比大概为 3:1。

GIF 动画在网店设计中的应用很广泛，如店标、店铺收藏、广告、价格标签等。

适当的应用会增加销售气氛，提升用户体验，但切记泛滥，这样会严重干扰客户的注意力，每屏不出现两个以上的动画，动画的面积不易过大，不然会让整个画面躁动。

特别产品可以采取这种方法进行产品细节描述，GIF 适合那些由简单色块组成的图案。

（4）旺旺表情制作

自绘的个性化表情可以给消费者留下更深刻的印象和更好的沟通体验，旺旺表情如果做得有趣会被传播，起到宣传品牌的作用。

任务二　营销推广

一、营销推广的目的

互联网已经越来越多的改变我们的生活，人们对电子商务的注意力已经转变到如何将这些电子业务变成更便捷、模块化、个性化、更紧密集成的电子化服务，在流程定制上，即要实现"你在 WEB 上工作"到"WEB 为你工作"这一重大转变。网络资源的利用已经很大程度地决定一个企业的生存与发展，因此，在互联网时代，每个企业都需要有自己的网络营销战略和推广方案,以期使传统操作和网络销售有机结合,取得企业更长久的生存。

二、产品网络推广方案

1. 问答类推广

百度、天涯、有道等各大问答网站搜索与卖家经营的产品有关的问题,如"购买""便宜""价格"一类,耐心回答,积极提供帮助,最后留下 qq 号,等待有人联络互加 qq,加 qq 之后要细心回答客户的问题并尽可能帮助客户,聊到一定程度再放链接。如果有客户不会上淘宝要耐心教他注册、支付等细节,如果能一步步地教客户购买,那么这个客户一定会成为网店的终身客户。

2. 邮件推广

① 运用 qq 群邮件推广,加 qq 群,发群邮件。qq 的群发邮件相当方便,只要点击发送,群内所有成员都能收到信件。

② 用邮箱营销软件。先用搜索器搜索相应人群的邮箱,再用群发机对其群发,营销软件可以通过网上下载来使用。

以上两种途径都要注意软文的撰写。

3. 论坛推广

这是经常使用的方法,论坛推广经常会遇到以下问题:

① 版主会删帖;

② 帖子要经常维护,并不是发了不删就可以,要注意互动,即别人顶了帖子要与之互动,没人顶帖要自己顶帖。

基于这两点要求大家写好软文;多跟帖,与跟帖人互动。

4. 博客推广

无论是淘宝博客、新浪博客、阿里博客还是专业对口的网站,都可以用店铺的名字或产品的名字作笔名,然后定期发文章来推广,文章标题要醒目,内容要丰富,这样才容易被搜索引擎关注,从而达到推广的目的。

5. 间接网站推广

可以在各地的地方城市网网站、二手买卖市场、财经、跳蚤市场发布商品信息,对距离不远的客户可以直接上门送货,这样更容易谈成生意。

6. 小礼物推广

建议在给买家寄商品的同时顺便寄上自己的名片和宣传单或者送一些小礼物,在小礼物上印上自己店铺的名字、网店地址,从而加深买家对网店的印象。

7. 淘宝社区推广

在淘宝社区宣传自己,淘宝社区融入了很多买家与卖家,每一个人都有可能成为潜在客户。在社区加入一些人气旺的帮派进行发帖、回帖,发帖前一定要先了解所在帮派的发帖规则,不要乱发帖,否则容易被扣银币。发一篇好的帖子具有相当强大的功效,可以有效地提高店铺浏览量,会大大提高买家对商家的信任感和认同感,从而促成成交。如果帖子被加精、被置顶或被推荐到社区首页,那么店铺的浏览量也会不断地上升,带来流量的同时也会

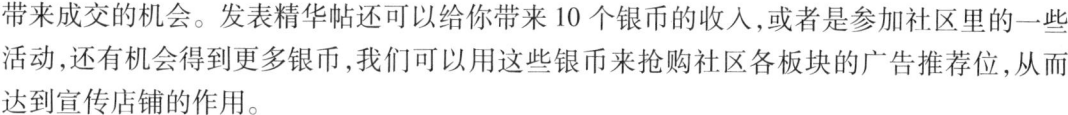

带来成交的机会。发表精华帖还可以给你带来10个银币的收入,或者是参加社区里的一些活动,还有机会得到更多银币,我们可以用这些银币来抢购社区各板块的广告推荐位,从而达到宣传店铺的作用。

8. 免费活动推广

报名参加淘宝上的免费活动(适合自己店铺的活动)。例如,手机淘宝网1元秒杀活动、淘1站供应商商品报名、午间拍拍乐全场5小时一元抢拍等。

9. 充分利用淘宝现有的促销工具进行推广

① 订购满就送。通过设置满就送可以提升店铺的销售业绩,提高店铺购买转化率,提升销售笔数,增加商品曝光力度。

② 订购搭配套餐。通过几种商品设置成套餐来销售,可以让买家一次性购买更多商品,提高店铺购买转化率,从而提升销售笔数,增加商品曝光力度。

10. 超级买家秀推广

善用超级买家秀。淘宝社区中有一个超级买家秀,如果一个卖家说她的产品怎么好,大家不一定会相信,但是一个买家说哪个卖家产品怎么好,大家一般都会相信,特别是买家和卖家没有任何关系的时候,所以卖家要向买家提供这方面的信息,如果买家愿意通过这种方式来展示卖家的店铺和店铺的宝贝,那就是为店铺做的最好的免费推广了。

11. 直通车推广

淘宝直通车推广是最直接提升店铺流量的一种推广方法。要选择好的、有优势的宝贝进行推广,商品图片要清洗,标题重点突出、简单明了(突出商品优势),选择有成交记录的商品,商品价格也要有一定的优势,在选择关键词的时候多用一些相对便宜又有流量的组合词(这样的词精准度强,转化率高)。淘宝直通车2.0系统,可以根据流量来制定适合自己的出价(词和内幕的出价),这样可以避免自己因为盲目出价而造成没有点击或因点击过高造成"烧钱"的后果。同时也可以根据自己的实际情况、直通车的相关活动(如淘宝首页热卖单品,时尚频道——热卖单品,女人频道——热卖单品等)设定一个适合自己的活动价,如果被选中就有机会出现在淘宝首页及各大频道的下方的热卖单品中,这时卖家的店铺会有很大的流量,从而促成成交。还有一个推广工具——超级卖霸。

12. 淘宝客推广

这也是一种付费的推广方式,但和直通车不同的是淘宝客推广展示,点击推广全都免费,只在成交后支付佣金,并能随时调整佣金比例,灵活控制支出成本,这种推广方式值得推荐。另外还可以在阿里巴巴上选择一些适合自己店铺推广的网站的广告位(特点:定向投放,锁定固定目标群体,投放期间无论点击多少次,只需支付固定费用);也可以创建点击广告(特点投放更精准,覆盖面更广,被浏览者点击后才会产生费用)。

13. 网店规划推广

为了赢得买家的回头率,一定要做好网店的logo设计、装修、推广、软文写作等工作,这项工作需要时间和专业美工技术。如果时间不够或不擅长,可以请他人帮忙。现在淘宝卖家最多选择的是威客平台,威客有很多,猪八戒威客、任务中国、K68等这些都可以帮忙做这一类的推广。可以自己去其中的"玩转猪八戒"页面看看这一类的平台。熟悉后,进入主页的网店人物专栏,就可以看到很多淘宝老板发布的任务了。那里有人帮忙装修店铺,有人帮忙设计 logo,有人帮忙设计网店,有人帮忙发推广帖,有人帮忙写软文,有人帮忙做推广代理,也有 QQ 群推广店铺、收藏店铺、收藏宝贝等,各行高手都有,这是现在很热的一种推广方法,也是很有成效的一种推广方法。长期推广无效的卖家不妨试试。

（1）将网址印在信纸、相册、名片、宣传册等印刷品上

这种办法很传统但有时却容易被忽略,制作时要确信网址拼写正确,域名是否便于记忆,域名选择时就要考虑到网站推广的需要。

（2）使用传统媒体广告

传统媒体广告不应废止,无论是杂志广告还是报纸,一定要确保在其中显示公司的网址。要将查看网站作为广告的辅助内容,提醒用户浏览网站将获得更多的相关信息。别忽视在一些定位相对较窄的杂志或贸易期刊上刊登广告,有时这些广告定位会更加准确、有效,而且比网络广告便宜。还有其他传统方式可以增加网站访问量,如直邮、分类广告、发布明信片等。电视广告更适合大众化销售的产品。

（3）提供免费服务

人们都喜欢免费的东西。通过免费的信息吸引人们访问网站,比单纯叫人来访问网站更有效。提供的免费内容要与销售的东西非常接近,这样吸引来的访问者才可能是目标潜在客户。提供免费服务的同时,网站要提供多种连接方式,将获取免费信息的用户的注意力引向销售产品,如免费邮箱、免费网站登记、免费发布信息等。

（4）发布新闻

新闻推广总是有效的,即使消费者一时记不住网址,也会留下一定的印象。寻找有新闻价值的事件(如宣传提供的免费服务),并将新闻发布到金银行业的印刷期刊和网站期刊上,也可以使用一些网络新闻发布服务,如 XpressPress 或者免费的 PRWeb,新闻中添加上网址会增加链接的广泛度。

任务三　渠道拓展

一、网络品牌,线下开店,拓展新渠道

线上零售消费品占据整体额度的比例不过 3%～4% 左右,剩下九成多的份额都在线下的市场。对于天猫原创品牌来说,这是一个不小的诱惑。

如果说线下 97% 左右的市场份额是诱惑天猫原创品牌下线开店的缘由之一,那么线上运营成本的叠加,网络品牌的竞争压力之大更使得他们想往线下延伸发展。本身网络品牌较之传统品牌在渠道方面更有优势,如今传统品牌陆续上线,网络品牌试水下线,这当中有些是为了弥补品牌在线上被局限的影响力,有些则是单纯想开拓新的市场。

网络品牌走线下,有着最基本的两点原因。首先是网络营销费用日渐上涨,同质化产品竞争严重,诸多人认为,未来线上的费用不一定会比线下低,之所以开辟线下,也是为了拓展新的渠道。其次,线下市场空间巨大,对于那些单价高、面向中高端客户的服饰产品来说,用

户有体验和试穿的需求,线下更有助于品牌的传播。

二、线下：成本与风险的考量

成立于2008年10月的茵曼,前身为传统的外贸代工企业。在电子商务第一波浪潮进入中国时,方建华才借助淘宝打造了茵曼这个进军国内的原创服装设计品牌。在线上稳固发展后,来自传统企业的基因让茵曼开始寻求线下发展机会。

茵曼公关总监一霄表示,其实相比于很多传统企业来说,天猫原创品牌的市场占比要高得多,因此,网络品牌下线,不一定会比传统企业做得差。

2011年9月12日,茵曼在广州中华广场开了第一家品牌旗舰店。半年后,又分别在内蒙古、安徽、黑龙江等地开设了门店,到目前为止,总计28家门店。一霄谈到,茵曼将品牌定位在二三线城市,门店的选址85%都在二三线城市,剩下15%左右在一线城市。除了本身的客户群定位之外,这个选址更多的是考虑到落地成本问题。

落地的成本包括选址确定后的租金、物业费、水电费、税费还有员工的工资等。茵曼将实体店更多地开在二三线城市就是因为二三线城市的生活经营成本低,且当地人的网购习惯尚未养成,因此更习惯在线下购买。更重要的是,在二三线城市选择一些客单价与茵曼的品牌均价差不多的商圈进驻,就可以实现客流互通。

如果说茵曼是在时机成熟时开始抢占线下的市场份额,那么绿盒子的下线则更像是长期蛰伏后的一次进攻。

2006年从易趣转到线下的绿盒子在之后两年间开设了100多家专柜,绿盒子旗下的MissdeMode品牌发展态势良好,但由于2008年的金融危机导致库存积压从而从线下完全撤离。

2008年12月,绿盒子在淘宝上线,一年后,绿盒子就成为了淘宝网童装类目的第一名。如今走多品牌路线的绿盒子提出了"三网合一"的线下进军策略。去年11月,绿盒子上海西郊百联店开张,这是绿盒子开始下线的一个标志。

事实上,2008年,绿盒子从线下全面撤出时,其在南方商城的实体店铺一直保留着,尽管销售状况不尽如人意,但也算是"留了一手"。在上海百联店开张后,南方商城的店也开始重新整顿。

无论是茵曼还是绿盒子,从网络走到线下,都面临同样的问题:线上线下品牌、价格、产品策略的冲突,还有线下实体店各项成本和风险的压力。对他们来说,线上线下的打通与互补是最关键的地方。

三、移动交易

据中商情报网讯:随着互联网的快速发展,电子商务行业发展迅猛,作为互联网和相关服务业中新业态,其不仅创造了新的消费需求,同时也引发了新的投资新潮,开辟了就业增收新渠道,为大众创业、万众创新提供了新空间。

伴随着智能手机的快速推广和普及,移动电商应运而生。凭借着便捷和碎片化的购物时间,移动电商持续火热,用户逐渐从 PC 端向移动端倾斜。数据显示,2013—2017 年中国移动电商用户规模快速增长,从 2.15 亿人增长至 4.73 亿人,5 年间增长了 2.61 亿人,年均复合增长率为 21.8%。预计 2018 年用户规模将进一步增长,达到 5.17 亿人。

在移动购物市场规模方面,2013 年以来中国移动购物市场规模快速发展,从 2 681.7 亿元增长至 2017 年的 46 416.4 亿元,5 年间增长了 43 734.7 亿元,年均复合增长率为 104%。电子商务行业的逐步完善,以及消费者消费习惯的逐渐养成,推动着中国电子商务的发展,预计 2018 年中国移动购物市场规模将达到 57 427.4 亿元。

从细化发展来看,中国移动购物行业存在以下特点。

① 移动端适合服装、百货、虚拟商品等轻型消费品类发展,该类商品生命周期短、购买频率高、决策半径短,符合移动发展特性。

② 移动端即时性强、方便易携,更容易促成偶发性、冲动型消费,适合闪购、秒杀、首发等限时特卖模式发展。

③ 移动端流量大,带新客的能力强,从访问到下单的转化率相对高于 PC 端(除特定品类),客单价根据品类不同呈现终端差异。

从移动购物未来发展趋势来看,PC 端和移动端的硬件差异决定了中国移动购物"页面表现形式简化、内容精细化运作"趋势。具体体现在,未来移动购物市场参与者会越来越多地考虑单个页面的商品信息容量、多个应用之间的切换跳转及 PC、移动跨平台的链接适配三方面。

四、鸟箱物流

图 5.6 "鸟箱"摆设与操作点示例图

什么是"鸟箱"?或许可以说什么是"快递鸟箱"?"快递鸟箱"是一种智能快递柜,快递员把包裹存入柜子,收件人凭取件密码,随时把自己的包裹取回来。这种"快递鸟箱"目前已经在厦门进行使用并有望在全国进行推广。收件人如何能够从"快递鸟箱"中拿到自己的快递呢?"鸟箱"可以全天候收发件、24 小时进行视频监控,市民只需凭手机号后四位及取件密码,就能顺利取到快递。"鸟箱"摆设与操作点示例如图 5.6 所示。

2014 年淘宝"双十一"571 亿元的销售新纪录,也给物流业带来新的机遇与挑战。这种"快递鸟箱"对人们的生活及工作有着积极的意义。一方面,它能帮助解决"你的快递到了,你在家吗?""不在呀,我在上班呢!"的尴尬;另一方面,它对于不允许快递员进入的小区来说也实用;与此同时,这也是出于小区安全角度的考虑,避免冒充快递员行骗的事情发生;此外,这种"鸟箱"的开发也在一定程度上节省了不少人力物力等资源。

对于快递员及物流行业来说,也有着重大好处。首先,有了智能快递柜,快递员只需把要分发出去的快件,按照包裹的大小,放入型号不同的智能快递柜里,后台服务云计算平台会自动发送密码给收件人;其次,操作简单便捷,把收件方的手机号码输进去,扫一下二维码,柜门就会自动打开,把包裹放进去就好。如100件的量,现在几分钟就搞定了。工作效率提高了数倍以上,收入自然也提高了。

"快递鸟箱"的积极意义和作用是有目共睹的,因此,未来在住宅区设置智能快递柜,将会成为快递业的发展趋势。那么,如何做好未来"快递鸟箱"的建设就变得尤为重要。

① 制订一系列的标准和具体的指标,智能快递柜不能被一家公司垄断,须由第三方来提供"鸟箱"的服务。智能快递柜如果由某家快递公司来做的话,会有排他性,第三方公司提供此服务,则可避免重复建设。

② "快递鸟箱"可优化快递业的成本。现在,每个快递员一般每天可投递100件,用了鸟箱后,每天可投递500件以上。本来一个片区要10个快递员,现在能优化成3个,这样就减少了快递成本。

③ 快递员的工作及管理快递员变得相对轻松且安全。

④ 可以进行其他服务的升级和开发。"鸟箱"的发明者,厦门奕宝互联科技有限公司总经理王勇表示,今后还会根据使用者的反馈对"鸟箱"做出进一步改进,并逐渐增加"鸟箱"的功能与业务,如火车票、动车票的贩售等,从而进一步方便居民。

"鸟箱"像以前的信报箱的升级版,信报箱只能邮局一家用,"鸟箱"则避免了重复建设,大家都可共享,成本降低。智能快递箱也有一定标准,建设完成后,市邮政管理局会逐一验收。如今厦门已经有700个"快递鸟箱"进入社区,解决快递"最后一公里"的难题。这也意味着未来人们的快递服务将会更加人性化,人们的生活更加智能化、简单化。

项目六
网店数据运营

知识提要

店铺数据运营是一项综合度比较高的工作,需要掌握淘宝方方面面的知识与技能。本项目将对生意参谋、引流数据和核心数据进行介绍。通过学习淘宝后台的数据查看工具,理解这些数据工具的设计和使用逻辑以后,可以在店铺优化、产品运营、活动、推广等方面进行实战。

任务一 生意参谋

生意参谋于2011年创立,最早是应用在阿里巴巴B2B市场的数据工具。2013年10月,生意参谋正式走进淘宝网。2014年至2015年,在原有规划基础上,生意参谋分别整合量子恒道、数据魔方,最终升级成为阿里巴巴卖家统一的数据产品平台。

一、概况

2016年,生意参谋(见图6.1)累计服务商家超2 000万个,月服务商家超500万个;月成交额30万元以上的商家中,逾90%在使用生意参谋;月成交金额100万元以上的商家中,逾90%每月登录生意参谋天次达20天次以上。

1. 首页

生意参谋全面展示店铺经营全链路的各项核心数据,包括店铺实时数据、商品实时排行、店铺行业排名、店铺经营概况、流量分析、商品分析、交易分析、服务分析、营销分析和市场行情,如图6.2所示。

图6.1 "数据中心"板块内的"生意参谋"

项目六　网店数据运营

图6.2　生意参谋首页

2. 实时概况

如图6.3所示,实时概况提供店铺实时流量交易数据、实时地域分布、流量来源分布、实时热门商品排行榜、实时催付榜单、实时客户访问等功能,能让人洞悉实时数据,抢占生意先机。

图6.3　实时概况

① 访客数(UV):统计周期内访问店铺页面或宝贝详情页的去重人数。一个人在统计时间范围内访问多次只计为1个。所有终端访客数为PC端访客数和无线端访客数相加去重复。实时计算过程中,店铺流量高峰时,可能会出现交易数据处理快于浏览数据,导致访客数小于支付买家数。

② 浏览量(PV):店铺或商品详情页被访问的次数,一个人在统计时间内访问多次计为多次。所有终端的浏览量等于PC端浏览量和无线端浏览量之和。

③ 支付金额:买家拍下后通过支付宝支付给卖家的金额,未剔除事后退款金额,预售阶段付款在付清当天才计入内。所有终端的支付金额为PC端支付金额和无线端支付金额之和。

④ 支付子订单数:统计时间内买家支付的子订单数,即支付笔数。

⑤ 支付买家数:统计时间内完成支付的去重买家人数。预售分阶段付款在付清当天才计入内;所有终端支付买家数为PC端和无线端支付买家去重人数,即统计时间内在PC端和无线端都对宝贝完成支付,买家数计为1个。

3. 流量总览

这个板块的数据由流量分析及流量纵横(总览)(见图6.4)两大板块构成,其中后者是付费功能,所以我们主要介绍流量分析板块。流量分析共有4个模块,分别是流量概况、来源分析、动线分析、消费者分析。

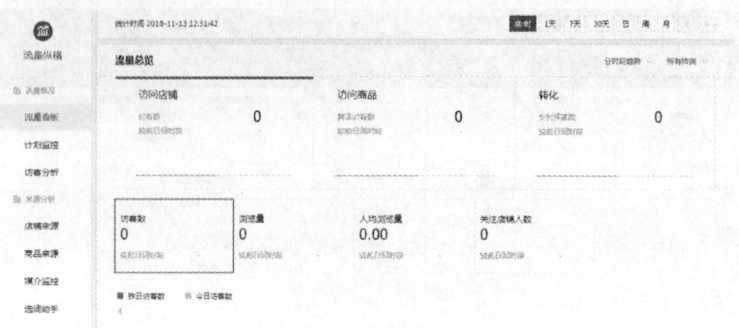

图 6.4 流量总览

① 访问店铺:数据同访客数。

② 访问商品:店铺中所有商品(包含下架商品)有被访问过的商品去重数,用于提醒卖家注意商品详情页流量的合理利用。

③ 转化:此处显示为"支付买家数"。

④ 人均浏览量:平均每个访客在店铺中访问的页数。例如 100 人浏览了 200 次,那么人均就是 2 次。

⑤ 关注店铺人数:原版为"收藏量",指用户在浏览店铺页面过程中添加关注该店铺的总次数。

二、分析功能

1. 流量分析

店铺流量主要分为 PC 端流量和无线端流量。在生意参谋中,可以分别查看不同端口的流量情况,并可查看其与同行的对比情况。流量分析主要包括流量概况、流量地图和访客分析。

(1) 流量概况

在生意参谋首页即可对流量概况进行查看,或在生意参谋首页的导航栏中单击"分析"选项,在打开的页面中也可分别查看流量总览、流量趋势、流量排行、访客行为、访客特征等数据。

(2) 流量地图

通过"流量地图"选项,即可查看店铺流量来源、店内路径、流量去向等数据。在查询流量来源时,可根据需要查看店铺和同行的流量来源对比。在查询店内路径时,可以分别对店铺首页、商品详情页、店铺微淘页、商品分类页、搜索结果类、店铺其他页的访客数和访客占比进行查看,还可查看页面访问排行,或者根据需要分别以月、周、日为范围查询流量来源。通过这些数据的查询,可以使经营者了解当前店铺的流量结构,对于流量不足的情况,需要通过推广提高店铺流量;对于转化率不高的情况,需要对商品详情页、价格、店铺装修、商品展示技巧、商品形象包装、促销活动搭配等因素进行分析,找到转化率不高的原因。

(3) 访客分析

通过"访客分析"选项,可以查看访客分布的最新数据,包括访问时段分布、地域分布、特征分布、行为分布、性别等。根据对访客的相关数据进行分析,可以方便卖家更准确地开展调整营销推广活动、设置商品上架时间等动作。通过"访客对比"选项,可以查看访客对比的相关数据,包括消费层级、性别、年龄、地域、偏好和关键字等。"访客分析"选项可以帮助经营者更好地掌握客户数据,从而进行会员管理。

2. 商品分析

生意参谋的商品分析主要包括商品概况、商品效果、异常商品、分类分析四部分的内容,用于帮助经营者实时掌握和监控店铺商品信息。

(1) 商品概况

通过"商品概况"选项,可以查看商品信息概况、商品销售趋势、商品排行预览等信息。

(2) 商品效果

通过"商品效果"选项,可以查看商品效果明细的相关数据。此外,单击"商品温度计"超链接,可以查看当前商品的准备库存情况。如果当前商品存在问题,生意参谋将给出可能的建议为经营者提供参考。通过"影响商品转化因素监测"选项可以对影响该商品转化情况的因素进行检测,包括页面性能、标题、价格、属性、促销导购、描述、评价等,生意参谋将对可能影响商品转化的问题进行显示,并提醒卖家进行改进。单击"单品分析"超链接,可以对当前商品的来源去向、销售、访客等信息进行分析。

(3) 异常商品

通过"异常商品"选项可以查看当前表现异常的商品,包括流量下跌、支付转化率低、高跳出率、支付下跌、零支付、低库存等。生意参谋会针对商品的异常情况给卖家提出大致的建议,帮助卖家优化商品。

(4) 分类分析

分类分析主要是指按类别对商品情况进行分析。分类分析可以帮助卖家更快捷地分析出同类型商品的销售情况,更精准地找出同类商品的共同问题从而进行统一管理和整改。

3. 交易分析

生意参谋的交易分析主要包括交易概况、交易构成和财务概况三部分内容,用于对店铺的交易情况进行掌握和监控。

(1) 交易概况

通过"交易概况"选项,可以对交易总览和交易趋势的数据进行查看和分析。通过交易概况,经营者可以了解任意天数的店铺交易额、支付买家数、客单价、转化率等数据,还可以在"交易趋势"栏中查看与同行对比。

(2) 交易构成

通过"交易构成"选项,可以查看交易构成数据。生意参谋主要从终端构成、类目构成、品牌构成、价格构成、资金回流构成5个方面对交易构成数据进行了分析,可以帮助经营者了解终端、类目、品牌等各方面的交易数据,以便有针对性地进行完善和优化。

(3) 财务概况

通过"财务概况"选项,可以查看店铺的财务数据,包括财务健康度、营业利润、收支构成、资产负债、资产负债详情、现金流量、现金流量详情等内容,可以帮助经营者全面掌控店铺财务数据,了解店铺财务健康指数和资金流动情况。

任务二　引流数据

当我们在绞尽脑汁地想办法引流时，却忽略了对淘宝流量来源的分析，流量从何而来，哪些渠道才是适合自己店铺的引流方法，同行又是通过哪些方法引流的？网上商店的目的是把流量转化为销量，最终实现盈利，所以我们需要通过生意参谋真正摸透流量的本质，分析出适合自己的引流方法。

一、检查店铺流量来源的引流和下单转化

① 关注皇冠标记的最大流量来源，关注免费和付费的引流比例结构，关注站外的引流能力，关注以品牌和商品自身吸引力获得的自主访问流量。如图6.5所示，付费渠道可以成为未来店铺流量拓展的一个强劲的来源。

图6.5　专注查看流量概况

② 如图6.6所示，关注流量的上升和下跌的渠道，细看具体上升和下跌的主要明细渠道；验证引流策略是否起效和合适，确定是否调整引流方式；关注各个渠道的转化率，扩大高转化渠道的流量引入。

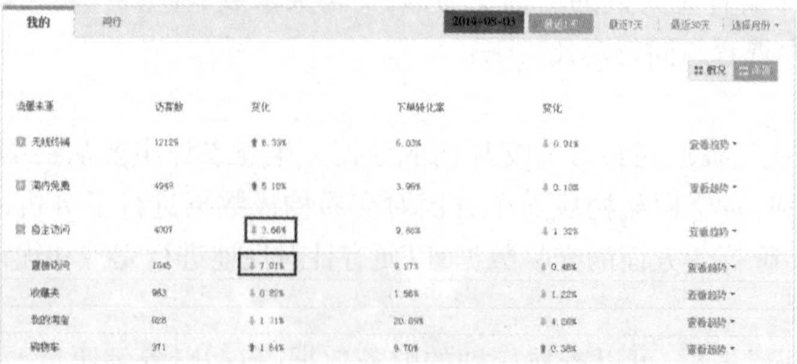

图6.6　专注查看流量详情

③ 流量来源分为六大渠道,根据二级明细来源展现店铺自身内部不同的渠道效果。根据流量的数据表现情况,合理地设置店铺内的流量投放和引流。根据访客、下单指标明确流量最大的来源,针对性地加大投入成本,如图6.7所示。

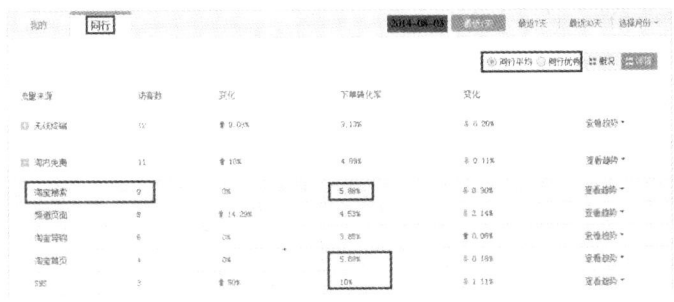

图6.7 分析流量来源

二、关注店内路径流量,转化提升

如图6.8所示,查看店内各类页面的流量分布。

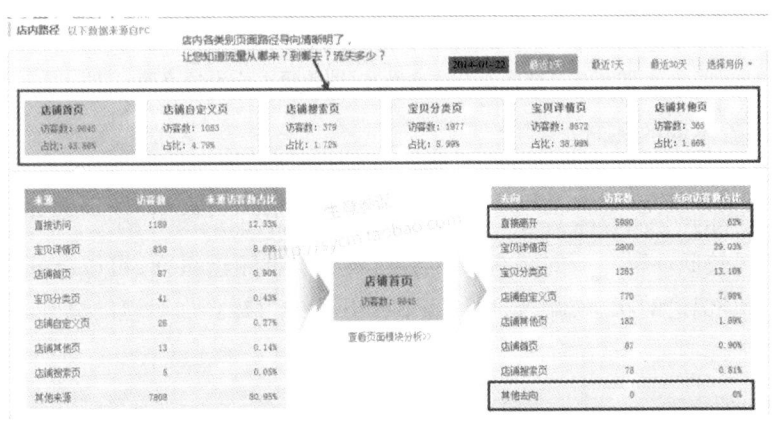

图6.8 查看店内各类页面的流量分布

① 关注宝贝详情页的流量占比,因为此部分流量相比入店的所有流量,更接近下单和支付环节。

② 关注店铺首页和店铺自定义页的流量分布,及时调整活动力度。

③ 关注店铺搜索页的流量,如果店内搜索流量过大,则说明现有的店铺布局对用户寻找目标商品存在一定的障碍,可以通过关注"工具箱"→"选词助手"→"店内搜索关键词",知晓用户的原始需求,适时调整店铺首页的商品排布和商品分类导航。

店内流量的流转情况反应的是店内流量流转的通畅度。不同的店内页面类,需要关注的流转路径有所差异。例如:

① 店铺首页:关注去向商品详情页和去向分类页的比例结构。关注首页引导至自定义活动页面的流量,验证效果。

② 宝贝详情页：关注去向宝贝详情页的流量比例，衡量宝贝之间流量流转是否通畅。
③ 店铺自定义页：关注去向宝贝详情页的流量比例，衡量活动对商品流量导入的有效性。

三、关注流量去向，分析成因

第一步：查看离开访客数高、浏览量占比大的页面。

如图 6.9 所示，在宝贝列表页中，女装裤子和半裙类的离开浏览量占比较低，因此，应保持对这部分商品的分类，且可以考虑将此部分商品分类放置在更显眼的位置。相反，女装衬衫类的离开浏览占比较高，可以考虑调整此部分的商品排布，或将此部分分类放置在相对不显眼的位置。

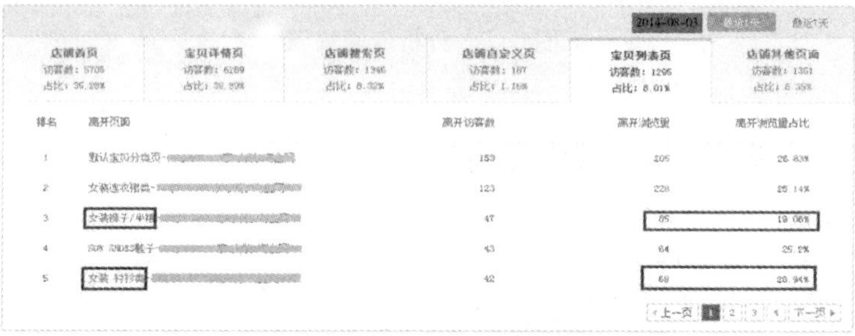

图 6.9　查看离开访客数高、浏览量占比大的页面

第二步：查看不同的去向。

了解用户离开后的去向，推断用户离开的意图。如图 6.10 所示，去向分为 3 类，最多的去向是购物车、我的淘宝、收藏夹等，并未前往搜索其他店铺或离开淘宝，所以用户对店铺的不满意程度相对较低。第二类的是淘宝内活动或导购类频道页面，可以推断用户没有明确的去向页面，而是偏逛的状态，此时，可以查看离开后的目标页面对应的离开人数和占比。

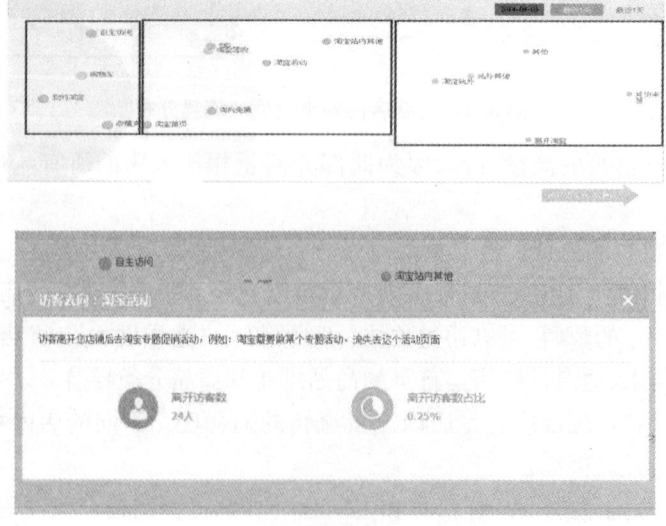

图 6.10　查看不同的去向

项目六　网店数据运营

如图6.11所示,查看店内各类页面的入口访客和跳出率:关注高引流的页面的跳出情况,将低跳出的入口页面作为引流入口的权重加大,修改或调整高跳出的入口页面,降低其作为引流入口的权重。如图中第一个商品,跳出率87.27%,考虑关注其页面布局、访客特征,降低其作为引流入口的比例。再如第四个商品,其引流入口跳出率为top5的引流商品中最低,为68.15%,因此可以考虑让其承担更多的流量引入店内的职责。

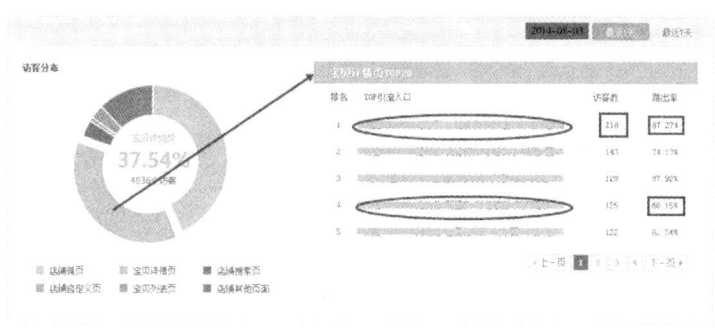

图6.11　查看入口访客和跳出率

四、拓展无线端流量

无线端店铺路径提供了无线端的流量来源、无线端入店的页面、无线端的店内页面流转路径。无线端店铺路径怎么分析?

第一步:看来源。

如图6.12所示,类似于PC端,关注查看自己的流量概况和详情,同时特别关注无线端特有的引流渠道。考虑到无线端和PC端之间的引流模式有差异,需要加强对无线流量来源的重视。同时参考查看同行的流量详情,拓展引流渠道。

图6.12　关注无线端流量来源

第二步:看入口页面。

如图6.13所示,查看不同无线端APP的流量分布情况,明确资源投入,同时根据各类APP的情况,查看不同页面作为入口页面的流量和转化情况。

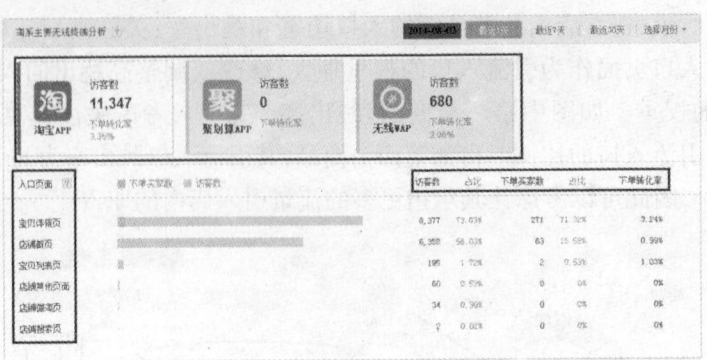

图6.13 查看入口页面

第三步:查看各类 APP 内页面之间的流量流转。

如图 6.14 所示,先选择关注的重点 APP,再查看 APP 内各类页面的流量占比,最后查看各类页面中和店内其他页面之间的流量流转。例如,图中店铺微淘页面的 42 个访客,看完微淘内容后离开店铺的占到 90%,可见微淘内容急需调整。同时可以查看微淘插件分析,了解市场上哪些微淘插件可以使用且受用户青睐。

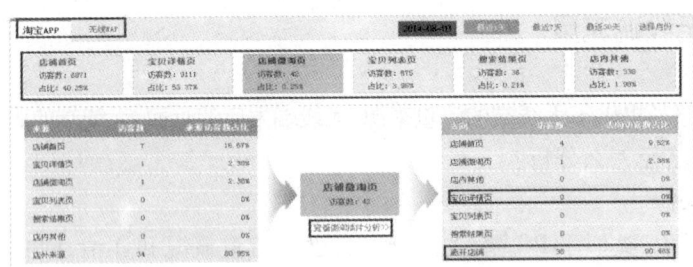

图6.14 查看各类 APP 内页面之间的流量流转

第四步:查看无线入店和承接。

如图 6.15 所示,分析多终端比较:淘宝、天猫、聚划算、无线 WAP(此处指无线端浏览器访问),根据不同终端入口页面,核实查看访客数、下单转化率等效果数据是否达到预期,加大对效果好的入口页面的优化。

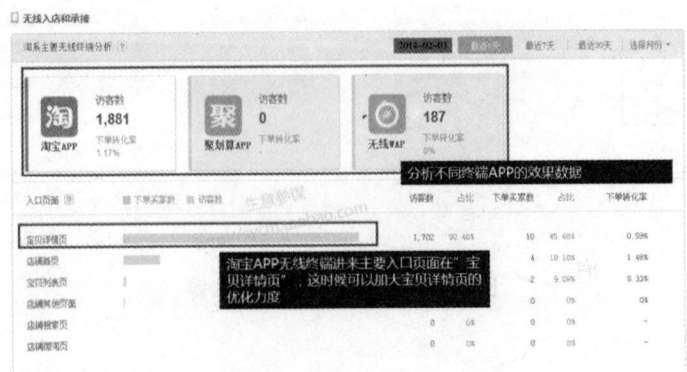

图6.15 查看无线入店和承接

第五步:查看无线店铺店内流量流转。

如图 6.16 所示,根据不同客户端的不同类别页面类型,合理设置店铺内部流量流转。

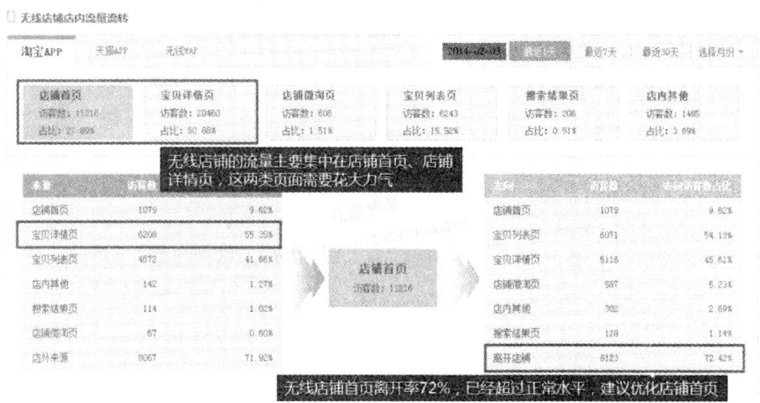

图 6.16　查看无线店铺店内流量流转

任务三　核心数据

运营店铺,数据的重要程度是毋庸置疑的,但是经营一段时间后,经营后的数据大而乱也往往容易出现!再而数据也有抽象性的表现形式,许多卖家对大量数据的管理和运用也常会无从下手,那么本任务将会告诉卖家们如何抓住各自需要的数据。

从以前的量子再到现在的生意参谋,店铺数据分析工具功能越来越强大,操作也越来越复杂,因为数据也越来越细分。淘宝的生意参谋提供了用来分析店铺的五大核心数据指标,分别为交易、流量、商品、推广、服务,如图 6.17 所示。

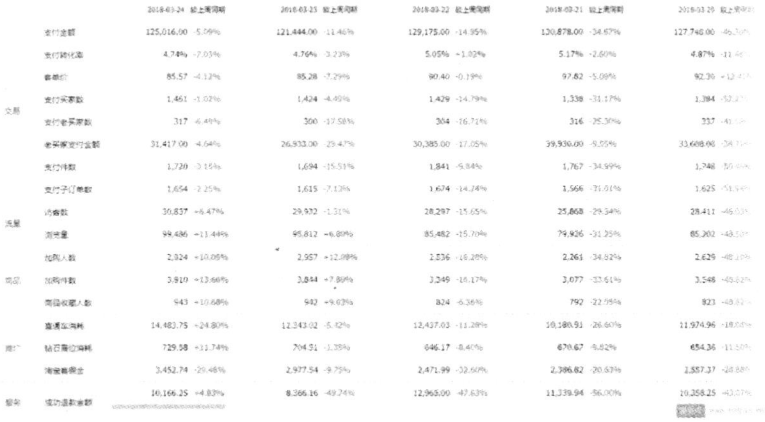

图 6.17　店铺分析五大核心数据

这五大核心数据里面包含了 17 个子维度,而我们每天分析问题、提升数据,就是为了做好这 5 个核心数据指标。

一、交易

交易包含支付金额、支付转化率、客单价、支付买家数、支付老买家数、老买家支付金额、支付件数、支付子订单数,如图 6.18 所示。

		2018-03-24	较上周同期	2018-03-23	较上周同期	2018-03-22	较上周同期	2018-03-21	较上周同期	2018-03-20	较上周同期
交易	支付金额	125,016.00	-5.09%	121,444.00	-11.46%	129,175.00	-14.93%	130,878.00	-34.67%	127,748.00	-46.30%
	支付转化率	4.74%	-7.02%	4.76%	-2.23%	5.09%	+1.02%	5.17%	-2.60%	4.87%	-11.48%
	客单价	85.57	-4.12%	85.28	-7.29%	90.40	-0.19%	97.82	-5.08%	92.30	+12.41%
	支付买家数	1,461	-1.92%	1,424	-4.49%	1,429	-14.79%	1,338	-31.17%	1,384	-52.23%
	支付老买家数	317	-6.49%	300	-17.58%	304	-16.71%	316	-25.30%	337	-41.08%
	老买家支付金额	31,417.00	-4.64%	26,933.00	-29.47%	30,385.00	-17.05%	39,993.00	-9.58%	33,608.00	-38.71%
	支付件数	1,720	-3.15%	1,694	-15.51%	1,841	-9.84%	1,767	-34.00%	1,748	-50.45%
	支付子订单数	1,654	-2.25%	1,615	-7.13%	1,674	-14.24%	1,566	-31.01%	[illegible]	[illegible]

图 6.18　交易

1. 支付金额

支付金额是买家拍下后通过支付宝支付给卖家的金额,未剔除事后退款金额。预售阶段付款在付清当天才计入,货到付款订单确认收货时计入。

支付金额越多,对于店铺权重提升越快。当金额在下滑或上升的时候,卖家就需要对比下滑或上升前的数据表现了,要分析具体是哪个宝贝在下滑或上升,哪些渠道成交额在下滑或上升。

2. 支付转化率

支付转化率是支付买家数/访客数,即来访客户转化为支付买家的比例。

支付转化率可以说明消费者对产品的喜爱度。在这里特别提醒下在分析转化率的时候一定要对比同行的转化率。

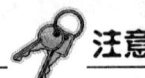

注意

店铺转化率低,先找店铺单品,然后对比同类同价位产品的转化,不可在生意参谋首页整体看板对比同层转化率。

3. 客单价

客单价是支付金额/支付买家数,即平均每个买家的支付金额。

很多卖家认为提升客单价的唯一途径就是涨价,其实不然,还可以通过关联、搭配、加价购等方式提升客单价。客单价提高对于提升店铺在搜索关键词中的权重很有好处。

4. 支付买家数

支付买家数是完成支付的去重买家人数。预售分阶段付款在付清尾款当天才计入;所有终端支付买家数为 PC 端和无线端支付买家去重人数,即统计时间内在 PC 端和无线端都对商品完成支付,买家数计为 1 个。

5. 支付老买家数

支付老买家数是统计时间的最小统计日期前 365 天内有过支付行为的买家,在统计时间内有过至少一次购买行为的买家数。

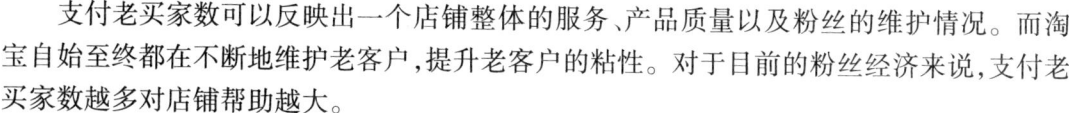

支付老买家数可以反映出一个店铺整体的服务、产品质量以及粉丝的维护情况。而淘宝自始至终都在不断地维护老客户,提升老客户的粘性。对于目前的粉丝经济来说,支付老买家数越多对店铺帮助越大。

6. 老买家支付金额

老买家支付金额是统计时间的最小统计日期前365天内有过支付行为的买家,在统计时间内的累计支付金额。

老买家数多说明店铺粉丝维护得比较好,但是如果老客户光进店却不购买也是个十分严重的问题。

7. 支付件数

支付件数是统计时间内买家完成支付的商品数量。例如,出售手机,16GB 两个,32GB 一个,那么支付件数为3。

8. 支付子订单数

支付子订单数是统计时间内的支付子订单数。支付子订单数也被称为支付笔数,如某个买家在某个店铺购买了多个宝贝一起下单支付,订单后台会展现每个产品每个 SKU (Stock Keeping Unit,库存量单位)粒度下会有一条记录,这个就是一个子订单。

二、流量

1. 访客数

访客数是统计时间内访问卖家店铺页面或宝贝详情页的去重人数。一个人在统计时间范围内访问多次只计为1个。所有终端访客数为 PC 端访客数和无线端访客数相加去重。

访客数的多少也就意味着店铺的好坏,卖家们往往在看到这个访客数下滑的时候才开始察觉店铺出现了问题,其实这是一个错误的观点。访客数的下滑往往不是当天影响,更多的是下滑前的数据影响。卖得越多问题也就会越多,如果没有提前做好优化问题的准备,等反应过来的时候基本已经晚了。

 提示

店铺真正危险的时候是店铺数据最好的时候,一旦开始下滑那将是不可逆转的。

2. 浏览量

浏览量是多天的人均浏览量,即各天人均浏览量的日均值。

浏览量越高,说明整个店铺的商品关联做得好,同时也说明整个店铺有一个统一的品牌调性(品牌整体风格协调),也意味着跳失率低,从而店铺整体的人气(包括动销)也会提升不少。

三、商品

1. 加购人数

加购人数是统计时间内访客将商品加入购物车的访客去重数。

购物车数量代表消费者对产品的认可度和喜爱度。加购人数多可以提升商品的标签化流量。对此卖家们应该主动引导消费者把商品加入购物车,第二天可以操作购物车营销提升加购物车人群的转化。

2. 加购件数

加购件数是统计时间内买家加入购物车商品件数之和。

3. 商品收藏人数

商品收藏人数是统计日期内新增点击收藏商品的去重人数,不考虑取消收藏的情况。

不管是收藏还是加购物车,这些维度都在人气维度里面,而现在一个款能否卖得好,除了转化以外,最关键的还是要有好的人气。当发现收藏、加购物车数据下滑,应及时细分到产品,逐一分析是什么款在下滑,并且分析影响收藏、加购物车的问题。

提示

影响收藏、加购物车下滑维度的因素有季节、竞争、环境、问大家、差评、访客下滑、访客渠道等。

四、推广

1. 直通车消耗

直接车消耗是统计时间内直通车消耗费用金额。

2. 钻石展位消耗

钻石展位消耗是统计时间内钻石展位消耗费用金额。

以上两个金额卖家可以根据自己的需求调整,这里就不过多介绍了。

3. 淘宝客佣金

淘宝客佣金是统计时间内淘宝客消耗费用金额。

要是某一天看到自己的淘宝客佣金变多了,或者淘宝客佣金一直都还不错,说明店铺的产品一直都有淘宝客在推广,建议卖家进入店铺淘宝客后台,查看是哪些淘宝客在长期帮助推广,筛选最好的几个淘宝客,培养为自己店铺的淘宝客,创建更高佣金的定向计划邀请这几个淘宝客进入高佣计划。

五、服务

成功退款金额是统计时间内买家成功退款金额。退款包括售中和售后的仅退款和退货退款,不包含货到付款的退款金额。

当店铺的退款金额超过店铺营业额 10% 的时候卖家就要加倍留意了。应该打开生意参谋服务页面,查看退款产品,分析退款原因,如图 6.19 所示。如果是产品质量问题,产品必须停止出售,待质量提升后再继续出售,否则将会影响店铺整体的权重,甚至导致店铺被关闭;如果是服务问题,那么提升客服能力即可。

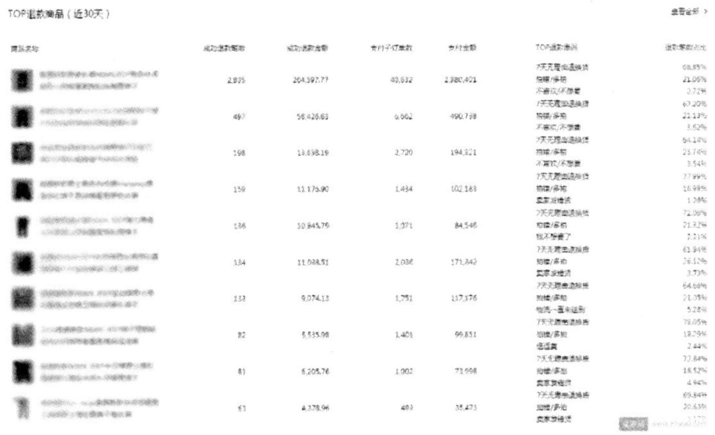

图6.19　查看退款产品

当卖家需要分析店铺,又不知道从哪里下手的时候,建议从这五大核心数据下手,90%以上的问题都可以分析出来。

项目七

网上开店实战分析

知识提要

本项目是在前面 6 个项目理论学习和网店顺利开设的基础上,对网店实战案例的分析。通过网上开店前期、中期、后期策划,对网上开店与创业进行较为宏观的梳理,使得网上开店与创业的创建更具竞争力。

任务一　开店前期策略

一、精确定位

1. 类目选择

淘宝类目选择等同于行业选择,需要根据商家各自的行业背景来做决定,无法判断哪个类目更具优势。当然排除已有商品资源的商家外,首先只是想跟进淘宝流而进驻商城的商家应该多关注细分类目。宁可做 5% 市场的 100%,也不要去做 100% 市场的 5%。例如,女装类目已是红海一片,如果没有足够的优势最好不要往里面冲了。细分市场依靠其专一性,从消费心理学上讲更需消费者接受(当然这得视类目而定);另外可以遵从淘宝的步伐来选择类目,如近期淘宝力推的家居和运动类目,总之选择好类目是至关重要的事情。

2. 目标客户群

我们可以依靠 5W 理论来做参考,其一就是 WHO,目标客户群是谁? 任何行业针对目标客户均有差异化,特别是占据淘宝第一阶梯的女装,有专门针对白领层的,那么产品款式就必须时尚化,也保证了客单价,而其所售卖的产品就会朝着这个方向发展、优化。千万不要拿着没有任何优势可言的产品开始做淘宝,淘宝已经从淘便宜时代过渡到如今的淘个性时代了,如果连基本的产品区分都没分清,最好不要做淘宝。并且现在的淘宝也不是当年的淘宝了,新商家在前期推广、运营上都尽心尽力,所以要打有准备之战,随便的产品,不必那样费尽心思去推。

3. 店铺类型

选择入驻商城的店铺形式目前有 3 种:旗舰店、专营店和专卖店,传统品牌的商家除外,对其他性质的商家来讲选择哪类店铺无所谓好与坏,此处重点强调旗舰店,从选择开始就是为了打造店铺品牌,那么商家的战略部分及思路均要围绕在这个基本之上。例如男装市场,男人对品牌的忠诚度尤其的高,所以此处做男装类目的商家就得注意,品牌+产品+服务是你决胜的关键。同时,从品牌定位上可知道其视觉的风格及拍摄图片的风格定位。

二、熟读《淘宝规则》

入驻淘宝商城是一个商业行为,所有的商业行为均以利润为目的,所以,为了得到更多更好的利润,商家应熟读《淘宝规则》,避免违反。例如,淘宝的商品发布规则。商家的商品发布与集市店有很大的区别,并且会有很多的限定,如标题中不得出现带有任何促销信息的词,如特价、让利、好评等。通常会以"品牌+系列名称+男(女)+产品名称+产品货号"形式出现,还有一些关于宝贝主图多图位置的细节特写的规定,如箱包类目的"正面图(允许模特图)、商品背面图(或侧面图)、设计细节图1、设计细节图2、内袋图"。

三、经营理念

1. 品牌规划

从目前淘宝已有的品牌划分来看,分为以下3种类型:渠道品牌(如麦包包)、店铺品牌(如七格格)、产品品牌(如芳草集)。这些品牌谈不上哪个更具优势,得根据最适合自己的战略来执行,如麦包包从一开始就定位为自有多品牌道路,再以代理国际知名大品牌做补充的战略。因为是渠道品牌,所以重点突出的是"麦包包"这3个字,然后再配合公司进行广告投放及品牌的定位。

做产品品牌的商家前期得投入大量的广告成本来维护,一个品牌是有生命的,犹如麦包包的方总所讲:"我们麦包包卖的不是包,而是理念"一样。

2. 产品

如前提到,淘定有3种品牌类型,如果是代理品牌商的产品,那即需要负责产品的协调到货周期即可;如果是自有品牌,那就一定要严把产品质量关,从一开始做品牌的商家必须从最开始的时候严格来要求,好比开公司一样,一开始就必须要有制度来执行,这是保证存活下去的必要条件,不然就会在忽悠顾客的同时也忽悠了自己。

3. 定价策略

淘宝的定价一般是根据淘宝市场的一个整体基本价格来制定的,要根据不同的情况并考虑其他方面的条件,找到适合自己的价格。

定价要考虑到付出的时间成本、广告成本、运输成本、人力成本等,根据商家的目标客户群来制定。

4. 目标客户群

目标客户群是商家最应该考虑的重要环节,品牌规划、产品、定价都是围绕目标客户群来制订的,是一整套的流程。客户群的定位也区分了商家投入的成本和收入的宏观数字。

5. 进入成本

目前的淘宝,同类目同样的产品甚至同样优势的产品竞争几近白热化。资深的网购人群除了对耳熟能详的商家忠诚外,也愿意去 C 店寻求新颖的商品;经常网购的人群对一些大商家保持持久的兴趣感,基本上要买的都能找到好的(如箱包类目的麦包包、女装类目的韩都衣舍、男装类目的杰克琼斯、童装类目的绿盒子和化妆品类目的芳草集等);而更多新手网购的人群,她们所了解的除了那些比较大的商家外,了解其他的产品完全是通过广告进店的。所以根据这些来判断一个新商家刚入驻商城,要通过什么来引流呢?目前多是通过付费广告来引流,基本的引流通路就数直通车和钻展了,这些是新商家进入淘宝后一个必做的事情。

商家也应该清楚,对于新入驻的店铺,自然流量根本不足以支撑整个店铺的运作,只能通过付费广告来,但是付费广告支出很大,商家需对店铺列出盈亏平衡预期和预算损益表。

四、心理准备

如前面所提,现在的淘宝不是以前的淘宝了,但是走电子商务这条路肯定是对的,转型意味着勇气和实力。我们常说最厉害的人莫过于张三丰,传统企业转型就得学张三丰,学一项马上就忘掉,现在所讲的就是企业要转型进驻商城,得把线下那套方法给忘掉,来遵从淘宝的规则,电子商务的新玩法,同时也要把传统的捡起来,毕竟电子商务还是商务,得实实在在地在乎产品质量及更新周期。在漫漫的淘宝路上,没有所谓的一夜成名之说,世上也永远没有一夜成名之说,包括前期的投入成本,在没有任何优势的情况下,起码得有保证能撑半年不挣钱的实力。

五、人员配备

在人员配备上面,新商家可以从最基本的人员来入手,8 人的团队可以保证店铺的正常运营。
① 负责人(1 名):负责协调团队、店铺业绩任务、资源整合、BD、战略制定。
② 运营策划(1 名):店铺运营规划及文案的编写和活动的报备工作。
③ 推广(1 名):店铺 P4P 执行及站外的推广。
④ 视觉设计师(1 名):负责店铺视觉管理(此处要求要严格一些,至少 P 图厉害、懂代码)。
⑤ 产品协调(1 名):俗称产品经理,负责产品到货的协调及定价和上下架的事宜工作。
⑥ 客服(2 名):在线导购、售后查件及订单的处理工作。
⑦ 物流(1 名):负责仓管和发货。

这些是最初步的架构,随着后期的扩张,产品协调和上下架专员须分开,只是创业型公司,如果没有充足的资金做后盾,这样的配备还算完善,毕竟入驻商家以后是成公司的状态,一切得正规运作。

六、学习知识

针对新商家来讲,建议学习:《淘宝规则》(了解淘宝基本运营方式和规范);商城商学院(清楚商城运作要求和实战);万堂书院(运营推广区);淘宝论坛(各种经验集结区);淘宝大学(深度的淘宝整体运作区);派代网(高度分享区,战略学习区)。

项目七 网上开店实战分析

1. 论坛

淘宝的"经验畅谈居"是目前淘宝最活跃的一个版块,当然在论坛里还有其他各类别的版块,新商家都可以去学习和了解。

2. 淘宝大学

淘宝大学里面因为有着众多会员讲师身份的视频教材而倍受关注,包含了淘宝运作的各方面,但更多的是取经验于集市店中,值得新商家学习。

3. 商学院

商城商学院是目前为新商家新上线的一个学习平台,里面全部的知识要点都集中于商城,所以更加贴切于商家的工作。

4. 派代网

派代网是电子商务这个行业内的一个高度分享的论坛,里面聚集了众多"混迹"电子商务和淘宝的高手,如麦包包叶总、前京东总裁助理刘爽、初刻许晓辉,淘宝的更是数不胜数,所以这是一个高度的社区,值得商家到了一定的程度以后再进来学习和交流。

任务二 开店中期策略

一、视觉营销

1. 首页装修

新商家入驻后,基本上都是买装修的模板,但这类模板有很多的局限性和不足。现在不论是自己做还是购买,商家得重点强调首页的界面用户体验感和整体风格,最重要的就是分流块。此处新商家可以参考韩都衣舍、伊米妮旗舰店、麦包包官方旗舰店。

不管是对视觉要求较高的服饰类目还是其他,均对视觉要求很高,视觉营销在于店铺的一个整体外观形象,不要太杂乱,页面颜色最好不要超过三种,这样给顾客一个眼界的对比至少会是比较舒服的感觉。在布局上,目前出现的漂浮栏也是不错的导航条,尽量多制作对流量有利的窗口以吸引流量的进入。

2. 宝贝描述

宝贝描述不管从哪儿先入手,适合自己的才是最好的。新商家可以关注一下"麦包包""安都""七格格""韩都衣舍",重点强调关联促销。(从消费者心理来讲,以下几点排列可能更好:品牌宣传、同类宝贝推荐、产品详情、尺码对照、流行元素、产品效果图、模特图、产品静物图、细节图、生产工艺流程图、品质与保证、公司实力、温馨提示、热卖产品或可搭配产品的关联促销。)

3. 拍摄

此处的拍摄强调的是对于减少色差的保证,从各个风格来界定这些图片。对于服饰类产品,可根据定位的不同进行拍摄,如"我的百分之一女装"就趋向于户外拍摄,而像"七格格"ONLY则倾向于室内拍摄。

拍摄的角度对产品的不同要求也很重要,至少目前针对新商家的产品拍摄都是在外包上,但是很多外包的公司并没有按照产品的需求来拍摄,可能也因为新商家因为产品 SKU 的多,对产品的要求也没有那样严格而导致很多拍摄出来的图片与真正需要的图片不符。在此建议新商家,在外包拍摄之前,先去类目门户看一下,了解本类目的细节拍摄规则,可以参照这些规则严格要求外包商按需求来拍摄。例如服装,至少模特图、全 SKU 的静物图,以及车缝线、衣领、袖口、下摆、流行元素、LOGO 等这些细节图都是需要的。

二、产品上架

1. 标题

标题参照"品牌 + 系列名称 + 男(女) + 产品名称 + 产品货号"的方式来编写,30 个字要尽量用完。

2. 主图

主图也就是显示的 5 张大图,这是展示给顾客最直观的图片。顾客在网上进店相比传统线下企业有着很大的不同之处,传统线下企业进店是从正门进入,而进淘宝的顾客基本上是通过搜索以后从宝贝页面进入店铺,所以我们俗称为"从窗口进入",可见主图的效果对销售的影响。淘宝针对主图摆放也有了更新的要求,如箱包类目是包的正面、背面、侧面、细节一、内里五种,而女装类目是模特图正面、模特图背面、细节一、细节二、细节三这 5 种。所以商家要严格遵从淘宝规定,这也对商家自身有益。

3. 描述

在淘宝售卖的产品均是以图片的形式体现出来的,所以俗称"卖图片",商品热销的好坏很大程度取决于图片的效果,商城根据定位最好用产品图片 + 文字的形式制作成图片来展示,这样的效果能减少顾客的视觉疲劳,增强的图片的精美度。

4. 分流

分流就是合理利用进来的流量,减少跳失率的做法。第一,放店铺最新活动;第二,同类产品推介(大部分顾客是有目的地通过搜索单品宝贝进店,所以同类产品会让顾客有目标的选择性);第三,合理搭配,如果是可以用来搭配的产品,可以在制作图片的时候,利用切片技术给产品进行搭配后的图片展示;第四,热卖单品;第五,新品推介。

三、免费的推广

淘宝 SNS 全面升级,之初的淘江湖融入"我的淘宝",而又推出新工具"掌柜说"。这种被称为"微淘宝"的工具将是为商家提供除了搜索、类目和活动以外的最大流量入口。我们清楚,为什么微博会火,在于它是全网的信息散播地,一方面网友提供了信息,另一方面也具备了社交的功能。所以在中国至少现在微博应用超过社交网站应用。而"掌柜说"却是在拥有目标流量(质量流量)的淘宝 SNS 下诞生,其意义可谓非凡。总之新手商家一定要用好"掌柜说",可以结合之前的"店铺收藏"将优惠券移植到"掌柜说"上来。

四、店铺的运营

满送、满减、包邮、套餐、限时折扣,这些是淘宝给商家推出的店内营销工具,之前在分析麦包包等12家店的营销中,发现所有店铺都包邮,然后就是"满送"。当有活动的时候以包邮和套餐为主,限时折扣是在店铺有一定自然流量的时候去做才会有效果,并且限时折扣的规则也一定要在宝贝页面写清楚。

套餐最好是以可搭配的产品来做,如果不便于搭配,则可以用送礼形式来出现,把礼品当成套餐里面的产品,这也是提升销售的方法之一。

任务三 开店后期策略

一、活动

1. 淘宝官方活动

例如,聚划算、淘金币之类的,建议新商家去报手机类的活动,如公车秒杀,流量与聚划算相近。淘宝的活动审核都会有一定的周期性及要求,所以商家必须先练好各自店铺里面的内功,把首页装修、宝贝描述做好,还有产品的选择上,要有高的性价比,相对应的产品报活动最好先看看活动中是否有与商家报活动的产品雷同的,相对差异化产品报活动更有优势。

2. 店铺内活动

店铺内定期或不定期的活动是在考核店铺的运营能力。有主题性的活动,如母亲节和父亲节、商城三周年庆的辅助活动,目的性的活动(开学季清仓);也有常规性的促销活动,如每周四会员日,针对会员有折扣等。

二、推广

1. 直通车

根据淘宝官方解释,淘宝直通车是淘宝为专职卖家量身定制的按点击付款的效果营销工具,为卖家实现商品的精准推广,产生精准引流的方式。引流也得要有质量的流量才行,所以目前直通车是应用最广泛的推广方式之一。

对于新商家,因为对店内的产品受欢迎程度不了解,所以选择哪款产品做直通车须考虑。通常有两种方式,其一就是全部铺开,选10款产品做直通车,让顾客来选择;其二,从淘宝的热销度及自己的经验判断哪个产品是潜力股,然后重点推。这里强调的是新手商家不宜拿太多产品出来做直通车,找出店铺内性价比好的产品选择三到四款做重点主推即可。

2. 钻展

钻展是一种按图片展示付费的广告,俗称"小硬广"。引流的方式以商品图片吸引的程

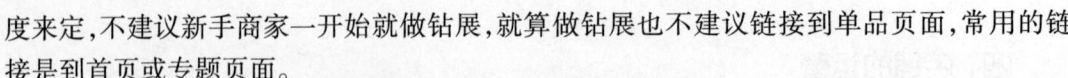

度来定,不建议新手商家一开始就做钻展,就算做钻展也不建议链接到单品页面,常用的链接是到首页或专题页面。

钻展要考虑到的一定是店铺内的运营能力,流量进来了,店内的视觉效果好吗?足够吸引顾客眼球吗?还有店内的活动是否足以支撑顾客转化呢?宝贝描述图片的完善是否能减少跳失率呢?还有客服接单的能力能否很快跟上?这些都是需要考虑的。所以当店铺内的各项基本要求达到了,内功练好了以后再投钻展也不晚。

三、运营

1. 制订活动方案

活动方案的制订须明确活动目标、活动时间、活动取得的效果,相当于5W理论。从活动前期的策划到中期的执行,直到后期的跟踪都需要多个部门的配合来完成。

从制订活动前期的布置开始,新商家须根据活动想要取得的效果来跟进方案的执行,所涉及到的产品、广告图片、推广方案、店铺形象、团队人员、物流等主要的工作都要考虑齐全、固定策划。一场常规性的活动可能不需要这样复杂,但是针对商家准备打造的爆款产品来讲,这样做犹为必要。

2. 店铺内部促销活动

促销活动分为两种:主题活动、常规促销活动。

主题活动:以一个主题来对店铺进行销售,也可以理解为找理由让顾客来消费,如节日的活动之类。可以实时关注最新的潮流动态,策划出新颖的活动。活动的策划优势在于加强会员的互动,带动销量提升。

常规促销活动:就是平常的店内的促销性活动,如满送多少之类,或周四会员日,在每周四会有专门的产品对会员进行打折活动,这种活动是店铺内的小型活动,可以通过钻展来进行推广宣传。

3. 会员营销

会员营销一定程度上也叫客户关系管理,同时也叫数据库营销。会员关系管理是通过SMS、EDM、电话回访、营销软件、站内信、实物礼品来达成的。首先对顾客进行合理选择,然后给相应顾客设置不同的优惠折扣,针对不同时候进行促销活动发布的一种方式。

CRM强调的是两种功能:会员管理、会员营销,把会员管理好了,对提升店铺销售会有很大的促进作用。

四、产品

此处产品须跟上店铺销售的步伐,最好购买一套软件来支持进销存的管理(如目前淘宝应用较广泛的北京E店宝和杭州网店管家),这是为正规化运作所必须提供的信息化支持。

产品后期需成立专门的产品部门来管理,最好由总负责人直接领导,淘宝就是卖产品的,尽量不要出现任何质量问题,所以在产品更新及质量方面,供应链须跟上。产品运营和产品协调是两种不同的类型,产品运营里包含了对品牌理念的宣传,而产品协调则包含了开发、协调、采购、供应链管理。

五、CRM+SNS

CRM简意为数据库营销,我们知道如果淘宝或电子商务发展到最后,还只能依靠付费广告来吸引流量带来客户的话,那这个商家肯定是可悲的。通常店铺引进的流量转化成销量占付费广告的3%,而老顾客占到了6%,相比近万的老顾客,如何用CRM来唤起这些顾客的再次消费将起到重要的作用。而CRM管理不仅仅是对老顾客分类的一种管理手法,更多的是加强了老顾客的互动,使店铺对顾客更具凝聚力,所以加强老顾客的营销工作很重要。

SNS是目前互联网世界非常火热的应用平台,随着淘宝的SNS战略逐步放大,淘宝也走向了社交化。当今类似于新浪微博、腾讯等均开启电子商务应用,如果商家在后期的店铺运营中利用CRM+SNS必将取胜。CRM在于精选顾客,而SNS在于与顾客进行沟通,若CRM结合了SNS,则将是极佳的组合营销方式。

六、市场

淘宝针对传统企业来讲,只是拓展了其销售模式的一个渠道,企业进驻商城,无非第一是品牌化,第二就是分销体系的建立。

淘宝只是一个平台,也是一个起点,虽然质量流量是淘宝更优,但是淘宝还是零售商的一种。所以新商家可以以淘宝为依托,进行全网规模的分销体系的建立,例如,目前特别火的团购,新商家均可以借助,让产品尽快销售出去。

七、企业文化建设

电子商务不同于传统企业,员工的平均年龄趋于年轻化。又因为电子商务人才缺乏,所以要尽可能的把公司内部的员工组织、管理好。

淘宝拥有武侠文化,麦包包拥有农庄文化,一个公司的文化就是一个公司的价值理念,员工愿意认同企业的文化他就会跟着企业走下去。所以现在很多企业都以"幸福指数"作为衡量公司员工满意度的标准,比如漂网的"幸福价值观"。

企业文化的建议是为了让员工更加快乐的工作,不仅仅是生活上,例如,在上班时间,可组织成员去附近茶楼开会,相信任何一个80、90后都会乐意接受。

借用马云的话"我们真正愿意看到的是,每天不管上班还是下班,员工都是笑呵呵的"。

随着"大阿里战略"的发布,如今的淘宝商城是传统企业及创业人士梦想的热土,但如何把这块热土做好、做大、做强,需要从各个环节把控。

另外,针对新商家有几点建议:

① 由总负责人来直接进行领导并负责;
② 有明确的战略方向、清晰的战术技巧;
③ 品牌化动作,注重经营理念;

④ 遵从"大阿里战略"步伐;
⑤ 关爱员工,打造幸福指数(发展、福利、工资、机会);
⑥ 严把产品质量关;
⑦ 尊重客户,客户才会尊重你;
⑧ 加强与顾客的互动,关注 SNS 及 CRM;
⑨ 学习才是王道。

项目八
跨境电子商务

知识提要

本项目是在淘宝网的基础上,对跨境电商平台、现状及全球速卖通进行介绍。目前跨境电商平台刚刚起步,通过速卖通平台和网店开设基本规则的学习,重点把淘宝网的商业规则进行提升,并综合运用到速卖通平台,创业者也能在速卖通平台获得更大的市场空间。

任务一 了解跨境电商

跨境电子商务是指分属不同关境的交易主体,通过电子商务平台达成交易、进行支付结算,并通过跨境物流送达商品、完成交易的一种国际商业活动。

随着 2015 年"互联网+"时代的来临,跨境电商已经站到了资本市场的风口上。跨境电商有望成为对冲出口增速下台阶的利器。近年来,随着国际贸易条件的恶化,以及欧洲、日本的需求持续疲弱,中国出口贸易增速出现了下台阶式的减缓。而以跨境电商为代表的新型贸易近年来的发展脚步正在逐渐加快,并有望成为中国贸易乃至整个经济的全新增长引擎。

2018 年 10 月 1 日起,财政部、国家税务总局、商务部、海关总署日前联合发文明确,对跨境电子商务综合试验区电商出口企业实行免税新规。

一、跨境电商平台

过去的 12 年里,许多互联网巨头纷纷涉猎跨境电商,其中有阿里巴巴的天猫国际,亚马逊的海外购,网易的考拉海淘,顺丰的顺丰海淘等。

1. 阿里巴巴:天猫国际

天猫国际主打母婴、美妆个护、食品保健、服饰鞋包、生活数码五大类目,几乎囊括了目前国人海淘最频繁的类目。此外,天猫国际还加入了环球闪购和环球好商家的玩法机制。闪购模式是目前海淘项目最主流的玩法,抓住的是国人"贪小便宜"的心理。环球好商家针对的是海淘深度玩家,他们对某些品牌与商家已经有了初步的认知度和忠诚度。天猫国际的优势在于它本身是最大的电子商务公司,在供应链管理上有更丰富的经验。

2. 亚马逊：海外购

海外购主打母婴、玩具、美妆个护、服饰鞋包、运动户外五大类目。在选品上和天猫国际的区别在于放弃了食品保健和生活数码，加入了运动户外，母婴板块加入了婴幼儿玩具这一类目。相对于天猫国际布局男性数码电子，海外购主要看中的是男性户外运动这块市场，双方主要瞄准的还有女性用户。亚马逊的优势在于它本身是一家国际电子商务企业，每个国家都有它的分部，所以应该有更加丰富的供应商和货源。

3. 网易：考拉海淘

考拉海淘主打母婴、美食保健、美妆个护三大类目。在产品数量和种类上相对于以上两家还是逊色不少，母婴板块只有几款尿不湿和为数不多的几款奶粉，美妆个护部分也只开通了韩国和日本板块，并且产品和品牌寥寥无几。毕竟网易在电子商务领域还比较年轻，因此资源也有限。首页主打的玩法还是闪购模式，呈现方式也不像天猫国际和海外购那样，感觉以后走的是小而美的路线。

4. 顺丰：顺丰海淘

顺丰海淘相对以上三家则稍逊一筹，首页没有主打类目，只呈现了限时特购的玩法机制。不过稍稍浏览一下网站，可以发现其主打的产品应该还是聚焦在母婴市场、美妆个护、食品保健、生活用品方面。顺丰的优势在于它本身就是一家物流公司，国内口碑也不错，相信在转运等方面顺丰海淘能提供更好的解决方案和用户体验。

二、政府参与扶持的跨境电商

政府部门为了促进区域经济发展，通过自贸区的建立、人民币国际化及新的丝绸之路，来推动跨境电子商务的发展，扶持跨境电商项目。例如，上海自贸区的跨境通、宁波自贸区的跨境购。

1. 上海自贸区：跨境通

跨境通背靠上海自贸区，从类目来看它囊括了母婴用品、个护彩妆、进口食品、营养保健、鞋靴箱包、时尚服饰、精美配饰、生活家居。玩法机制上也不仅仅是闪购模式一种，增加了热销商品、猜你喜欢、新品上市等项目。除此之外，跨境通还增加了亚马逊专区，全球推荐中还加入了以国家、品类等为标签的电子商务平台。

2. 宁波自贸区：跨境购

在国家政策的推动下，宁波作为跨境贸易电子商务服务试点城市，搭建了跨境购平台。

跨境购为国内跨境消费者提供实名身份备案、税单查询、商品防伪溯源查询等跨境网购服务。现阶段纳入跨境平台的"卖家"都经过平台认证，消费者下单后平台提供商品追溯二维码，手机扫描后，可以看到商品进口的详细信息，方便消费者验证真伪。在服务功能方面，跨境购开发了"全球商品导购"这个板块，将现阶段宁波纳入试点的11家跨境贸易电子商务进口业务企业所经营的商品全部搬上网络。海淘一族只要对相应商品或商家感兴趣，直接点击就可以进入该商家的网店，进行下单采购。这样网站就实现了对海淘商品的一网打尽。

三、奋力开拓的创业者们

最后,罗列一些白手起家的创业者们做的项目,可分为平台类、垂直类、工具类、导购类。

1. 平台类

(1) 洋码头

洋码头顾名思义洋人的码头,它是以地区为标签划分的。目前开通洋码头的地区有美国馆、亚洲馆、澳新馆、欧洲馆。除了闪购和团购模式外,洋码头每周都会组织不同产品的特卖会,品种也颇为丰富,从奶粉、扫地机器人到魔声耳机,应有尽有。在用户购买过程中也进行了各种引导,如品牌入手、明星卖家推荐、新发现、最热季等。

(2) 蜜淘

蜜淘主要的模式为闪购,不同时间它会推出不同的主题,就像现在在主打海外年货节,里面的品牌有国人比较熟悉的费列罗、Swisse、lancome,也有国人不太熟悉的 Biocare、Edison、cloudB。

蜜淘也帮助用户直接代购,走的是代购+闪购的模式。它传达的信息很简单,就是以最实惠的价格帮用户买到最需要的东西。但是有些产品里面并没有详细的产品介绍,对于海淘小白用户来说,在选择时就会比较困惑。

2. 垂直类

蜜芽宝贝

以"进口母婴品牌"为定位,以"限时特卖"为模式,蜜芽宝贝本质上是一家垂直行业的 B2C 网站,以限时折扣的模式销售进口母婴品牌的产品。在采购模式上,蜜芽宝贝首先参考消费者需求,上线后最先收集口碑信息,形成反向采销流程。

产品类目则从奶粉、尿不湿、儿童餐椅到澡盆应有尽有。

3. 工具类

(1) 三七海淘

三七海淘是一款针对海淘购物的浏览器插件,它提供货物价格估算、快递查询、优惠信息聚合、降价提醒等核心功能。对国内买家来说,需支付的海淘物品的价格除了产品本身价格(需汇率换算)外,还得算上运费和关税,插件中的价格估算则是在帮买家算这些事。快递查询则支持 FedEX、UPS、DHL 等公司的运单追踪。而对于那些买家收藏的商品,三七海淘也可呈现降价提醒。

(2) 55 海淘

55 海淘网是针对国内消费者在线上进行海外购物的返利网站,其返利商家主要是美国、英国、德国等 B2C、C2C 网站,如亚马逊、eBay、shop-apotheke 等,返利比例在 2%~10% 不等,商品覆盖母婴、美妆、服饰、食品等综合品类。55 海淘开通了支付宝、财付通、Paypal 等多种海淘返利支取方式。此外,55 海淘旗下还有海淘 CPS 广告联盟"海淘客",以及海淘限时特卖 55 闪淘。

(3) 笨鸟海淘

笨岛海淘开发了一套物流业务管理工具,这套工具不仅改进了后台效率,还能让用户在前端随时捕捉后台的工作进展,通过各种终端(如PC、微信)确认自己的包裹状态。其次,拣货环节,通过PDA+智能路径规划优化效率。最后,与海外专业的仓储服务商合作,弹性扩展仓储能力,通过业务系统实现分布式仓储。笨岛海淘是一场由消费者发起的"反价格歧视革命",这场革命的三大"反动派"分别是有跨国业务的厂商、大的跨境电子商务以及海关。这场革命的最终目标,是打掉大部分中间环节,让商品流通不再有渠道和国家之分。

4. 导购类

(1)海贝网

海贝网是一家海淘购物分享网站,并非单纯的B2C模式,它并没有自己的购买支付平台,除了帮助用户了解国外品牌最新的拼团代购活动、共享各种折扣邀请码等外,还可以供用户相互间分享交流海淘各个方面的信息资讯,如返利、攻略、购买教程、转运等。

类似这些打折活动的信息配上像浏览器购物插件"三七海淘"之类的工具的话,还是能够帮助缓和用户和商品信息间的不对称,再加上海贝网的晒单社区,这些社交类的元素相比直接的网上购买的确能够保证更大的用户粘度,所以我更愿意把它看成一个海淘类的电子商务门户网站。

(2)顶顶

从晒当地好货开始切入海淘电子商务的"顶顶"专注于做日韩化妆品这个品类,不少种子用户也都获取自豆瓣、知乎等社区。如果用户足够丰富的话,"顶顶"生成的热榜单就能很好反映用户需求在哪里,以及变化情况,用户也会看到更符合自己口味的推荐,平台和商家在选品时也会更有针对性。跟现在很多海淘电子商务网站一样,"顶顶"也会走保税区集货的模式,以节省仓储和物流成本,并打算于今年年底开始试卖商品。

(3)买个便宜货

"买个便宜货"是一个网购(海外)商品资讯与购物讨论社区。资讯内容主要来自网友分享、爆料,再经过该网站的编辑审核,推荐到对应栏目,包括"最新文章""热门文章""有爆必应""网友晒单"及"问答精选"。"买个便宜货"商品内容有3C数码、服饰鞋帽、运动户外、玩具母婴、汽车宠物等,几乎涵盖全品类。用户可以根据看到的商品信息和评价,点击"直达"链接后跳转到该商品的出售平台进行购买。

除了以上提到的项目,还有好多海淘类项目。例如、海淘城、海淘通、海倍网、海欢网、海淘科技、爱美购、零米、海蜜、街蜜、小红书、什么值得买、北美省钱快报、海猫季、保税国际等。

综上所述,显然目前海淘市场争夺战已经初具规模。要想在大机构和这些项目的夹击下突出重围难度非常大,那么创业者的机会就在平台之外的垂直领域,只有更加垂直细分类目或许还有一线生机。

总之,现在在跨境电子商务行业,资本的战争已经结束了,对于创业者来说,烧钱拼资源已经没有意义,扎根垂直品类,先做到养活自己,才能有更大的机会。

任务二　开启跨境之门

随着电子信息技术和经济全球化的深入发展,跨境电子商务已成为外贸产业中的一匹

"黑马"。

近年来,我国电子商务整体发展迅速,已经广泛渗透到社会经济生活的各个领域,在云计算、物联网、移动通信等新一轮信息技术革命的驱动下,电子商务将不断创新应用模式,基于移动互联网、网络社区、LBS 等新兴模式不断涌现。

随着我国电子商务发展的政策环境、法律法规、标准体系以及支撑保障水平等各方面的完善与提升,可以预见的是,跨境电子商务将进一步发挥中国制造的产品优势。业内人士分析,两大细分产业有望受益于电子商务的大发展。

一是电子支付产业。在电子商务的支撑体系中,电子认证、电子支付、现代物流、标准体系、信用体系等均受益于电子商务的发展,特别是"电子支付",随着央行《非金融机构支付服务管理办法》以及《非金融机构支付服务管理办法实施细则》的出台,电子支付产业有可能出现爆发式增长。另外,财付通、支付宝、汇付天下等 17 家第三方支付公司近日已接获国家外管局正式批复,成为首批获得跨境电子商务外汇支付业务试点资格的企业。

二是电子商务平台运营商。2018 年 2 月 6 日,全球领先的新经济行业数据挖掘和分析机构 iiMedia Research(艾媒咨询)权威发布《2017—2018 中国跨境电商市场研究报告》。数据显示,2017 年跨境电商整体交易规模(含零售及 B2B)达 7.6 万亿元人民币,增速可观。2018 年跨境电商交易规模有望增至 9.0 万亿元。

在"新消费"观念和消费升级潮流的冲击下,商品质量更有保障的跨境电商市场交易规模保持快速增长。随着平台物流水平和供应链打造逐渐完善,未来市场有望得到进一步扩大。

"一带一路"助力跨境电商,行业将迎精细化时代,跨境电商将收获更为丰厚的政策红利;未来跨境电商的经营品类将更细分化,区域特色也越发明显,个性化、定制类的商品与服务也会越加成熟,跨境电商平台的升级将是新突破点。

然而,在线跨境业务起步阶段也面临一系列问题和挑战,如网店搭建、市场推广、收付款、国际物流等,中小企业商户和创业者要注意下面几个方面。

一、中小企业

与在国内利用电子商务不同,跨境电子商务支付、物流等要复杂得多,中小外贸企业在发展电子商务时也面临诸多风险。

1. 储备电子商务人才

我国中小外贸企业由于规模小、实力弱、发展空间小,难以吸引相对紧缺的技术高、能力强的高级电子商务人才。我国 500 万家中小外贸企业,其中正在使用电子商务从事跨境交易的仅占非常小的比例。目前仍有数量极其庞大的中小外贸企业还没有接触电子商务。

2. 避免法律纠纷

由于存在地域广阔、各国法律适用问题等,交易安全风险较国内更高,跨境在线贸易处理起来更为复杂。

3. 留心交易欺诈

对于交易安全问题,调查显示,一半以上的受访商户表示担心与海外客户交易时遭遇欺诈,27%的商户担忧他们现在使用的支付系统在进行跨境交易时不够安全。此外,25%的商户认为未来海外买家拒绝支付的风险将增加。

二、初创者

1. 起步选择好平台

"一开始还是选择 eBay 这样的平台为好,在平台上做大后可以考虑建立自己的外贸网站。"一位业内人士表示,对于目前的中小外贸企业来说,起步阶段如果自己做的话会很困难。

2. 先建立渠道和品牌

先在平台上做渠道和品牌,然后独立建站,这种成功转型是可以复制的。如麦包包在短短三年时间里就实现了超过 1 亿元的交易量,2012 年拿到了风险投资,并开始建立独立的官方网站。

然而,平台也是一把双刃剑。对于想做大、树立自主品牌的企业来说,是一种约束。例如在淘宝上做生意,做得再大也是"淘品牌"。最好的办法是,平台与自己的网站推广营销一起做。做大以后,会比较容易地从平台抽身而出。

三、开启跨境之门

近年来,我国跨境电子商务发展十分迅速,一是由于国内电子商务商场日趋饱和,而全球市场则具有巨大的潜力,另外是因为国外电子商务企业纷纷着眼中国这个巨大市场,而中国电子商务企业加大力度走出去已成为了必然趋势。

数据显示,国内的第三方平台企业已超过 5 000 家,通过各类平台开展跨境电子商务业务的外贸企业已超过 20 万家,使得跨境电商的交易规模迅速扩大。而且,随着中小企业开展国际贸易的门槛降低,越来越多的中小企业依靠互联网电商开始走向全球市场,极大地带动国内中小企业的发展。其中,阿里巴巴旗下的"淘宝海外"和"速卖通"两个出口平台就已覆盖 220 个国家和地区。

阿里巴巴的跨境交易平台主要有两个,一是阿里巴巴国际站,另一个是全球速卖通,通常被比喻为国际版淘宝。

跨境电商正在红遍神州大地。如今,已有越来越多人涌入这个被称为"蓝海"的行业,试图尽快从中分得一杯羹。然而,很多新人者对如何做好跨境电商缺乏经验及知识,面对这片"蓝海"却有些不知所措。因此,从全球速卖通介绍开始,本文将通过收集、整理等多种方式,梳理出跨境电商每个环节的实操技巧,帮助更多新人者快速掌握相关知识,勇闯全球电商市场。速卖通由于门槛低,操作方便,海外知名度大且背靠今年上市的阿里巴巴这棵大树,从而备受跨境电商中小卖家,包括小企业和个人的青睐。

项目八　跨境电子商务

任务三　全球速卖通

一、速卖通上开店

在速卖通上正式开店之前,首先要做好开店前的准备工作,首先需要注册一个账号,具体注册需要提供以下信息:身份证、邮箱、电话号码、支付宝账号、银行卡(用于结算外汇)。而且要确保以下几点:第一,支付宝账号、邮箱账号和身份证最好是同一个人的身份;第二,所用的身份证要保证之前没有开通过速卖通店铺。具体操作如下。

1)打开全球速卖通卖家频道,网址是 www.aliexpress.com,单击页面右上角的"卖家中心"→"免费开店"按钮,进入"后台注册"界面,如图 8.1 所示。

图 8.1　阿里速卖通首页

2)在"卖家后台"界面的右边有一个免费开店的按钮,单击该按钮进入注册界面,此时需要输入邮箱,如图 8.2 所示,最好是提前申请一个谷歌邮箱。具体操作类似于淘宝开店方式,这里不再赘述。

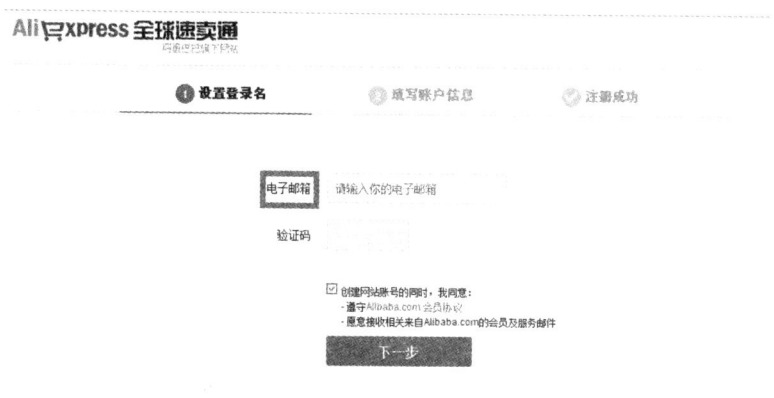

图 8.2　速卖通填写电子邮箱界面

3)设置完登录名之后,系统会向邮箱发送一份确认邮件,如图8.3所示。单击链接进行确认。

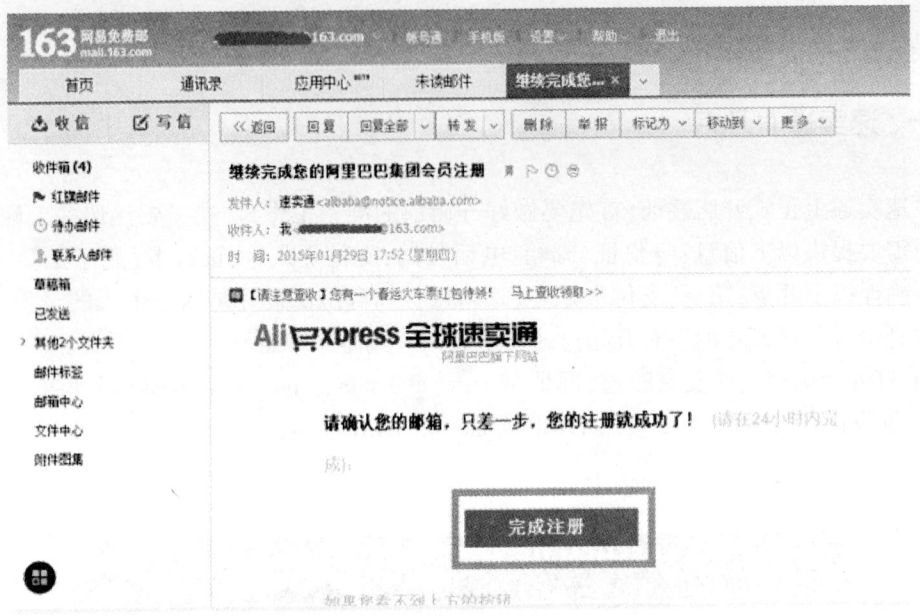

图8.3 速卖通完成邮箱确认界面

4)填写账户的基本信息,包括设置登录密码,取一个英文名,提供住址和电话信息等,在线交易情况选择淘宝等在线交易平台即可,如图8.4所示。

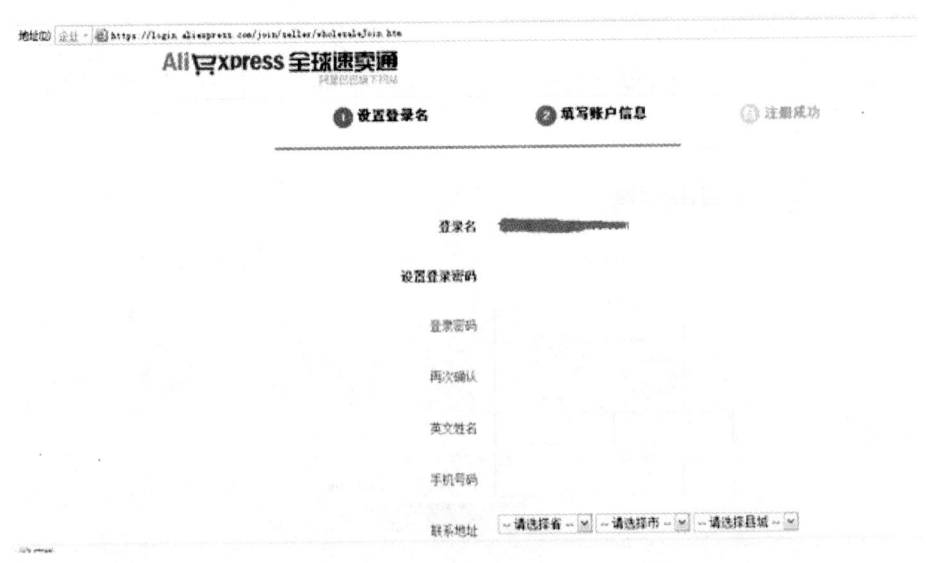

图8.4 填写账户基本信息界面

5)填写好账户信息之后,需要进行实名认证。一般选择个人认证,如果是企业,须选择企业认证。个人认证需要准备4张认证的照片:身份证的正反面照、手持身份证正面照、上半身手势照,照片要求清晰,不能有曝光和暗区,手臂全部要置于照片之内。实务认证界面如图8.5所示。

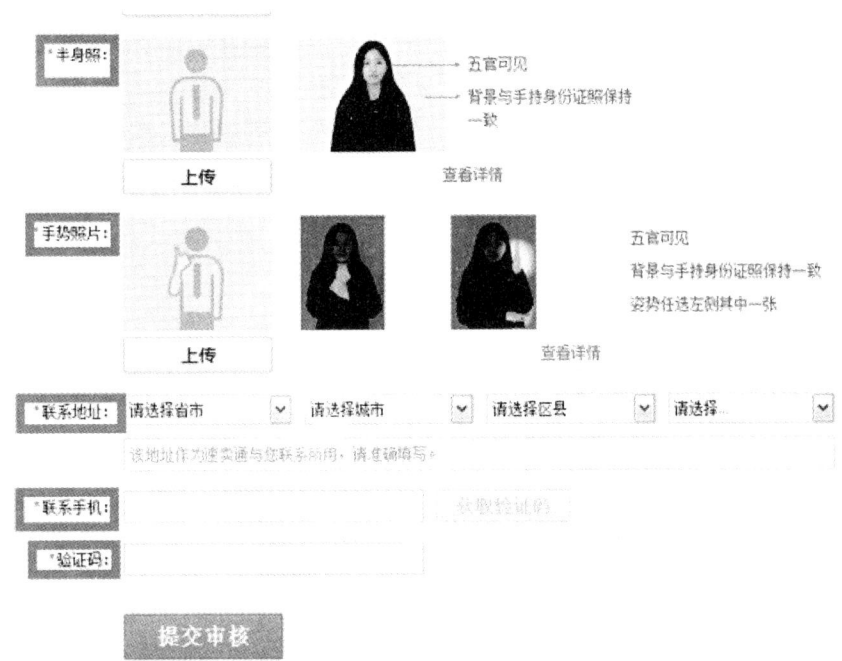

图8.5 实名认证界面

6）单击"提交审核"按钮,提交审核,一般24小时内会收到认证结果的邮件。在注册过程中,系统会随机要求考试,考试的试题都是关于速卖通基础性的知识,可以在百度中查询。如果速卖通店铺认证没有通过,可再次准备照片进行上传。

二、速卖通选品

究竟什么是选品？选品的目的是什么？

一般认为,商业的本质就是利益最大化。在运营、推广的过程中,总会有些产品好卖,有些产品难卖。所以选品就是一个认识和了解市场的过程。如果用一句话来解释选品的意义,那就是:保证推广爆款的成功。

任何一个产品上市,一般会经历4个阶段:研究与开发、成长阶段、成熟阶段、衰退阶段。我们肯定不希望在产品的第三、第四阶段进入市场,因为这两个阶段的市场利润率开始下降,在第二阶段进入市场是最好的。当一个产品已经成为市场上最热销的产品,这个时候进入市场已经是处于市场的成熟阶段了,市场规模已达到最大,一般的新卖家在和市场上的成熟大卖家竞争的时候,即使是用心打理店铺,甚至花费不菲的广告费用,效果不好也是意料之中的事。如果能在第二阶段,竞争者还很少的情况下就能进入市场,开始推广某一产品,推广成本一定很低,再加上二八法则,这样生意一定会做得很好。

大致了解了选品的思路,下面介绍具体如何选品。

选品的数据获取途径有：数据纵横（搜索词分析、选品专家）；卖家频道、卖家论坛；EBay 等国外电商网站；google 搜索工具；海外论坛。

这里着重介绍速卖通的数据分析工具——数据纵横。数据纵横下面的子工具有行业情报、选品专家、搜索词分析。将这几个工具协同作用，完成选品的前脸部——数据获取和数据分析，并且实现从行业到子类目，再到具体产品的选品历程。

首先打开"数据纵横－行业情报"页面，选择 3 个类目：服装、珠宝、假发。系统会呈现出这 3 个一级类目的访客数占比、成交额占比、在售商品数、浏览量占比、成交访客数占比、供需指数，如图 8.6、图 8.7 所示。

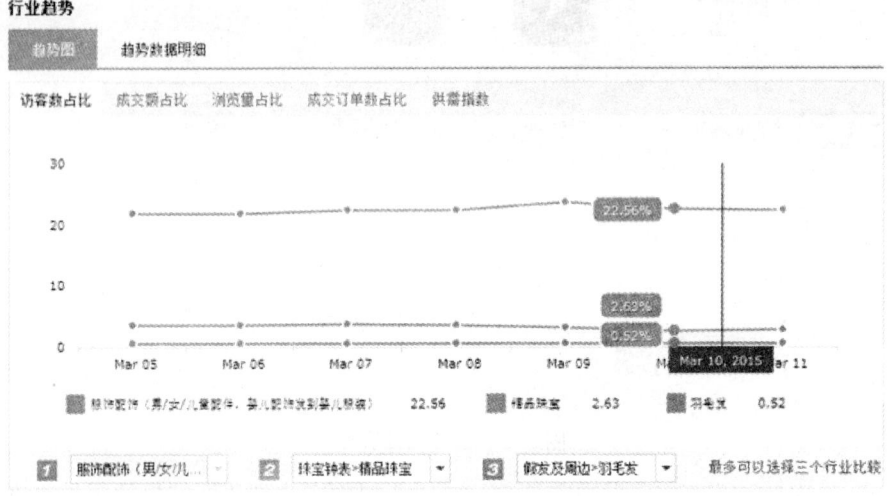

图 8.6 数据纵横行业趋势指数图

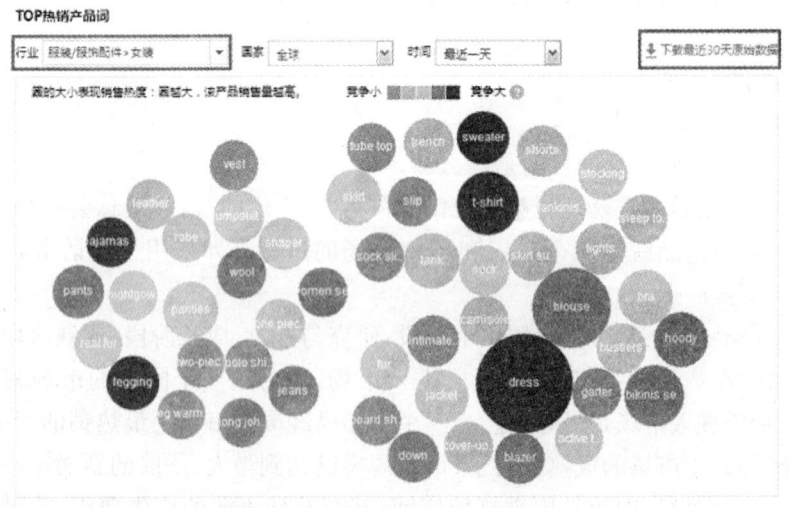

图 8.7 热销和热搜大数据分析图

通过访客数和浏览量可以判定市场的容量，从成交金额占比可以判定该产品的客单价，如果市场容量不高，而成交金额占比高，则表明客单价高。从供需指数可以判断产品的竞争力强弱。

通过行业情报工具的分析，假设大致可以认为服装类目是一个很不错的类目。接下来就利用选品专家这个类目，试着选择比较好的细分类目和二级类目。

打开选品专家，这里有热销和热搜，一般认为，热搜适合开发新品，热销适合寻找爆款。这里选择热销，选择相应的类目，下载原始数据。

如图8.8、图8.9所示，blouse排在了第一位，并且X指数遥遥领先，究其原因发现：

行业	国家	商品关键词	成交指数	购买率排名	竞争指数	
女装	全球	blouse	83945	1	2.19	=D2/E2/F2
女装	全球	dress	134835	2	4.74	14223.10127
女装	全球	bikinis set	31704	3	1.78	5937.078652
女装	全球	bra	18890	4	1.51	3127.483444
女装	全球	tank	17390	8	0.98	2218.112245
女装	全球	t-shirt	36873	5	3.62	2037.18232
女装	全球	skirt	18194	6	1.52	1994.95614
女装	全球	intimate accessory	5237	11	0.44	1082.024793
女装	全球	panties	21047	15	1.4	1002.238095
女装	全球	jumpsuits	9737	7	1.49	933.557047
女装	全球	hoody	14546	10	2.09	695.9808612
女装	全球	jacket	12666	16	1.14	694.4078947
女装	全球	shorts	6485	13	0.76	656.3765182
女装	全球	legging	13786	9	2.9	528.1992337
女装	全球	shaper	8029	12	1.33	503.0701754
女装	全球	pants	9760	18	1.75	309.8412698

图8.8　大数据图分析——大购买率小竞争指数

	A	B	C	D	E	F
1	行业	国家	商品关键词	属性名	属性值	成交指数
2	/服饰配件>	全球	blouse	material	polyester	15801
3	/服饰配件>	全球	blouse	material	cotton	9519
4	/服饰配件>	全球	blouse	material	spandex	2352
5	/服饰配件>	全球	blouse	material	rayon	1343
6	/服饰配件>	全球	blouse	material	acrylic	1034
7	/服饰配件>	全球	blouse	pattern type	solid	11863
8	/服饰配件>	全球	blouse	pattern type	print	2696
9	/服饰配件>	全球	blouse	pattern type	floral	1900
10	/服饰配件>	全球	blouse	pattern type	patchwork	1565
11	/服饰配件>	全球	blouse	pattern type	polka dot	886
12	/服饰配件>	全球	blouse	gender	women	21702

图8.9　大数据图分析——X指数

首先，dress的成交指数并没有比blouse高很多。

其次，dress的竞争指数太大，远远高于blouse。

最后，dress的购买率不如blouse高，blouse的购买率是这个类目的第一。

另外，sunglasses 原本的成交指数并不高，但是考虑到其有不错的购买率和不太大的竞争，它的 X 指数反倒接近 dress。

下载原始数据之后，按 Ctrl + A 快捷键全选数据，单击数据右边的小感叹号图标，在弹出的列表中选择"转换为数字"命令。在这里要试图找出成交指数大，竞争指数小的产品，因此可以设置一个 X 指数：X = 成交指数/购买力排名/竞争指数，然后算出每一行的 X 指数，对这一列的数据进行降序排列。

在这里，我们认为 blouse 是想选择的产品，接下来要对 blouse 的属性进行分析。单击 blouse 图标，下载原始数据。在这里要用到一个很实用的工具，即数据透视表，在弹出的窗口中选中"属性名""属性值""成交指数"选项，Excel 就会对属性值进行分类整理，如图 8.10 所示。

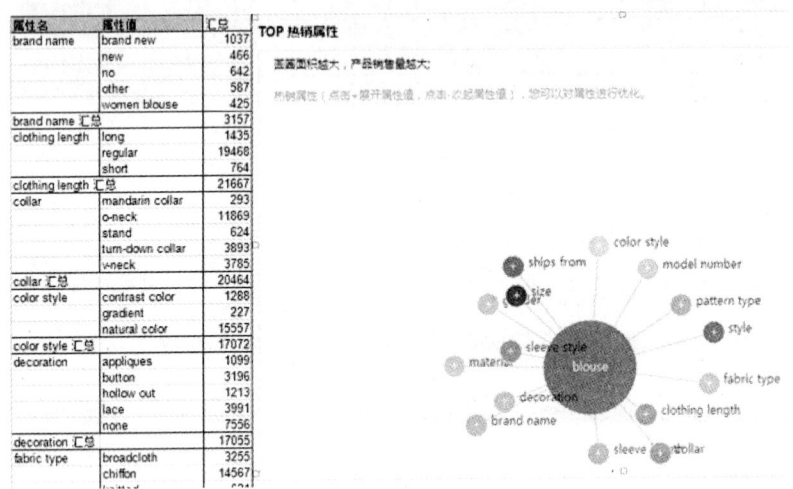

图 8.10 属性成交指数

在这一步里，只要将所有成交指数最高的属性挑选出来，就可以得到 blouse 这个细分类目里最好卖的产品。

三、发布产品

店铺注册成功之后，就要发布产品了。一般情况下，一个速卖通店铺的产品数量在 100 个左右最为合适，当然店铺的产品数量越多，获得的流量也就越多，在速卖通平台，店铺的产品达到上千件或者几千件的，不在少数，他们一般是平台皇冠级的卖家。对于小卖家而言，上传一百或几百款就可以了。

在发布产品前要切记找到产品所在平台的精准类目，如果一旦放错类目，则买家无法找到你的产品，甚至店铺会受到惩罚。那么如何找到产品的精准类目呢？可以在首页搜索产品关键词，在搜索结果页面的左侧，会有产品类目，我们可以从中选择最相近的类目，如图 8.11 所示。

项目八 跨境电子商务

图 8.11 发布新产品界面

在发布产品信息的时候,首先是编辑基本信息,包括属性、标题、关键词、样式信息、价格、主图和样式图、产品详情图,如图 8.12 所示。其中属性、标题和关键词的填写直接关系到产品的搜索,与产品的关键词排名有直接的关系。产品的价格是转化的主要因素之一。关于如何去寻找关键词,在后台"数据纵横"→"搜索词分析"可以下载关键词表。将属性词与热搜关键词组合起来就形成一个产品标题。在这一步最容易违反平台规则的是属性错选。对于主图的要求与淘宝宝贝图片尺寸要求是一样的。产品详情的要求与淘宝要求也是大同小异,最需要注意的一点就是在产品的详情里面是不能有任何中文字符的。

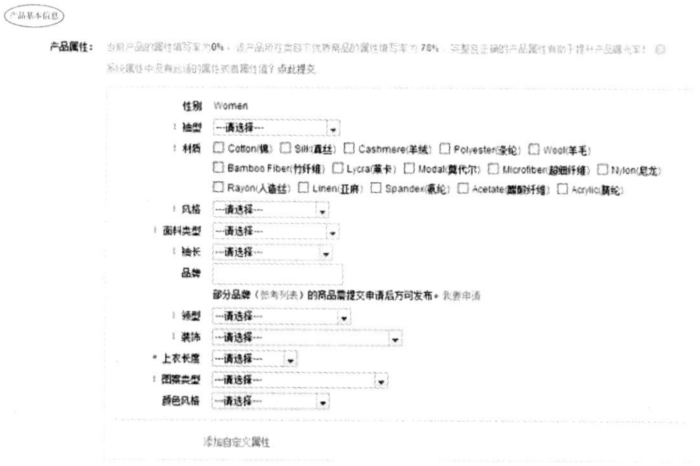

图 8.12 产品基本信息

关于产品的物流运费模板,一个店铺要设置多个运费模板,因为物流成本是直接与成本挂钩的。

产品服务模板一般是选"新手服务模板",根据目前国际物流的情况,卖家承担运费来让买家退货基本是不现实的,产品分组是在后台设置的,相当于淘宝里面的宝贝分类设置,产品有效期选择 14 天,因为在产品快下架的时候是有搜索加权的,选择 14 天在一个月之内就有2次加权的机会,单击"提交"按钮即完成设置。服务模板如图8.13所示。

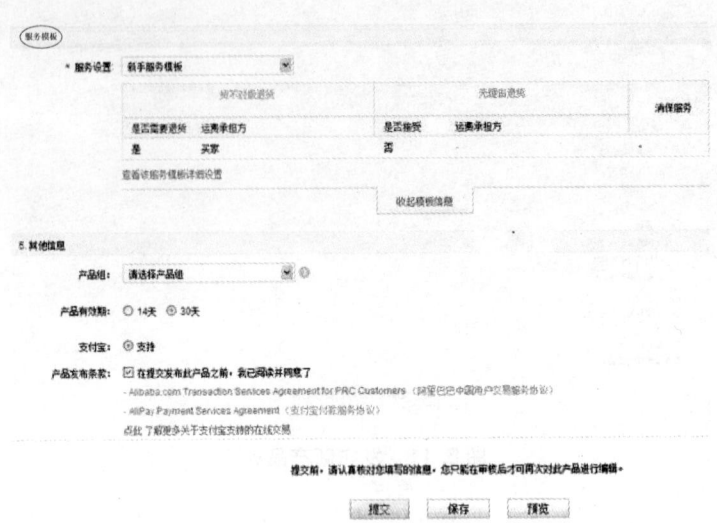

图 8.13　服务模板(物流)

四、排名规则

速卖通运营的方法可总结为6个字:用心、方法、技巧。用心是要站在买家思维模式的角度,用心去领悟买家想要的是什么样的产品,需要什么样的信息,怎样的产品信息才能促成买家下单。任何一个平台,只要是有规则的,都可以在运营过程中总结一些迎合平台搜索的方法与技巧。买家是商家做生意的源泉,如果产品不被买家喜欢,那么商家所有的运营方法与技巧都将派不上用场。

速卖通作为一个交易平台,其搜索的规律依次是曝光量→点击→点击率→转化→转化率,最后还要看反馈。追溯其排序的根源是以订单量为导向的排序规则,是一个闭环的,最终的订单又会影响曝光。

接下来从一个新品的角度来具体分析。对于一个新品来说,因为没有历史数据的积累,所以首先要做的一点就是使之成为一个高信息质量的产品,对图片、标题、详情描述、属性这几方面的信息加以处理,在标题中添加符合买家搜索习惯的关键词,在编写标题及填写属性的时候,要考虑到后面开直通车时出价的词,并将这些词添加到标题中。在前期筛选关键词的过程中,要考虑到产品的能力,这个能力是指当买家搜索到这个关键词之后能够得到展现和转化的能力,得到展现的能力就要考虑这个词的热度,转化的能力即这个产品在搜索之后所处的竞争环境。

假设我们的标题足够的优秀,买家搜索到了我们的产品,那么接下来就看主图和价格。首先要在视觉上抓住眼球,吸引点击,然后是有具有竞争力的价格。主图的好坏,没有特定的标准,要看处于什么样的环境,如果搜索某一个关键词的结果中,大部分产品的主图都是浅颜色的,那么我们就用一个深颜色的。当然在用色上,还要符合外国人的审美观念,关于外国人的审美和搭配,建议大家去看一个各国的国旗的颜色的搭配。其次是价

项目八　跨境电子商务

格,在定价的时候,要根据自己的产品的成本,结合平台同类产品的定价来给自己的产品定价,如果能在详情上下功夫,详情上做的比别人好,营造高质量和价值感的氛围,那么就可以定稍高的价格。

接下来就是转化了,影响转化的因素有哪些呢?首先看详情里面的信息是否全面,如果详情里面的产品还会对买家产生一些关于产品和服务的疑问的话,很可能会造成买家跳。详情可以说是一个产品的灵魂,是决定买家买与不买的重要因素,所以我们可以分析竞争对手的详情中所包含的模块,然后做相应的补充。如果在详情中能够做到人无我有,人有我优,那么就能做到高转化率。接着还会看店铺的信誉、好评率和动态评分,这3项指标代表对客户服务的反馈,所以我们一定要做好客户的服务。如果一个网店没有历史销量、价格不占优势,它拿什么跟老店铺拼,那就是详情和服务了。当然我们还可以通过一些付费渠道,提高我们的商业得分。

另一个可以直接提高产品曝光率的方法就是开直通车,因为它是一种付费的推广方式,所以商家最关心的问题就是投入产出比,而系统关心的问题是点击率。影响直通车账号整个质量的重要因素就是点击率,它直接影响着出价,在加词的时候,需要考虑的一个非常重要的因素是产品与关键词的相关性。如果网店买了某一个关键词,但是通过这个关键词在平台搜索的大部分结果与网店产品的外形不相同,那么买家是不会点击的。

此外还可以参加一些要求比较低的平台活动,迅速提高销量,如Todaysdeal/WeekendDeal。在平台活动之后,商家要尽快发货,并做好售后的维护,特别是物流信息查询方面。

另外,有时会有一些未支付的订单,要及时发站内信催促客户付款,同时,可以再往邮箱里面发送一些关于公司介绍和资质的产品,增加买家的购买信心。

五、销售定价

为了提高产品的销量,很多卖家在发布产品时都选择给予一定的折扣打包出售,但卖家购买这类商品后发现打包后的产品售价与单件产品售价是一样的,如图8.14所示。

图8.14　销售折扣和打包出售预览

其实这就触犯了速卖通平台纠纷之货不对板,针对这种情况如何修改呢?具体操作如下。

1)进入卖家后台,单击产品管理按钮,选择要修改的产品,然后单击其标题,如图8.15所示。

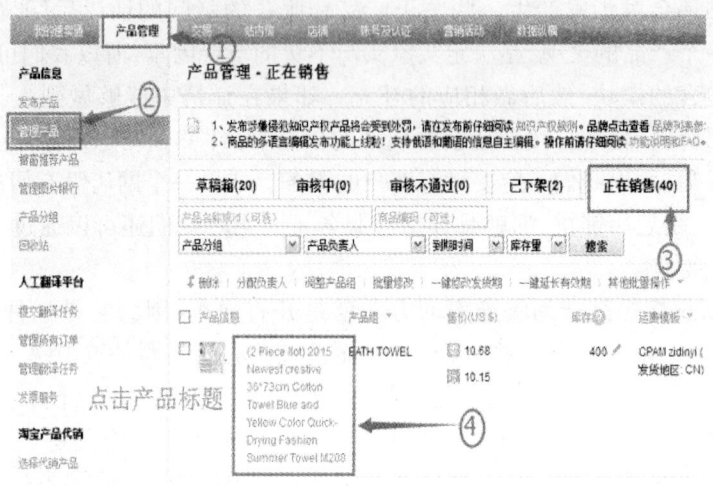

图 8.15 产品管理界面

2)单击要修改的产品标题后,在打开的界面中单击该按钮,如图 8.16 所示。

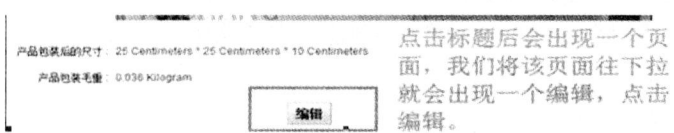

图 8.16 编辑产品导航按钮

3)进入产品编辑页面,选择最小计量单位及销售方式,如图 8.17 所示。

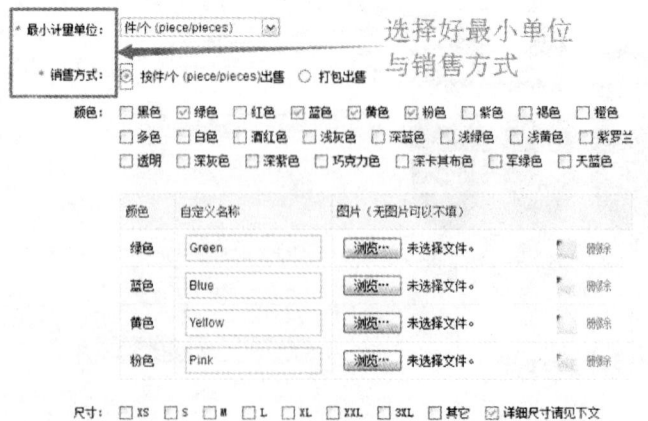

图 8.17 产品销售单位和方式设置

4)设置产品的零售价,须跟销售方式一致,如图 8.18 所示。

项目八 跨境电子商务

图 8.18 产品零售价设置

5）如果产品支持批发价就选中复选框，然后填写相应的数据，如图 8.19、图 8.20 所示。

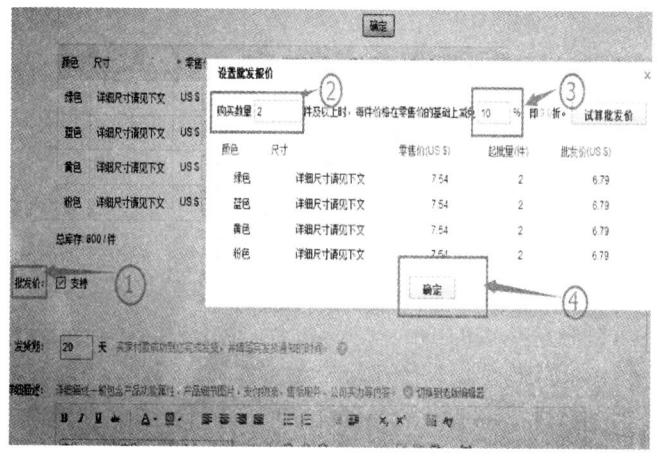

图 8.19 产品批发价设置

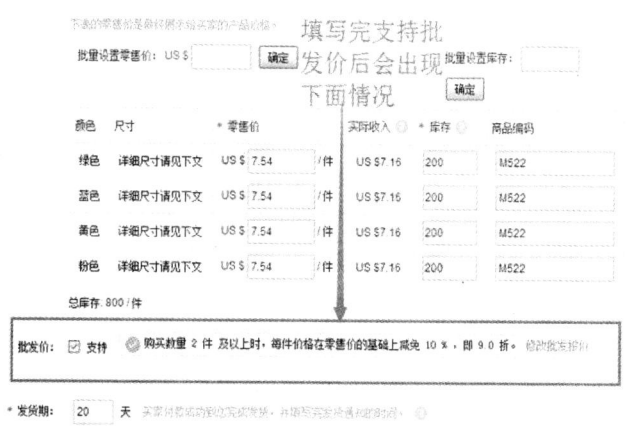

图 8.20 产品折扣价设置

6）填写完成，先进行预览，单击"提交"按钮完成销售方式及销售价格的设置，如图 8.21 所示。

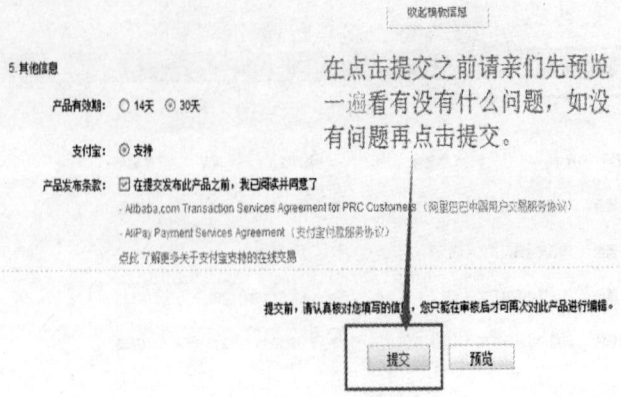

图8.21 产品其他设置

六、商铺流量

对于大多数卖家来说通常只关心近段时间店铺的流量高低、走势升降,而很少分析店铺的流量来源。占比流量的来源就是买家经过什么样的入口浏览了卖家的店铺或者店铺的商品。分析店铺的流量来源占比对整个店铺的经营是非常重要的,通过对来源的分析,可以判断店铺的健康状态及需要改进的地方。

店铺流量的来源有很多,可分为以下几种:站内其他、直通车、站内搜索、直接访问、购物车、收藏夹、活动、站外。也可以把它们分为两大类,免费流量和付费流量。免费流量是买家主动搜索到的流量,付费流量基本的两大块是直通车点击付费和联盟营销按成交付费的流量。在这几种搜索流量来源中,站内搜索流量占比的高低直接影响着店铺质量的好坏和产品的排名,站内搜索占比高代表着产品的搜索权重大。通常,站内搜索的占比排名在前三的话,说明这个店铺还是比较健康的,购物车、收藏夹的占比高说明这个产品的总客户比较多。如图8.22所示是店铺流量排行分析。

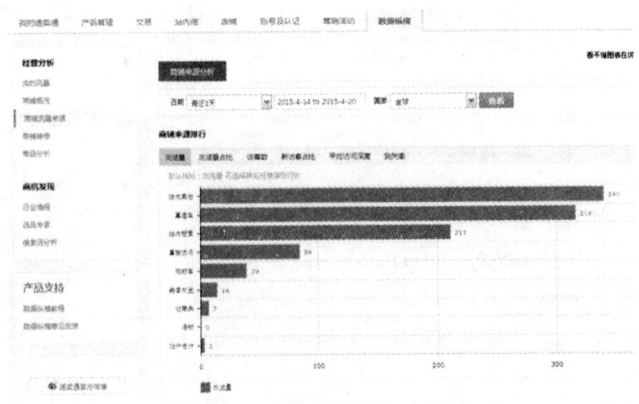

图8.22 店铺流量排行分析

那么如何提高自然搜索的流量占比呢?首先,要尽量提高站内搜索的流量占比,即优化产品的标题、属性、详情描述,使其成为一个优质的产品;其次,积极做好老客户的维护,增加二次销售;最后,有机会的话尽量多参加平台活动,增加销量。

七、创建打折活动

店铺活动能够给店铺增加的权重的比重是比较大的,做活动和不做活动的宝贝展现量完全不同,接下来就和大家分享一下如何创建店铺活动的价格设置。全店打折活动的创建是基于所有产品的,所以要务必注意,发布宝贝的时候也需要考虑后期的折扣活动!

全店铺打折活动的创建步骤如下。

1)打开速卖通卖家后台页面,依次单击"全店铺打折"→"创建活动"按钮,如图 8.23 所示。

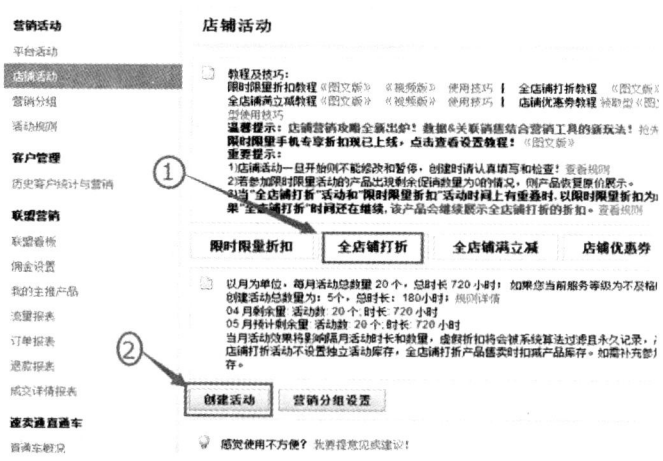

图 8.23　全店打折活动设置

2)填写活动的基本信息,如活动名称、设置活动开始及结束时间、折扣设置,最后单击"提交"按钮,如图 8.24 所示。

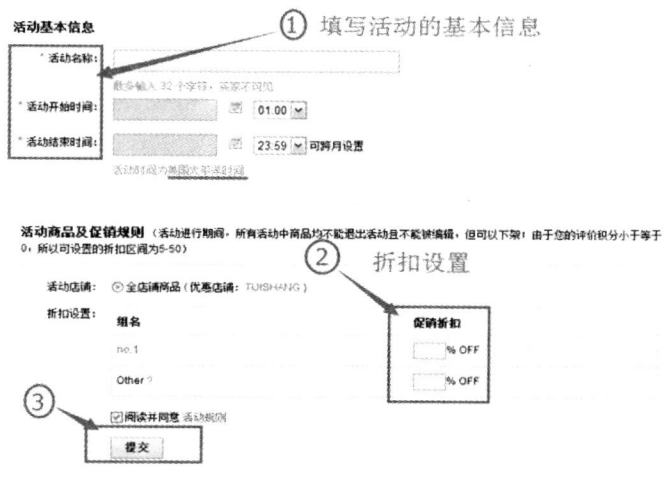

图 8.24　活动基本信息设置导航

3)打开活动状态界面,查看活动内容,如图 8.25 所示。

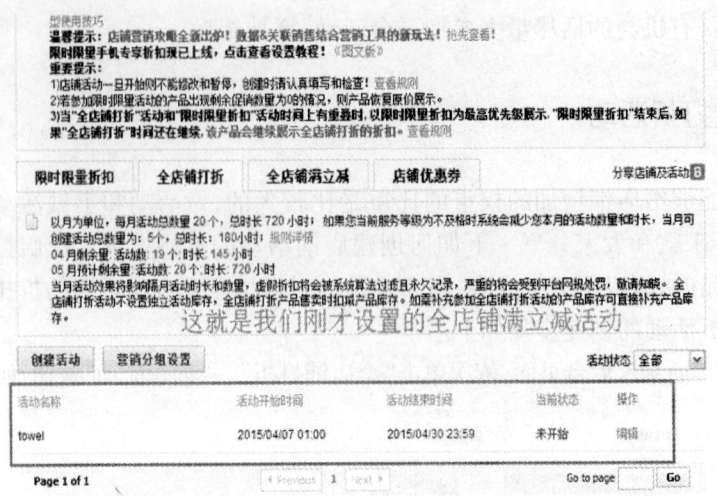

图 8.25　查看活动状态界面

八、支付方式

国内的淘宝大部分买家和卖家都使用支付宝付款和收款的方式,那么对于国外的买家来说,他们使用的是什么样的付款方式呢?卖家收到的货款又是如何结汇进行资金管理的呢?下面来介绍速卖通的支付方式。

在卖家进行速卖通账户注册时,会绑定国内的支付宝账号,绑定后该账户就有了收外汇的功能,返款流程跟国内支付宝的一样,客户的款首先到达第三方支付宝,在买家确认收货之后,款项才会到达卖家的支付宝账户。现在我们来看一下后台的国际支付宝账户,银行账户设置界面如图 8.26 所示。

图 8.26　银行账户设置界面

项目八 跨境电子商务

后台的支付宝国际账户分为人民币账户和美元账户。美元账户需要绑定一张可以结算外汇的银行卡,这张卡最好是中国银行或者工商银行的。人民币账户是不用绑定卡的。美元账户里面提现出来的款项,我们要去银行进行换汇手续,每提现一次银行收取 15 美金的手续费,人民币账户提现不需要手续费。

九、物流运费

关于国际物流方式,前文已经有介绍了,这里主要介绍物流模板的设置。通常一个店的物流模板不只一个,卖家应该根据不同的产品特点、要设定的利润空间、不同活动的折扣要求,设置和更换不同的运费模板。

打开后台的"管理产品"→"管理运费模板"界面,单击"新增运费模板"按钮。已经建成的运费模板即可被再次编辑,如图 8.27 所示。

图 8.27 新增运费模版设置界面

物流渠道有 3 种:邮政、商业快递、专线。通常在设置运费模板时,90% 的卖家都会因为便宜选择邮政挂号小包,并且设置免邮。如果不是活动折扣等特殊要求,还可以选择自定义运费模板,自定义运费就是自己设置各个国家的运费,具有很大的灵活性。选择一种物流方式,单击自定义运费,可以看到,系统将全球分为 4 个区,其中前 3 个区的国家都是发达国家,在可以包邮的范围内。第 4 区的国家大部分是偏远不发达的国家,考虑到成本,不能设置免邮。关于运达时间,根据不同的国家设置不同的运达时间,如图 8.28 所示。

在设置非免邮的时候,一定要注意运费额度跟产品定价间的比例关系,运费不宜过多,不然会影响转化。对于商业快递来说,一般选择在标准运费的基础上减免 20%,商业快递用得不多,设置商业快递的目的只是以防万一。

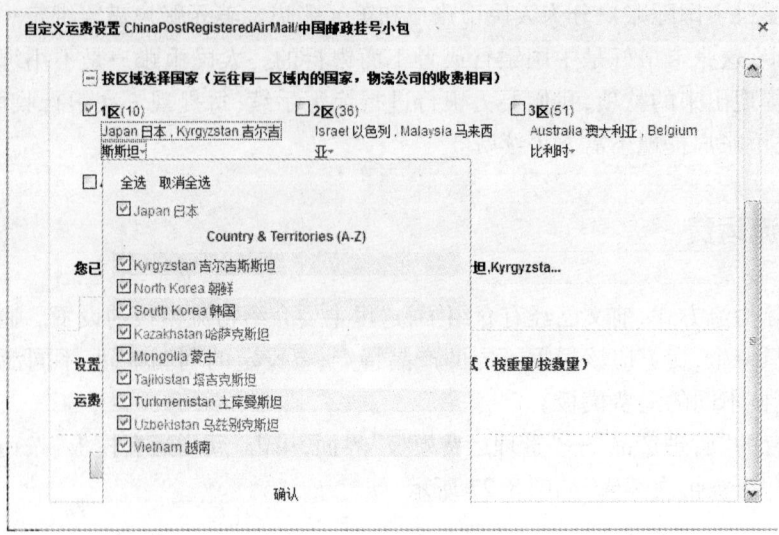

图8.28 自定义运费模版设置

项目九
打造精英团队

知识提要

网上开店与创业达到一定规模的时候,需要打造一支电子商务精英团队,为网上开店与创业打造更为稳定的企业主体。通过本项目的学习,网上创业者获取一定的团队建设思维,建立、管理团队,从而集众人之力把网店做大、做强!

任务一 如何打造电子商务销售团队

"优胜劣汰,适者生存"是企业竞争的唯一法则。在竞争异常激烈的电商领域,企业要想在市场中求得生存发展,除了要有先进的理念、正确的决策以及满足市场需求的产品外,还需要有一支上下一心、勇往直前的团队来执行。那么,究竟什么样的团队才能称得上是精英团队? 如何打造精英团队呢?

一、达成共识

个体的共识是想法、说法、做法的合一,即言行一致;群体的共识是共同目标、共同语言、共同手法的统一,即狼群行动。共识的前提是共好,即你好、我好、大家好。没有共好的团队,一定没有共识;没有共识的团队,一定没有协作。由此可见,建立精英团队的第一步就是达成共识。共识就是团体在迈向决策的路途上,共同感受与思考的参与过程。

二、发扬共好三大精神

从共识到共好,已显现出团队的雏形。共好的三大精神是:松鼠精神、海狸方式、野雁天赋。松鼠能够自由穿梭荆棘丛林、抵御酷暑严寒,并在秋风扫落叶、没有食物的冬季安闲度日,原因在于它们平时的勤劳——不停地将松子等食物采撷并搬回家中,只要机会存在就永不停歇,这种高价值的工作观,就是松鼠精神;生活在海岸环境中的海狸,是一种穴居动物,由于风浪的不时袭击,它们会自觉地、不辞劳苦地打造自己坚固的穴居,尽管它们不知风浪何时来袭,但它们知道坚固的穴居就是抵御风浪最好的方式,这种掌握了达成目标的过程行为,就是海狸方式;大雁是一种候鸟,每年数千公里的南北往返迁徙,一路上千辛万苦,但它们却成群结队、前赴后继地完成了一次又一次的艰难迁徙,这种相互激励、相互鼓舞的团队氛围,就是野雁天赋。总之,共好的三大精神就是共同价值观精神、控制过程精神和相互激励精神。动物的生存法则,为企业的生存发展树立了榜样。

三、做好团队思考

思路决定出路,态度决定高度。团队的执行力来源于团队的思考力。那么,如何做好团队思考呢?俗话说:"天时地利,不如人和",人的因素往往决定了一个企业的生与死,脱离了全体员工的鼎力支持和合作努力,企业就如同离开了水的鱼,所以"团队精神"的培养日益为各个企业所关注。如何才能提高员工的凝聚力,如何保持员工之间的相互合作与信任,则显得至关重要。此外,我们缺少太多的实践,因此团队的思考就是要从本质上考虑团队需要什么?换句话说,就是要打造一个什么样的团队,来迎合需要!

有价值的三大思考,员工的收入=成长=生存,也就是说,员工先要对企业有贡献度,企业才会对他有依赖度,高薪是免费,低薪是浪费,因为收入最高的人往往是最能为企业解决问题的人,而收入最低的人却常常是为企业制造问题的人;工作活力=小成功经验积累,只有经验积累到一定程度时会才会产生"化学反应",人生也随之而升华。

四、拥有崇高目标

目标就像团队的导航灯,有了目标,整个团队才有方向,才不会漫无目的,无所适从。没有目标的团队,团队的成员就没有奋斗的方向,团队犹如一盘散沙,大风一起,四处飘扬。崇高的目标可以凝聚团队成员的思想和行动,吸引团队成员朝着一个共同的方向全力以赴奋勇前进。

目标的制定既要切合实际,又要有前瞻性,要着眼全局,也要放眼未来。只有拥有崇高目标的团队,才会注重全局和掌控未来,才有其存在的价值,才能达成企业的目标。

五、善于学习

精英团队应该是由善于学习的人组成的。21世纪是知识经济的世纪,知识的快速增长要求团队中的每一个成员都必须善于学习。"书读百遍,其义自现",团队成员就在这样的长期学习与总结之中,不断地吸取知识的养分,在不断的学习中快速成长,为精英团队的成长奠定基础。改造学习型团队可以通过以下途径慢慢实现:

① 学习氛围的营造。用浓厚的学习氛围去感染团队中的每一位成员,让他们都能够不由自主地主动学习,追求进步,让学习成为与之相伴终生的一种良好习惯。

② 学习能力的培养。学习不仅是积累知识的过程,更是能力得以提升的重要途径。因此,要提高整个团队的思维能力、执行能力,首先必须重视团队成员学习能力的培养,让成员在实践中学会学习。

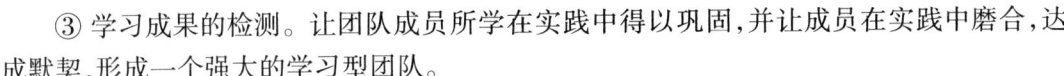

③ 学习成果的检测。让团队成员所学在实践中得以巩固,并让成员在实践中磨合,达成默契,形成一个强大的学习型团队。

六、勇于创新

创新是企业的生命力所在。只有团队有不断的创新意识,才能保持企业的生命力。创新三步曲可以概括创新的过程:

① 借鉴:所谓借鉴,就是要奉行"拿来主义","古为今用,洋为中用",让别人的成功,成为我们的经验,为我所用。

② 改进:不同于创造全新的东西,只是对所学、所借鉴的东西作部分改进,使之更为符合我们的使用习惯,从而更加适合为我所用。

③ 创新:在不断地使用所学、所借鉴的东西的基础上,创造全新的方式方法。成功的经验可以作为借鉴,但却不能简单的复制、移植。

七、自律自觉

纪律之于团队,犹如规矩之于方圆,即所谓"令行禁止"。如果没有纪律的约束,军队充其量不过是散兵游勇而已,想要用这样的部队打胜仗几乎是不可想象的。而团队没有了纪律的约束,也只不过是一群乌合之众,没有什么集体战斗力可言。精英团队是企业的中坚力量,除了要有严明的纪律约束,更需要团队良好的自制能力。"有纪律靠自觉遵守,没有纪律就要靠自律"。自律自觉是团队战斗力的重要保证。

八、有凝聚力

任何优秀人物都无法取代团队的作用,个人英雄主义的时代已经一去不复返了。现在的企业发展除了需要精英个人,更需要具有强大凝聚力的精英团队作为支撑点。

团队是达成目标的组织保证,而凝聚力是团队得以存在的关键。那么怎样的团队才称得上是有凝聚力的团队呢?首先,团队的成员要认同团队的价值观;其次,团队成员之间要有大体一致的价值取向,具体到某一件事情上,那就是要有良好的内部沟通机制,使所有的成员都能畅所欲言,使成员们在不断沟通中成长。

九、主动积极和高绩效

随时保持高昂的斗志和主动积极的心态对团队成员的绩效具有至关重要的作用。

绩效是企业存在之基和发展之本。作为企业成员的团队也必须讲绩效,重效益。并且还要培养员工主动发现问题并解决问题的能力;主动培养员工不怕做错事而不是因怕出错而裹足不前的意识。

十、具有高度的危机意识和灵敏的市场反应能力

市场格局瞬息万变，商机稍纵即逝。有时关乎企业生死存亡的商机会在一瞬间溜掉，给企业带来不可挽回的损失，甚至是灭顶之灾。因此，精英团队对待市场要像对待战场一样，具有高度的危机意识，不能有丝毫马虎。

21世纪的企业获得成功的可能性很大程度上取决于对市场的掌控力。而对市场的掌控力来源于灵敏的市场反应能力。因此，精英团队必须是一支拥有灵敏市场反应能力的、视市场为命令、对市场变化明察秋毫的"快速反应部队"。

市场格局的多变性，要求团队有高度的危机意识，同时能对市场的变化做出相应的快速反应。

一时成功并不难，难的是成功之后不断追求更大的成功。只有不断追求成功的团队，才能称得上是一支优秀的团队。应该让团队的成员在对成功的不断追求中体验工作之乐，而后由工作之乐推动让成员继续去追求成功。

总之，就是能够主动工作并且不断地达成目标，同时为电子商务企业决策提供有力的信息资源、经验等全方位的支持的，才可以称之为精英团队。而打造精英团队就是我们每一支团队的目标，也是团队中每个人努力的方向。从今天开始，就让我们为拥有一支豪华的精英团队的目标而努力奋斗吧！

任务二　电子商务团队创业建设

电子商务的团队建设，特别是网上开店，其核心在于创业开店的业务流程，因为业务流程清晰，才知道要做什么事，知道要做什么事，才知道需要多少人。这些清晰了，就会节省很多时间，因为摸索的时间缩短了，优先于其他团队，可能就关系到创业企业的成败。那么所有电子商务的业务流程都是围绕如何向客户介绍展示及成交产品而来的，所以，需要思考的是如何将产品服务顾客，从而给客户带来哪些实实在在的好处。

如果企业需要团队建设，选人是比较核心的一件事，选人需要在两个方面下功夫：一是要选一些不需要激励就能做事的人，因为当要做一个项目，会花大量的时间用在思考如何取得优势上，如果招了一批激励一下才能干好的人，那么可能没有太多的时间去做这样的事。另一方面，如果招不到不需要激励就能做事的人，那么把流程安排好，让那些很难激励的人照着流程做下去。如果这两条都做不到，可以考虑选一个会激励人的合作伙伴，这个人如果能提供帮助，也会做得越来越好。

一、电子商务企业部门建设

小规模和初创的公司，至少要包含8个部分。每一部分都有其必须要完成的一些事，如运营管理中心。电子商务的运营管理中心的平台运营和门店的管理其本质是一样的。电子

商务的运营平台同门店一样要接触来来往往的顾客。所以运营管理中心至少有5个部分。

① 销售管理中心。销售管理中心的任务是展示产品,向顾客介绍产品的价值,并且适时帮助顾客去了解产品的使用方法,要让来的顾客感觉舒适,让产品实实在在能给顾客带来好处。

② 技术支持部门。主要负责电子商务运营平台设计、维护以及更新换代,安全防护,服务器的软硬件维护等。写程序这样的工作原先是电子商务的代名词,随着电子商务的不断成熟,企业内部的程序员慢慢回归到专业领域。

③ 物流和采购部门。也就是平时所说的供应链系统。供应链系统的完善是企业做大的关键,现在大电子商务公司都在竞争物流系统。京东计划5年内做到5万亿销售额,有人估算了一下,仅物流人员京东每年要增加近12万人,5年内达到60万人。采购更是非常重要,一个好的采购基本上就决定一个产品的竞争力。

④ 人力资源。人力资源对于中国企业来讲是一个非常特殊的领域。因为中国地大物广,企业众多,现代化的交通又给人员流动提供了极大的便利。所以选人留人其实也关系到企业的生存问题。

⑤ 财务及行政方面。电子商务公司在很多时候会竞争财务,如果有一个很会融资的财务,电子商务就会取得极大的竞争力,可以将后来一些竞争对手打压下去。

二、电子商务团队的技能搭配

每个领导都希望自己的团队成员技能越高越好,从做事的效率上来讲的确如此。但事实上,作为一个电子商务创业型企业管理者,还必须考虑另外两个问题。一个是成本问题,一个是管理复杂度的问题,下面具体分析。

电子商务团队的人员构成如下所述。

① 网站技术人员。这个至关重要,网站技术人员要负责网站的代码优化,服务器的稳定、安全(这几点对 SEO 是非常重要的,虽说外链为皇、内链为王,但服务器稳定和安全如没有保障,那么 SEO 就是纸上谈兵)。对于这类技术人员需要掌握的是一些常见的语言:如 HTML、Div+Css、ASP、PHP 等。而且需要一个好的交流能力,能很好地配合 SEO 优化人员的需求,还需要能很好地跟团队成员进行沟通交流。

② 美工。网站美工在电子商务中也起到非常重要的作用,网站是否美观、专业,对转化率起到绝对性作用,对于网站美工也是偏向于技术人员。网站美工需要有一个好的美感,最好懂 HTML、Div+Css 等,还需要学会分析什么样的设计是最符合用户体验的,这样才能给网站带来高转化率。

③ 策划。策划的主要工作是策划活动和网站布局,最好懂用户体验。

④ 编辑。网站的编辑人员可以说是一项说难不难,说简单的不简单的工作。网站的编辑不仅要有扎实的写作功底,还要有敏锐的触觉,能够感知社会事件、网络事件等的发展。如小悦悦事件,作为一个合格的编辑人员就可以通过这件事情感知到其对社会的冲击。作为一个电子商务的站点编辑人员要求则更加严格,需要能够了解客户的消费心理及消费行为,知道怎样才能吸引目标客户等。因此编辑人员在整个 SEO 团队也起着重要的作用。

⑤ 推广。外链为皇、内链为王，可见推广对 SEO 团队的重要性。这项工作需要重复性机械式地发链接和增加外链，因此，要有一个坚持不懈的心态，而且要有高度的执行力。对于如今搜索引擎算法不断更新升级的现状，如果只是一股脑地发外链也是没有什么效果的，作为外链建设专员还需要具有一定的分析能力，分析外链是否有效。

⑥ 客服。客服的重要性就不言而喻了，可以说直接决定了公司的收入，客服最好是女生，有售前电话客服经验的，能够在客户咨询的情况下，很好地为客户解释。客服一般通过电话、QQ、Email 等方式与顾客打交道，客服的功劳一定不小。这个在网站开发阶段一般不招募，上线开始有流量了，就要招募了。

⑦ 团队管理。一个完整的电子商务团队对于这 6 个成员是不可或缺的。作为团队管理者还要学习更多的知识才能更好地充实自己。当然以上成员走到了一起，还不算成功的电商团队，团队成员之间还需要长时间的磨合，这样才能使团队成员之间配合得更有默契，分工更明细，要拥有很强的执行力才能发挥电商团队的最大价值，从而为公司带来更多的利润。

参考文献

[1] 徐峰.网上开店与创业实战宝典[M].杭州:浙江科技出版社,2014.
[2] 淘宝大学.电商运营[M].北京:电子工业出版社,2012.
[3] 陈飞,彭文芳.网上开店与创业[M].北京:清华大学出版社,2009.
[4] 速卖通大学.跨境电商——阿里巴巴速卖通宝典[M].北京:电子工业出版社,2014.
[5] 徐飞.企业网上开店管理手册——企业网店的建设、推广与维护[M].上海:东华大学出版社,2007.
[6] 崔红.网上开店与创业[M].北京:电子工业出版社,2011.
[7] 子道.子道说——电商不难[M].北京:电子工业出版社,2014.
[8] Tmall商家成长部.漫步天猫——新商路导航[M].北京:电子工业出版社,2012.
[9] 李善友.颠覆式创新——移动互联网时代的生存法则[M].北京:机械工业出版社,2014.